Les institutions européennes font leur histoire

Regards croisés soixante ans après le traité de Paris

P.I.E. Peter Lang

Bruxelles · Bern · Berlin · Frankfurt am Main · New York · Oxford · Wien

Michel Mangenot, Sylvain Schirmann (dir.)

Les institutions européennes font leur histoire

Regards croisés soixante ans après le traité de Paris

Avec le soutien du Pôle européen d'administration publique (PEAP), Strasbourg.

PEAP pôle européen d'administration publique

Couverture : photo de famille des signataires du traité de Paris (18 avril 1951), de gauche à droite: Paul van Zeeland, Joseph Bech, Joseph Meurice, Carlo Sforza, Robert Schuman, Konrad Adenauer, Dirk Stikker et Johannes van den Brink.

Éditions scientifiques internationales
Bruxelles, 2012
1 avenue Maurice, B-1050 Bruxelles, Belgique
www.peterlang.com ; info@peterlang.com

ISBN 978-90-5201-882-9
D/2012/5678/65

Information bibliographique publiée par « Die Deutsche Nationalbibliothek »
« Die Deutsche Nationalbibliothek » répertorie cette publication dans la « Deutsche Nationalbibliografie » ; les données bibliographiques détaillées sont disponibles sur le site http://dnb.de.

Table des matières

Avant-propos

Pourquoi parler d'histoire de nos institutions ? Et même plus : pourquoi se demander comment s'écrit leur histoire, conter « l'histoire de leurs histoires » ? Et, question plus aiguë encore, pourquoi cette volonté d'observer les institutions européennes « faisant leur histoire », alors qu'elles sont si jeunes qu'on pourrait leur dénier le droit d'avoir déjà leur histoire ?

Répondre à ces questions était la gageure que proposaient Sylvain Schirmann et Michel Mangenot, en lançant l'idée d'un grand colloque entièrement dévolu aux « institutions européennes faisant leur histoire ».

Mais à vouloir inscrire l'histoire dans l'histoire, on pouvait faire mieux encore : mener cette réflexion autour d'une date marquante de notre époque, une date qui a écrit une nouvelle page de la grande histoire : celle de l'Europe, et par son truchement, celle du monde. Les regards du 18 avril 2011, a-t-on pensé, devront se croiser sur la signature, le 18 avril 1951 – 60 ans plus tôt – du traité de Paris.

Regardons le soir tomber sur la France le 18 avril 1951. Certains d'entre nous finissent leur journée de cours à l'Université ou bien en classe terminale… D'autres, encore enfants, jouent au ballon, dans la rue, devant chez eux : les rues de la vieille Europe sont vides, les automobiles sont encore rares, les rues appartiennent aux enfants. Et dans les maisons, ce sont les TSF à lampes qui s'allument. Sur Radio Luxembourg, voici Yvette Giraud : en avril 1951, la chanteuse triomphe avec « Avril au Portugal » : l'Europe retrouve les joies simples de la vie des gens simples.

Après les chansons, les nouvelles et la voix de Geneviève Tabouis. À Paris, ce 18 avril 1951, a été signé le traité fondateur des institutions de la Communauté européenne.

Nous sommes le 18 avril 2011. Que nous reste-t-il de ces 60 ans ? Voilà le bon moment pour tenter un point d'étape sur l'écriture de l'histoire des institutions politiques et administratives ; le bon moment pour réunir les auteurs des travaux portant sur les grandes institutions européennes, et avec eux les grands témoins et acteurs de cette période exceptionnelle.

Ce projet ne pouvait que rencontrer l'intérêt du Pôle européen d'administration publique, le PEAP, réseau d'excellence voué à la formation et à la recherche sur la gestion publique, à Strasbourg.

Ce Pôle est lui-même le fruit de l'histoire. La grande université de Strasbourg a toujours su maintenir un très haut niveau d'enseignement et de recherche en droit public. Le général de Gaulle, créant les Instituts d'études politiques de province, plaçait le premier d'entre eux à Strasbourg. Il y a 20 ans, à la surprise générale, l'ENA rejoignait Strasbourg ; bientôt suivie par l'Institut national d'études territoriales, qui forme les cadres de nos administrations territoriales, régions, villes et départements. À une encablure, de l'autre côté du Rhin, l'Euro-Institut de Kehl se spécialisait dans l'observation des administrations aux frontières intérieures de l'Europe. Le Pôle européen d'administration publique devait réunir ces grandes institutions pour mener en commun des actions choisies de formation et de recherche, et faire valoir cet extraordinaire potentiel, inégalé ailleurs en Europe. Et l'État, la région, le département, la ville entraient dans ce réseau d'exception, et accordaient un financement spécifique à ses actions. L'École supérieure des sciences administratives de Spire, un peu plus tard, s'associait à ce réseau. C'est ainsi que se constituait à Strasbourg, dans nos années 2000, une des concentrations majeures en Europe en formation à la gestion publique, ct en recherches sur celle-ci.

L'histoire y trouve sa place. La gestion publique est conduite par de grandes institutions, politiques ou administratives : celles-ci participent à l'histoire, souvent elles en écrivent-elles une grande part. On s'attachera ici aux résultats de leur action, par exemple, à la contribution du Parlement européen ou de la Commission aux décisions politiques majeures prises au cours des dernières années ; ou encore à la place tenue par la Banque européenne d'investissement dans tel choix de politique économique européenne.

Mais ces institutions ont elles-mêmes leur propre histoire. Elles naissent, s'organisent, étendent leur réseau, assoient leur influence, construisent leur socle de connaissances et de savoir-faire pour garantir leur pérennité. Voir naître et vivre ces grandes institutions européennes facilite le regard sur nos grandes administrations nationales. Comment, par exemple pour la France, les douanes devenues la douane nationale ont-elles géré leur présence à des frontières protéiformes, si vastes et géographiquement si diverses ? Comment l'Administration de la Santé est-elle sortie de la grande enveloppe des affaires intérieures pour trouver son autonomie ? Et a-t-elle réussi cette mue ? Comment ces groupes humains particuliers, ces « Administrations », qui tissent soudain leur toile sur le territoire, deviennent-ils les organisations que nous connaissons aujourd'hui ? Bien sûr, le droit tient une grande place : pour l'époque moderne, c'est une loi ou un traité qui pose leur acte de naissance. Mais le droit ne suffit pas. La mise en œuvre se solde ensuite par des succès ou des échecs, elle apporte l'obscurité ou la gloire, la reconnaissance ou le discrédit, à la mesure des hommes qui les prendront en charge : c'est ainsi que surgit l'histoire...

C'est encore dans l'histoire que se forge la diversité. Nos grandes administrations publiques ne sont pas identiques, superposables. Chacune d'entre elles se distingue par un caractère propre et des modes de fonctionnement particuliers. D'une Administration à l'autre, la réaction des agents à l'autorité, l'attitude vis-à-vis des administrés, l'accueil réservé aux plus jeunes recrutés, pour ne citer que quelques exemples, sont bien différents.

Le sentiment d'appartenance est sans doute le discriminant le plus apparent. Ici, les agents à tous les niveaux disent « nous » pour désigner leur propre Administration ; ailleurs, et jusqu'à des niveaux élevés dans la hiérarchie, les agents mentionnent « ils » ou « eux » pour se distinguer de leur propre organisation...

Comment rendre compte de cette diversité sans parcourir l'histoire, découvrir les circonstances – et les hommes – qui auront placé des jalons et imposé une direction ? L'histoire de nos institutions politiques et administratives permet pour chacune d'évaluer les savoir-faire et de comprendre les façons d'être.

L'histoire ne dicte sans doute pas la lettre des décisions qui se prennent aujourd'hui. Il serait illusoire – et un des grands témoins l'a relevé dans sa communication au colloque de Strasbourg – de chercher une décision prise par telle institution qui aurait voulu répliquer une démarche analogue à celle choisie dans le passé. Mais l'histoire n'apporte-t-elle pas l'acquis de l'expérience, qui permet de trouver plus vite le chemin de la décision à prendre, dans des circonstances toujours renouvelées ? N'est-elle pas porteuse d'une culture précieusement accumulée au fil de milliers d'heures de travail commun, qui permet la compréhension rapide de problèmes toujours nouveaux, et l'adéquation plus immédiate des réponses apportées ?

Pour bien comprendre la gestion publique, observons les institutions européennes faire leur histoire !

Jean Weber
Président du Pôle européen d'administration publique
Inspecteur général des Finances honoraire
Ancien directeur général au ministère des Finances

Remerciements

Cet ouvrage est issu d'une journée d'études organisée à Strasbourg le 18 avril 2011, à l'occasion du 60e anniversaire du traité de Paris, dans le cadre du Pôle européen d'administration publique (PEAP) rassemblant l'Université de Strasbourg et son Institut d'études politiques, l'ENA (et sa Direction des études européennes), l'INET (CNFPT) et l'Euro-Institut. Nous souhaitons remercier tout d'abord pour leur soutien et leur contribution l'État (représenté par la Préfecture), la Communauté urbaine de Strasbourg, le Conseil général du Bas-Rhin et la Région Alsace, signataires du Contrat triennal « Strasbourg capitale européenne ».

Cette manifestation s'inscrit au sein de nos équipes de recherche auxquelles nous sommes également redevables : respectivement le GSPE (Groupe de sociologie politique européenne, UMR PRISME CNRS 7012) pour Michel Mangenot et FARE (Frontières, acteurs et représentations de l'Europe, EA 4374) pour Sylvain Schirmann.

Cette journée d'études a été préparée avec beaucoup d'efficacité par la Fédération de recherche *L'Europe en mutation : histoire, droit, économie et identités culturelles* (n° 3241 CNRS/ Université de Strasbourg) puis s'est tenue dans d'excellentes conditions à la Maison Interuniversitaire des Sciences de l'Homme d'Alsace (MISHA USR n° 3227 CNRS/ Université de Strasbourg). Qu'elles soient toutes deux sincèrement remerciées. Les services techniques et de communication de la MISHA ont, en outre, réalisé l'enregistrement de la journée puis la construction d'un site internet dédié à la manifestation : http://18avril.misha.fr/.

Alain Beretz, président de l'Université de Strasbourg, nous a fait l'honneur et le plaisir de participer à la fin de nos travaux et de conclure cette journée. Nous sommes sensibles à ce geste d'intérêt et de confiance.

Enfin, plusieurs grands témoins ont accepté d'honorer cette manifestation de leur présence : M. le Premier Ministre Jacques Santer, président de la Commission de 1995 à 1999, M. l'Ambassadeur de France, François Scheer, directeur de cabinet de Simone Veil, présidente du Parlement européen de 1979 à 1981, M. le Secrétaire d'État Niels Ersboll, secrétaire général du Conseil des Communautés européennes de 1980 à 1994, et Sir Brian Unwin, président de la Banque européenne d'investissement de 1993 à 1999. Qu'ils en soient infiniment remerciés. Leur notoriété et leur expérience ont contribué au succès de cette journée. Chacune de leur contribution orale à la table ronde « À quoi sert l'histoire des institutions européennes ? » peut être consultée sur le site http://18avril.misha.fr.

Michel Mangenot et Sylvain Schirmann

Introduction générale

Cet ouvrage, issu de notre journée d'études du 18 avril 2011, à l'occasion du 60e anniversaire du traité de Paris (signé le 18 avril 1951 et fondant la Communauté européenne), n'a pas tant pour objectif de se pencher sur l'historiographie de la construction européenne que sur les raisons qui poussent les institutions européennes à faire écrire leur histoire et à interroger la manière dont s'écrit celle-ci. En effet, entre 2007 et 2009, quatre institutions européennes ont publié leurs propres histoires internes :

– *La Commission européenne 1958-1972. Histoire et mémoires d'une institution*, Luxembourg, OPOCE, 2007, 648 pages.

– *Le Comité économique et social européen : 50 ans de démocratie participative*, Bruxelles, CESE, 2008, 183 pages.

– *La Banque de l'Union européenne. La BEI, 1958-2008*, Luxembourg, Imprimerie centrale, 2008, 386 pages.

– *La construction d'un Parlement : 50 ans d'histoire du Parlement européen 1958-2008*, Luxembourg, OPOCE, 2009, 303 pages.

Ces ouvrages se situent dans le prolongement de l'histoire de la Haute Autorité en 1993 coécrite par un de ses anciens membres, Dirk Spierenburg, avec l'historien Raymond Poidevin[1]. Au terme de ces cinq expériences, il apparaissait utile de dresser un tableau de ce nouveau genre historiographique en réunissant, pour la première fois, tous les auteurs de ces histoires. Nous souhaitions également, dans un second temps, les confronter à leurs commanditaires et engager un débat plus général sur les relations entre histoire et mémoire au sein des institutions européennes.

De l'historicité à la rétrospection institutionnelle

Moins comme contribution de l'histoire à l'élaboration de l'action gouvernementale[2], l'enjeu de la mémoire porte davantage sur l'historicité des institutions européennes, définie comme « la manière dont les agents convoquent le passé historique dans le cours de leurs

---

1 Dirk Spierenburg, Raymond Poidevin, *Histoire de la Haute Autorité de la CECA*, Bruxelles, Bruylant, 1993.

2 Sur laquelle s'interrogeait par exemple, dans un article de 1998, Ruth Rennie, historienne alors détachée à l'UNESCO : « L'histoire et l'action publique », in *Revue internationale des sciences sociales*, n° 156, juin 1998.

activités »[3]. Mais selon une modalité assez spécifique, car il ne s'agit pas ici de s'intéresser au rapport qu'entretiennent les institutions européennes à l'histoire en général, c'est-à-dire une politique européenne de la mémoire[4] ou à ce que l'on pourrait appeler un gouvernement des mémoires[5]. Si certains acteurs de la construction européenne se sont fait eux-mêmes historiens, comme par exemple Bino Olivi[6], notre démarche vise elle à approcher les enjeux de l'histoire institutionnelle pour les institutions elles-mêmes, ce que l'on pourrait appeler une politique de rétrospection institutionnelle[7].

Parmi les institutions présentées dans cet ouvrage, une seule est absente : la Cour de Justice. L'amicale de ses référendaires et anciens référendaires a simplement organisé un colloque pour son cinquantenaire en 2002 et publié en 2004[8]. Si cette publication comporte quelques éléments d'histoire institutionnelle, ce n'est pas le cas de la publication officielle de la Cour elle-même, qui a organisé, en mars 2007, un col-

---

3 Pascale Laborier, Dany Trom (dir.), *Historicités de l'action publique*, Paris, PUF, 2003, p. 12.

4 Se reporter aux travaux de Patrick Garcia qui, après de nombreux travaux sur la France, a commencé de s'interroger sur le rôle du Conseil de l'Europe : « Vers une politique mémorielle européenne ? L'évolution du statut de l'histoire dans le discours du Conseil de l'Europe », in Robert Frank, Hartmut Kaelble, Marie-Françoise Lévy et Luisa Passerini, *Building a European Public Sphere / Un espace public européen en construction*, Bruxelles, Peter Lang, 2011, p. 179-201. Signalons également, dans ce même ouvrage, la contribution de Susan Rößner « European Historians and the European Public Sphere ». Sur cette problématique plus généralement, nous renvoyons à la partie n° 4 intitulée « Faut-il construire une mémoire commune à l'Europe ? » de *Visions d'Europe*, sous la direction de Bronislaw Geremek et de Robert Picht, Paris, Odile Jacob, 2007. Tous deux décédés en 2008, ces derniers avaient contribué largement à cette réflexion, le premier en devenant député européen et le second comme professeur de sociologie européenne et directeur de Département des études pluridisciplinaires au Collège d'Europe de Bruges.

5 Pour reprendre le titre d'une synthèse récente sur le cas français : Johann Michel, *Gouverner les mémoires. Les politiques*, Paris, PUF, 2010.

6 Bino Olivi, ancien porte-parole de la Commission, publie en 1993, en italien, *L'Europa difficile, storia politica della Comunità europea*, Bologne, Il Mulino. Cette première édition a été rééditée puis a fait l'objet d'une traduction française en 1998 chez Folio-Gallimard. Notons que sa dernière édition en français, de 2007, a été retraduite et en partie réécrite par un universitaire, Alessandro Giacone. Bino Olivi est décédé en 2011.

7 À partir de l'expérience du ministère français de la Culture, cette réflexion a été posée par Vincent Dubois, « Socio-histoire et usages sociaux de l'histoire dans l'analyse de l'action publique. Réflexions à partir de la politique culturelle en France », in Yves Déloye, Bernard Voutat (dir.), *Faire de la science politique. Pour une analyse socio-historique du politique*, Paris, Belin, 2002, p. 155-166.

8 *La Cour de justice des Communautés européennes 1952-2002. Bilan et perspectives*, actes de la conférence organisée dans le cadre du 50e anniversaire de la Cour de justice, Bruxelles, Bruylant, 2004.

loque pour le 50e anniversaire des traités de Rome, intitulé « L'influence du droit national et de la jurisprudence des juridictions des États membres sur l'interprétation du droit communautaire »[9]. Il faut relier cette singularité au fait que la Cour entretient avec ses archives un rapport contrasté : seule institution européenne à ne pas disposer d'un service d'archives historiques, un mythe circule même concernant une destruction stratégique des archives, ordonnée par le célèbre juge Pierre Pescatore, décédé en 2010.

Ce n'est pas le cas pour « sa sœur jumelle » de Strasbourg, la Cour européenne des droits de l'homme, qui a publié en 2010 son histoire « officielle » intitulée *La conscience de l'Europe*[10] chez un éditeur anglais (Third Millennium Information), spécialisé en histoires et portraits illustrés d'organisations telles que des compagnies, des musées, des écoles ou des universités. Elle est rédigée par un comité éditorial purement interne à l'institution, composé de juges et coordonné par Jonathan Scharpe, ancien membre du greffe de la Cour et ancien directeur adjoint de l'administration du Conseil de l'Europe.

Concernant la plus jeune des institutions européennes, la Banque centrale européenne, signalons qu'elle n'est pas en reste puisqu'elle a commandé en 2007 une histoire du Comité des gouverneurs de banques centrales des États membres de la CEE de 1957 à 1993, c'est-à-dire jusqu'à la création de l'Institut monétaire européen. Cette étude « préhistorique » en quelque sorte, confiée, après appel d'offres, à Harold James, professeur à l'Université de Princeton, devait être rendue à la BCE le 30 juin 2011. Celle-ci dispose d'un service des Archives[11] dont l'accès est ouvert depuis 2004[12]. Cette même année, elle publiait un

---

9 Cour de justice des Communautés européennes, *Actes du colloque pour le cinquantième anniversaire des traités de Rome. L'influence du droit national et de la jurisprudence des juridictions des États membres sur l'interprétation du droit communautaire*, Luxembourg, OPOCE, 2007.

10 *50 ans de la Cour européenne des droits de l'homme*, Londres, Third Millennium Information, 2010.

11 La section Administration des archives, au sein de la division Archives et bibliothèque de la direction générale, secrétariat et services linguistiques de la Banque centrale européenne, conserve les documents du Comité des gouverneurs des banques centrales des États membres de la Communauté européenne (1964-1993), de l'Institut monétaire européen (1994-1998) et de la Banque centrale européenne (depuis 1998).

12 L'accès aux documents et archives de la BCE est régi par la décision (BCE/2004/3) du 4 mars 2004 relative à l'accès du public aux documents de la BCE (JO L 80, 18 mars 2004, p. 42).

ouvrage strictement descriptif intitulé *La Banque centrale européenne. Histoire, rôle et fonctions*[13].

Des expériences variées, au-delà de l'histoire « officielle »

Au-delà du débat sur l'histoire officielle, cet ouvrage présente en réalité une grande variété d'expériences. Il n'existe pas un modèle unique d'histoire institutionnelle mais au contraire tout un continuum en fonction des usages de l'histoire, des modalités d'appel aux chercheurs et des conditions de réalisation de ces projets. Ainsi pour le Parlement, dont l'histoire est représentée plus loin par l'introduction d'Yves Mény[14], il s'agit davantage d'une histoire de procédures institutionnelles, sans respect d'un équilibre chronologique puisque celle-ci commence quasiment en 1979 et sa « révolution démocratique ». L'ouvrage est composé de trois parties : le Parlement affirme sa légitimité, ses pouvoirs et les valeurs de l'UE. Avec très peu d'éléments sur son fonctionnement interne (comme sa présidence) et rien en particulier sur son administration (qu'il s'agisse du secrétariat général et de celle des groupes politiques), on est assez loin d'une histoire interne, mais plutôt dans le cadre de celle d'une affirmation externe, c'est-à-dire vis-à-vis des États, de la société civile, des autres institutions[15]. Signalons enfin une forme d'amnésie historique à faire débuter l'histoire en 1958, même si les années 1958-1978 sont peu traitées, car le Parlement européen existe bien à Strasbourg depuis 1952 (comme le Conseil et la Cour), précisément depuis le 10 septembre 1952. Certes, il s'intitulait simplement « Assemblée commune » de la CECA, mais il n'était pas fondamentalement différent de l'Assemblée parlementaire des traités de Rome. Il avait déjà pratiqué sa « révolution des fauteuils »[16] et ses

---

13 Hanspeter K. Scheller, *La Banque centrale européenne. Histoire, rôle et fonctions*, Francfort, BCE, 2004 (traduit en français par la Banque de France).

14 Ses responsables ont été invités ou présents lors de la journée d'études : Jacques Nancy, de la Direction générale de la communication du Parlement, qui a été coordinateur du projet, et Florence Benoît-Rohmer, chargée de la troisième partie intitulée « Le PE affirme les valeurs de l'Union européenne ». Nous regrettons qu'aucun d'eux n'ait pu nous remettre une contribution et remercions le Parlement européen de nous avoir autorisés à reproduire l'introduction d'Yves Mény (chapitre 8).

15 Signalons de ce point de vue le profil du coordinateur de la deuxième partie intitulée « Le Parlement européen affirme ses pouvoirs », Paolo Ponzano, Senior Fellow à l'Institut universitaire européen de Florence, qui est fonctionnaire de la Commission depuis les années 1970 et dont il a été directeur pour les Affaires institutionnelles de 2001 à 2006.

16 Antonin Cohen, « La "Révolution des fauteuils" au Parlement européen. Groupes d'institution et institution du groupe », in *Scalpel. Cahiers de sociologie politique de Nanterre*, n° 2-3, 1997, p. 61-78.

principaux groupes politiques ont été créés dès 1953, comme cela est d'ailleurs rappelé (pages 54-55). D'un point de vue terminologique, rappelons que l'Assemblée parlementaire ne prendra qu'en 1962 l'appellation de Parlement européen. Ici, l'impératif politique de commémoration du 50e anniversaire du traité de Rome (ou de son entrée en vigueur pour le Parlement le 19 mars 2008), prime sur l'exigence historique[17].

Le Parlement européen entretient de façon plus large un rapport assez proactif à l'histoire et n'entend pas se limiter à son périmètre institutionnel. À ce propos, notons l'ouverture en 2011 de son nouveau centre de visites « Parlementarium » sur l'histoire de la construction européenne et surtout le lancement en 2008 du projet, porté par son président Hans-Gert Pöttering, de la Maison de l'histoire européenne, remontant aux origines mêmes de l'Europe (et non plus de la construction européenne) et devant ouvrir à Bruxelles fin 2014.

L'expérience de la Banque européenne d'investissement est marquée par une grande autonomie de l'équipe d'historiens, dans le cadre d'une ouverture de ses archives. Comme l'explique plus loin Éric Bussière, ce contexte très favorable est lié pour une large part à la présence à la tête de la BEI d'une personnalité issue du milieu universitaire, Philippe Maystadt[18]. D'un point de vue thématique, l'histoire se situe ici au croisement de l'histoire des entreprises du secteur financier et de celle des institutions européennes. L'approche est chronologique pour ses fonctions et activités (« petite Europe », changement d'échelle puis élargissements), mais aussi thématique en terme organisationnel dans une quatrième partie intitulée « l'identité d'une institution ». Seize entretiens ont été conduits dans le cadre d'archives orales.

À ce premier modèle d'indépendance, on peut considérer que la pratique d'histoire du Comité économique et social constitue un deuxième modèle qui peut être qualifié « d'histoire militante ». Le projet, comme l'explique avec beaucoup d'acuité sa coordonnatrice, a été largement contrôlé par les représentants de l'institution jusqu'à un niveau assez précis de son écriture. Par ailleurs, il s'est agi ici essentiellement de faire l'histoire d'une idée, celle de la démocratie participative ou de son mythe à l'échelle de l'Union européenne.

Entre ces deux modèles, on pourrait situer l'histoire de la Commission européenne, marquée par ce que son responsable, Michel Dumoulin, a baptisé « d'histoire négociée ». Cette histoire de la Com-

---

17 L'Assemblée commune de la CECA, certes évoquée dès l'ouverture page 13, n'est pas un simple « prédécesseur » du Parlement européen, comme il est appelé page 46. Il s'agit bel et bien de la même institution d'un point de vue historique.

18 Président de la Banque européenne d'investissement de 2000 à 2011.

mission européenne après son premier exercice (1958-1972), publiée en 2007 et dont le second exercice (1972-1986) est en cours jusqu'en 2013, est la plus lourde en termes de nombre de personnes concernées. Alors que Histcom 1 comprenait 10 historiens, Histcom 2 en comprend 12 auxquels s'ajoutent 3 politistes. La commande de la Commission a été de réaliser une histoire interne ou plus exactement « vue de l'intérieur ». Si cette exigence a été parfois difficile à respecter, puisqu'elle peut conduire à surestimer certains éléments et à devoir en relativiser d'autres pour lesquels l'impulsion viendrait d'ailleurs, elle a servi de guide de conduite à l'exercice. Le processus d'écriture a été difficile en raison de conflits d'interprétation entre un triangle composé des historiens, des anciens et des représentants de la Commission actuelle, comme commanditaire. L'appel aux archives orales a été très large, puisque 120 interviews ont été conduites pour le premier volet et 250 dans le cadre du second.

Débat historiographique et enjeux méthodologiques

L'ouvrage se structure autour de deux grandes parties. Sa première partie porte sur les enjeux spécifiques de l'écriture de l'histoire d'institutions. Après deux chapitres introductifs des responsables, respectivement sur l'histoire de l'histoire d'institutions (Sylvain Schirmann) et sur histoire et mémoire des institutions européennes (Michel Mangenot), le président du Groupe de liaison des professeurs d'histoire contemporaine auprès de la Commission, Wilfried Loth, revient sur la contribution de ce groupe, assez singulier, à l'histoire des institutions européennes (chapitre 3). Fabrice Larat dresse ensuite un tableau des publications de nature historique de l'Office des publications de l'Union européenne et en propose une typologie (chapitre 4). Enfin, deux éclairages comparatifs complètent cette première partie. Le premier, proposé par Gérard Bossuat, s'interroge sur les liens entre histoire des acteurs (et le genre biographique) et histoire des institutions européennes (chapitre 5). Le second propose un autre mode de comparaison : Florence Descamps retrace l'expérience d'une forme d'ingénierie historique assez spécifique, les comités d'histoire ministériels en France et leur contribution à l'histoire de l'État (chapitre 6). L'histoire de l'État présente-t-elle des similitudes ou au contraire des différences avec celles des institutions européennes ? Le rapport à la mémoire semble en tout cas ne pas y jouer le même rôle.

La seconde partie présente les histoires des institutions européennes. Plus précisément, chacun de ses auteurs revient sur son expérience et s'interroge de façon plus générale sur cet exercice. Le chapitre 7 est le plus détaillé, puisqu'il concerne la Commission européenne. Après une comparaison effectuée par Marie-Thérèse Bitsch entre le projet d'histoire de la Haute Autorité et celui de la Commission 1958-1972 (Histcom 1), Michel Dumoulin, responsable des projets Histcom 1 et 2 (1973-1986), revient sur cette histoire négociée, entre mémoire et histoire. Jacqueline Lastenouse rappelle les attentes de la Commission alors que Joceline Collonval nous donne le point de vue des Archives. Le chapitre sur le Parlement européen consiste, comme expliqué plus haut, en la reproduction de l'introduction à l'ouvrage *La construction d'un Parlement*, préparé par l'Institut universitaire européen de Florence, sous la direction d'Yves Mény. Un grand témoin, l'Ambassadeur François Scheer, nous livre ici un témoignage de première importance comme directeur du cabinet de la première présidente du Parlement européen élu au suffrage universel (1979-1981), Simone Veil. Le cas du Conseil est assez singulier puisque son projet d'histoire et en particulier de sa structure permanente depuis 1952, son secrétariat général, n'a pas été publié alors que le Conseil s'engage dans une politique de transparence (chapitre 9). Enfin, les responsables des histoires du Comité économique et social (chapitre 10) et de la Banque européenne d'investissement (chapitre 11) reviennent à leur tour sur leurs expériences qui apparaissent bien contrastées.

À défaut de conclusion, un épilogue à deux voix propose de faire dialoguer histoire et prospective. François-Gilles Le Theule se livre à un exercice périlleux en proposant plusieurs scénarios d'évolution des institutions européennes en 2021. Jean-Louis Quermonne, enfin, nous propose une lecture de la postérité des institutions créées par le traité de Paris de 1951.

Michel Mangenot et Sylvain Schirmann

Première partie

Écrire l'histoire des institutions : quels enjeux ?

CHAPITRE 1

Réflexions sur l'histoire d'histoires d'institutions

Sylvain SCHIRMANN

Les organisations internationales contemporaines ont dans un premier temps pris la forme d'institutions techniques spécialisées : Union postale, Conseil central de navigation sur le Rhin, puis sur le Danube, Cour de justice de La Haye. Elles se constituent presqu'en parallèle – si l'on examine le secteur privé – avec les cartels de producteurs. Toutes s'intéressaient à un objet centré sur des préoccupations communes aux États et l'abordèrent d'ailleurs de manière intergouvernementale. Leur nature changea à la faveur de la Première Guerre mondiale. Avec la création de la Société des Nations (SDN), on passa à la constitution d'organisations générales, marquées du sceau du multilatéralisme. Elles semblaient devoir progressivement interférer dans le domaine du politique, jusqu'alors réservé aux États. Ce nouveau type d'institution internationale n'entrava pas le développement de structures plus spécialisées, mais elles lui restèrent pour l'essentiel liées (par exemple les comités de la SDN, l'Office des réfugiés, ou encore l'Organisation de coopération intellectuelle). Cette logique se poursuivit au lendemain de la Deuxième Guerre mondiale avec la mise en place de l'Organisation des Nations unies (ONU), accompagnée progressivement de grandes organisations spécialisées, qu'elles soient économiques ou financières (GATT, FMI), voire culturelle (UNESCO)[1].

La création de ces organisations internationales s'accompagna aussi de la création d'institutions marquées du sceau du régionalisme : le Conseil de l'Europe, ou les différentes Communautés européennes en fournissent des exemples plus intégrés. Mais il ne s'agit pas d'oublier d'autres espaces géographiques qui n'ont pas nécessairement connu le même succès : le continent latino-américain fourmille lui-même d'expé-

1 Par exemple, se référer à quelques synthèses historiques, Pierre Gerbet, Yves Victor Ghebali, Marie-Renée Mouton, *Les palais de la paix. SDN et ONU*, Paris, Richelieu, 1973, réédité sous le titre *Le rêve d'un ordre mondial. De la SDN à l'ONU*, Paris, Imprimerie nationale, 1996.

riences de ce type. Il n'y a pas nécessairement opposition entre les structures à vocation planétaire, et celles plus locales : l'ONU a sans cesse encouragé le régionalisme[2].

Les juristes se sont intéressés très tôt à ces organisations. Ils consacrèrent des travaux à leur fonctionnement, à la problématique de la souveraineté nationale, aux rapports juridiques entre États et organisations internationales. Elles furent également approchées par les économistes, qui s'intéressèrent tôt au régionalisme économique, et l'ouvrage de Keynes, *Les conséquences économiques de la paix*[3], fournit une belle étude sur les avantages d'un régionalisme européen en matière de réorganisation d'une Europe marquée par le conflit mondial. Les historiens s'y sont engouffrés il y a une trentaine d'années environ, avec les travaux pionniers de Victor Yves Ghébali[4], René Girault[5], Raymond Poidevin[6]. Ils prirent alors en compte que la vie internationale s'organisait autour des rapports interétatiques et dans des enceintes internationales, les États nations ayant cédé des pans de souveraineté aux organisations internationales.

Ces dernières en revanche, se sont-elles préoccupées assez rapidement de leur propre histoire, et surtout de son écriture. Le Bureau international du travail (BIT) a à peine dix ans d'existence lorsqu'il fait écrire sa première histoire[7]. Toute occasion est souvent utilisée par l'institution internationale pour valoriser son passé : discours des responsables, expositions historiques, etc. Les commémorations et anniversaires symboliques fournissent des opportunités, tout comme certains changements de siège. Deux questions retiennent notre attention dans les lignes qui suivent. La première s'intéresse aux raisons qui poussent

---

2 Se référer par exemple à la résolution des Nations unies de 1950 sur le régionalisme en Amérique latine comme facteur de développement.

3 Référence de l'ouvrage de John Maynard Keynes, *Les conséquences économiques de la paix*, 1re traduction française de Paul Franck, Paris, NRF, 1920.

4 Victor Yves Ghebali, *Organisation internationale et Guerre mondiale, le cas de la SDN et de l'OIT pendant la 2e Guerre mondiale*, thèse université de Grenoble, 1975 ; *La Société des Nations et la réforme Bruce 1939-1940*, Genève, 1970.

5 René Girault, « Écrire une nouvelle histoire des relations internationales : l'histoire des organisations internationales », in *Relations internationales*, n° 75, 1993.

6 Raymond Poidevin (dir.), *Histoire des débuts de la construction européenne, mars 1948-mai 1950*, Bruxelles, Bruylant, 1986 ; Dirk Spierenburg, Raymond Poidevin, *Histoire de la Haute Autorité de la Communauté européenne du charbon et de l'acier. Une expérience supranationale*, Bruxelles, Bruylant, 1993.

7 La dimension historique est présente dès l'origine de l'organisation. Voir par exemple Albert Thomas, « L'Organisation internationale du travail : origine-développement-avenir », in *L'Organisation internationale du travail et la première année de son activité*, Genève, BIT, 1921 ; ou prendre la collection « Études et documents », éditée depuis Genève par le BIT.

les institutions internationales à écrire leur histoire. La seconde vise à traiter des problèmes que pose cette écriture à des historiens, souvent sollicités par ces mêmes organisations. Et donc à aborder une réflexion sur leurs intérêts réciproques.

Quelques exemples permettront de sonder les raisons qui poussent les organisations internationales à envisager une écriture de leur histoire. À la veille de son 60e anniversaire, l'UNESCO décida en 2004 de passer commande d'un ouvrage sur son histoire. Un comité de onze historiens fut mis sur pieds et le directeur général de l'UNESCO, le japonais Matsuura expliqua que « le projet avait pour intention d'aider l'organisation à porter un regard rétrospectif sur son histoire. Cette initiative, par là-même, entendait valoriser les archives de l'UNESCO auprès du public et des chercheurs, interroger la place de l'organisation dans le champ des relations internationales, et susciter des analyses inédites, vues du centre mais aussi de la périphérie, sur l'action et l'impact de l'organisation »[8]. Du fait même des activités de l'UNESCO, il va de soi que l'accent sera mis sur le développement des échanges dans les secteurs scientifiques et culturels, et ce dans une dimension transnationale. Il faut alors nécessairement dresser un bilan des activités de l'organisation qui s'appuie sur les archives, les rapports et les mémoires de ses responsables, qu'elles soient publiées ou recueillies. Prend alors forme une UNESCO racontée par les anciens (donc une histoire de la vie de l'organisation vue de l'intérieur). Cette écriture décrira ainsi les relations, les circulations et les interdépendances au sein de l'UNESCO, entre elle et les autres organisations internationales, et bien évidemment entre elle et les États. L'histoire qui en découle est une présentation de l'organisation internationale comme un système de pensée, un cadre et un système de rencontres, comme un opérateur de programme. Le risque est d'avoir « une histoire de l'institution, écrite sur l'institution et écrite avec l'institution ».

À la fois historien et responsable d'une organisation internationale, Albert Thomas, directeur du Bureau international du travail (BIT), revient souvent – et ce dès 1920 – sur l'intérêt qu'il y a pour les institutions internationales d'écrire leur histoire. Il y a, explique-t-il, une continuité historique qu'il faut comprendre comme transmission d'expériences et de savoirs théoriques. L'histoire se charge de fournir la conscience de cette chaîne de transmission. En établissant ainsi une relation entre le passé et le présent, elle permet à l'institution de faire

8 UNESCO, *Actes du colloque international « 60 ans d'histoire de l'Unesco »*, Paris, 16-18 novembre 2005, sur http://unesdoc.UNESCO.org/images/0015/001541/154122F.pdf. On peut ajouter Jean-Jacques Renoliet, *L'UNESCO oubliée. La Société des Nations et la coopération intellectuelle (1919-1946)*, Paris, Publications de la Sorbonne, 1999.

des choix existentiels. De ce fait l'histoire d'une organisation internationale est inséparable de son action. L'histoire des organismes internationaux est ainsi une histoire militante.

> J'ai senti le besoin de tout un travail scientifique, et particulièrement historique, écrit-il à son ami Lucien Febvre en 1928, pour soutenir le mouvement intellectuel et moral d'où notre institution est issue, et qui doit aider à son développement. [...] T'avouerai-je même que j'ai en tête, un projet vague, mais auquel je reviens constamment, d'une sorte d'université du travail à créer à côté de notre Bureau.

Il y a chez Thomas un souci constant d'articuler l'histoire de l'institution dont il a la responsabilité et l'action politique qu'il y mène[9].

Cette dimension est souvent présente dans les histoires des organisations écrites et commandées par elles. Trois exemples plus contemporains permettront de l'illustrer. Jacques Delors, dans sa préface à l'*Histoire de la Haute Autorité de la Communauté européenne du charbon et de l'acier*, avoue sans détours le lien entre histoire et action politique : « Cette approche [celle de la CECA] a été reprise avec bonheur en 1985 lors de la conception de l'Acte unique européen[10]. » Pour José Manuel Barroso, « le recul historique est – s'agissant de l'histoire de la Commission – une mise en perspective précieuse et une sorte de réflexion particulièrement enrichissante[11] ». Philippe Maystadt ne dit pas autre chose à propos de l'histoire de la Banque européenne d'investissement (BEI), une institution qui se doit « comme hier... de trouver un point d'équilibre raisonnable entre les ambivalences » qui caractérise cette institution[12]. L'histoire des organisations internationales, dès lors que son écriture est sollicitée par ces mêmes structures, est également réponse au doute sur leur utilité et au contexte. Là également, quelques exemples permettront de le comprendre aisément. La victoire française de 1918 fait naître des inquiétudes pour la Commission centrale de navigation sur le Rhin, dorénavant sise en territoire français. La crainte est réelle de voir une France placée sur le Rhin pour quinze ans réorganiser le trafic fluvial à sa guise. Toute occasion est

9 Voir Alya Agllan, Olivier Feiertag, Dzovinar Kevonian (dir.), *Albert Thomas, société mondiale et internationalisme. Réseaux et institutions des années 1890 aux années 1930, Les cahiers Irice*, n° 2, 2008.

10 Jacques Delors, préface de l'ouvrage de Dirk Spiernenburg, Raymond Poidevin, *op. cit.*

11 José Manuel Barroso, préface de l'ouvrage dirigé par Michel Dumoulin, *La Commission européenne, 1958-1972. Histoire et mémoires d'une institution*, Luxembourg, OPOCE, 2007.

12 Philippe Maystadt, préface de l'ouvrage dirigé par Éric Bussière, Michel Dumoulin, Emilie Willaert, *La Banque de l'Union européenne, la BEI 1958-2008*, Luxembourg, Imprimerie centrale, 2008.

saisie par les responsables de cette instance (et en particulier par son secrétaire général) pour rappeler le travail accompli et vanter les mérites de la convention de Mannheim (1867). Il est relativement aisé de percevoir derrière ces déclarations les craintes d'une institution qui n'a pas les réponses quant à son avenir immédiat, et qui dès lors éprouve le besoin de rappeler à la fois sa contribution séculaire à l'organisation de l'Europe occidentale, et son efficacité[13]. Peut-on lier l'histoire du BIT commandée à la fin des années 1920 à l'effacement de l'organisation lors de la conférence économique internationale de Genève de 1927[14] ? Réponse aux doutes et contexte sont également présents dans la préface de Barroso pour introduire une histoire de la Commission européenne d'avant le premier élargissement. « Je veux – écrit-il – défendre le rôle et la structure uniques de la Commission contre les attaques populistes et simplificatrices. Car ne nous y trompons pas, à travers la Commission, c'est la construction européenne elle-même qui est visée[15]. » La multiplication de ces « histoires de » souhaitées par ces mêmes institutions européennes ces dernières années n'est certainement pas le fruit du hasard, contenu des difficultés de cette aventure depuis un peu plus d'une décennie.

Que dire encore dans la même veine de l'histoire de l'UNESCO conçue au lendemain du 11 septembre 2001 ! Ne s'inscrit-elle pas dans un contexte où l'on s'interroge sur l'affrontement entre des civilisations, alors que l'organisation a pour but de les rapprocher ? Le contexte qui peut remettre en question les institutions génère dans ces moments des écritures de l'histoire commandées comme des antidotes aux doutes qui peuvent les saisir. Les épreuves traversées par les institutions par le passé – cela transparaît dans la volonté des commanditaires – sont les meilleurs garants de l'avenir pour ces organisations. S'il est aisé de comprendre ces motivations, pourquoi alors s'adresser à des « historiens professionnels », là où des fonctionnaires de l'institution pourraient suffire ? Souvent d'ailleurs dans un premier temps, les histoires furent élaborées par l'organisation elle-même.

Indéniablement, l'historien apporte une caution scientifique recherchée par l'organisation internationale. La Commission a ainsi confié l'écriture de son histoire à « un consortium d'historiens », dont Barroso salue « le travail rigoureux ». Tout comme Philippe Maystadt souligne

---

13 Commission centrale de navigation sur le Rhin, *Documents et articles sur l'histoire de la CCNR*, sur www.ccr-zkr.org.

14 La conférence de 1927 part d'une initiative de Louis Loucheur. Elle est préparée dans le cadre des comités économique et financier de la SDN. Ses conclusions préconisent une libéralisation du commerce et une régulation qui passe par la cartellisation des producteurs. Le BIT a peu pesé sur le déroulement de cette conférence.

15 José Manuel Barroso, préface, *op. cit.*

que « la BEI a laissé aux auteurs [de son histoire] une entière indépendance dans l'interprétation des faits et dans la rédaction de l'ouvrage[16] ». Ainsi ces histoires d'institutions souhaitées par les institutions offrent, pour leur commanditaire, l'avantage de la légitimation scientifique, valorisante pour l'organisation. Mais elles présentent un autre atout : cette écriture à plusieurs mains en provenance souvent de plusieurs pays réunit une communauté de scientifiques qui constitue alors une réplique, un miroir de l'organisation internationale. Koïchiro Matsuura l'admet sans détours : « Cette assemblée de savants ressemble à une mini-Unesco dans sa conception originale : relancer et soutenir des recherches de qualité et un débat qui impliquent l'organisation[17]. » Si l'intérêt des institutions est réelle, quel intérêt pour les historiens d'accepter ces propositions ?

Laissons de côté, sans le nier, l'intérêt financier. Dans un numéro de *Relations internationales*, consacré à l'histoire des organisations internationales, René Girault soulignait certains aspects qui permettaient de comprendre le souci des historiens[18]. Les organisations internationales ont été jusqu'alors peu étudiés par les historiens. Ceux-ci ont une moindre proximité avec les bureaucraties des organisations internationales, qu'avec les administrations nationales qui leurs sont plus familières. Ils hésitent ainsi à aborder des archives qui traduisent une complexité qu'ils n'appréhendent pas aussi facilement que celle de leurs États respectifs. Les organisations internationales souffrent également aux yeux de la corporation d'une image négative, taxées souvent d'impuissance, d'inefficacité. Il faut dès lors se convaincre du bien-fondé de s'intéresser à elles. Cela s'accompagne d'un tropisme des historiens pour ce qui est régalien, considéré comme essentiel par rapport à d'autres champs.

Le contexte a cependant progressivement changé et les historiens ont pu constater que l'État nation a dû céder une part de souveraineté à des instances multinationales. De quand dater cette évolution ? A-t-elle débuté avec la Société des nations ? Est-elle plus tardive ? En parallèle force est de mesurer que des domaines de l'activité humaine se sont internationalisés : la vie économique, les mouvements de capitaux, les échanges techniques en témoigne. D'où l'interrogation sur ce qu'est, dans ces secteurs, une politique nationale ? Voire même se demander si elle a encore un sens ! Il y a là suffisamment de bonnes raisons avouables pour accepter d'écrire des histoires d'institutions internatio-

---

16 Philippe Maystadt, préface, *op. cit.*

17 UNESCO, *Actes*, *op. cit. ;* Les rédacteurs de cette histoire sont français, russe, tunisien, américain, argentin, britannique, australien, indien et sénégalais.

18 René Girault, *Relations internationales*, n° 75, 1993, *op. cit.*

nales, car elles permettent d'écrire une histoire de la souveraineté, problématique centrale en histoire des relations internationales. Si l'on investit également l'histoire des organisations non gouvernementales, s'ouvre alors un champ d'investigation très riche. Reste à questionner la relation entre l'historien et l'organisation internationale commanditaire. Dépendance ou indépendance ?

Il s'agit d'abord de ne pas céder à la tentation d'une histoire téléologique et normative. Pour les organisations internationales, la finalité est inscrite dans leurs fondements. L'objectif est fixé d'avance. L'internationalisme conduit nécessairement à des sociétés justes et l'hagiographie, si l'on n'y prendre garde, est souvent proche. L'historien doit ainsi constamment se rappeler que des institutions internationales ont souvent servi de vecteurs de propagande à des régimes totalitaires. Mussolini a ainsi utilisé jusqu'à la guerre d'Éthiopie l'Institut international du cinéma éducatif placé à Rome par la SDN[19]. D'autres exemples montrent les hésitations, voire la lâcheté de ces mêmes organisations. Les tensions entre les organisations internationales et les États ne sont pas exclusivement des luttes de pouvoir, à travers lesquelles les gouvernements nationaux tenteraient de brider la montée en puissance des organisations internationales, mais également des moments de même de construction. Les instances internationales ne sont pas des espaces d'interactions désintéressées : elles-mêmes poursuivent des objectifs par rapport aux États et ont-elles-mêmes des conflits internes, qu'il s'agit de ne jamais occulter. Il faut ainsi faire une histoire comparative de ces organisations, et s'intéresser aux filiations entre elles.

C'est donc d'indépendance dont ont besoin les historiens. Or il y a souvent ouverture d'archives et financement : cela peut-il conduire à l'autocensure ? Ces histoires commandées doivent ainsi s'enrichir de recherches historiques sans liens formels et contractuels avec les institutions. De nombreuses études existent. Elles permettent un va-et-vient indispensable à la communauté des historiens. Elles sont également pour les organisations internationales un garant plus efficace que l'hagiographie pour réfléchir aux stratégies d'avenir.

---

19 Voir Christel Taillibert, *L'Institut international du cinématographe éducatif. Regards sur le rôle du cinéma éducatif dans la politique internationale du fascisme italien*, Paris, L'Harmattan, 1999.

CHAPITRE 2

Histoire et mémoire des institutions européennes

Michel MANGENOT

Comment se construit le rapport des institutions européennes à *leur* mémoire ? Comment passe-t-on de la mémoire à l'histoire. Car, contrairement aux ministères français, c'est le besoin de mémoire qui a suscité une vague d'études sur l'histoire interne des institutions européennes, les historiens s'étant d'abord intéressés à l'Europe comme une idée ou un mouvement. Avant d'analyser le passage de la mémoire à l'histoire, revenons au traité de Paris et à ses enjeux de commémoration. On constate en effet un décalage commémoratif avec la déclaration Schuman du 9 mai 1950, symbolisant un conflit de paternité : comment expliquer que la déclaration intentionnelle prime sur le traité fondateur ?

Comment la commémoration du 9 mai 1950 occulte la mémoire du 18 avril 1951

Le 18 avril 2001, il n'y a eu aucune commémoration du 50e anniversaire du traité de Paris, juste après le cinquantenaire très relayé en 2000 de la déclaration du 9 mai 1950. C'est pourtant le traité de Paris qui fonde la Communauté européenne. Il fut paraphé le 18 avril 1951 au Quai d'Orsay, tiré à un seul exemplaire, en français, mais pour la légende imprimé avec de l'encre allemande, sur Vélin de Hollande, relié en parchemin de Belgique, avec un ruban italien et de la colle luxembourgeoise !

Le décalage commémoratif était saisissant et il en a été de même pour le 60e anniversaire : aucune manifestation à l'exception de notre journée dont est issu cet ouvrage, puis d'un séminaire le 5 décembre 2011 au château de Sanem au Luxembourg organisé par le Centre virtuel de la connaissance sur l'Europe (CVCE). En 2001, c'était d'autant plus surprenant que ce traité, signé pour 50 ans, cessa d'exister l'année suivante, le 23 juillet 2002, cinquante ans après son entrée en vigueur le 24 juillet 1952.

C'est un traité mal aimé. Un exemple parmi d'autres : le *Dictionnaire historique de l'Europe unie* codirigé par Pierre Gerbet[1] n'y a consacré aucune entrée sur 1 200 pages, alors que tous les traités sont présents, jusqu'à Lisbonne, y compris celui de 1965 de fusion des exécutifs.

Cette différenciation n'existe pas pour le traité de Rome. Toute proportion gardée, c'est comme si on commémorait la Conférence de Messine à la place du traité de Rome et du 25 mars 1957. S'il existe ce décalage, c'est naturellement en raison du choix, par le Conseil européen de Milan de juin 1985, de faire du 9 mai la fête de l'Europe, suite aux propositions du Comité Adonnino instaurant également le drapeau et l'hymne comme symboles de l'Europe. La première fête de l'Europe eut lieu le 9 mai 1986.

Mais la première commémoration du 9 mai est beaucoup plus ancienne et date en fait de 1953. En effet, ce 9 mai 1953, la Haute Autorité choisit cette date, non d'ailleurs sans hésiter avec le 10 août (date de son installation à Luxembourg), voire le 10 septembre (la mise en place de l'Assemblée)[2]. Cette date devient dès lors un jour férié pour les fonctionnaires de la CECA. Ce choix de la « conception », à défaut de celui de la « naissance », provoque l'interrogation amusée, mais riche de sens, du premier honoré de cette manifestation, Robert Schuman :

> Pour les institutions, comme pour les hommes, on commémore d'ordinaire la date de leur naissance. La Haute Autorité a cru devoir innover ; elle a choisi le jour où est née une idée ; elle fête aujourd'hui, et si je suis bien renseigné elle fêtera dans la suite, l'anniversaire de la conception, plutôt que de la naissance. C'est assez original ! Au surplus, il y a en cela une sorte de coquetterie de très grande dame, qui accepte aussi de vieillir elle-même ! Quant à moi, loin de m'en plaindre, j'en ai tout l'avantage. Si la Communauté a une filiation multiple et compliquée, j'y suis moi-même plus spécialement mêlé à l'événement du 9 mai 1950. C'est ce qui me vaut aujourd'hui l'honneur, le très grand honneur de ma présence parmi vous[3].

Ainsi, dès 1953 et bien avant 1986, s'installe ce décalage commémoratif, voire cet oubli du 18 avril, comme si la CECA ne voulait pas rappeler (ou se rappeler) qu'elle provient de ce traité ou d'un traité nécessairement intergouvernemental. Ainsi, comme l'a montré Henri Rousso, la commémoration du 9 mai est marquée par un style ostensi-

---

1 Gérard Bossuat, Pierre Gerbet, Thierry Grosbois, *Dictionnaire historique de l'Europe unie*, Bruxelles, André Versailles, 2009.

2 Le Conseil tient sa première session du 8 au 10 septembre 1952.

3 Discours de Robert Schuman, Haute Autorité, 9 mai 1953, Archives de l'Union européenne, Florence (AHUE), CEAB 2, n° 18.

blement naïf, avec des affiches qui ne recèlent aucune dimension historique, comme si cet événement avait surgi de nulle part[4].

Du point de vue académique, le 9 mai a été très vite étudié : dès 1956, Pierre Gerbet y a consacré un article substantiel d'histoire à chaud (« La genèse du plan Schuman. Des origines à la déclaration du 9 mai ») dans la *Revue française de science politique*. Pour en rappeler la dimension historiographique assez inédite, nous le reproduisons en annexe. Cette étude de Pierre Gerbet, alors secrétaire général de *L'Année politique*, est réalisée à la demande de Jean-Baptiste Duroselle, proche lui-même de Monnet[5]. Le traité de Paris n'est même pas évoqué dans la dernière section « Du plan Schuman à CECA » (p. 552 à 553). Pendant ces mêmes années 1950, des ouvrages sont consacrés à ce qui est appelé le *Plan Schuman*, dès 1954 en Suisse (avec Raymond Racine[6] et Henri Rieben suite à sa thèse de doctorat de 1952[7]), puis en 1959 aux États-Unis (avec William Diebold[8]).

Revenir au traité de Paris soixante ans après sa signature (1951) puis son entrée en vigueur (1952), c'est rappeler que c'est ce traité qui a donné naissance au système communautaire. En termes de paternité et malgré son nom, on pourrait dire que le 9 mai, c'est Monnet, alors que le 18 avril, c'est Schuman. Le choix du 9 mai comme point de départ et, avec lui de la paternité de Monnet, permet alors de sortir la Communauté européenne de sa contingence à la fois économique (elle est le fruit d'une nécessité d'ouverture des marchés) et diplomatique (elle provient d'un « simple » traité international entre États souverains). À défaut d'être un « inspirateur », Monnet devient alors une référence, une référence utile à des moments de « crise » ou de relance de la construction européenne, comme en 1976 (lors de la sortie de ses *Mémoires*, au moment de la naissance du Conseil européen) ou en 1985, – quand le 9 mai est choisi comme « fête de l'Europe »[9]. La Commission se

4 Henri Rousso, « Les dilemmes de la mémoire européenne », *Studies in Contemporary History*, Online-Ausgabe 1, 2004.

5 Comme le montre Antonin Cohen dans « Le "père de l'Europe" », *Actes de la recherche en sciences sociales*, n° 166-167, 1/2007, p. 14-29.

6 Raymond Racine, *Vers une Europe Nouvelle par le Plan Schuman*, Neuchâtel, La Baconnière, 1954.

7 Henri Rieben, *Des ententes de maîtres de forges au plan Schuman*, Lausanne, Nouvelle École de Lausanne, 1954.

8 William Diebold, *The Schuman Plan. A Study in Economic Cooperation 1950-59*, New York, Frederick A. Praeger, 1959.

9 Marc Joly, dans *Le mythe Jean Monnet. Contribution à une sociologie historique de la construction européenne*, Paris, CNRS, 2007, s'interroge sur cette paternité non sans commettre à son tour une forme de contresens historique, comme nous l'expliquons dans notre compte rendu de l'ouvrage dans la *Revue d'histoire moderne et contemporaine*, n° 56-2, 2009/2.

reconnaît bien dans ce 9 mai car c'est davantage sa fête – au sens historique de l'annonce de l'institution dont elle est issue – que celle de l'Europe tout entière.

Même si l'expression de triangle institutionnel communautaire n'est lancée que plus tard, ce triangle apparaît bien dès le traité de Paris dans une relation qui sera simplement modifiée par le traité de Rome. Rappelons que la déclaration Schuman est écrite par Jean Monnet et davantage encore par ses conseillers : le juriste Paul Reuter (inventeur de la Haute Autorité, s'étant inspiré du modèle de la (Haute) Autorité de la Vallée du Tennessee, la célèbre TVA[10]) et l'économiste Pierre Uri.

En effet, la déclaration Monnet – si l'on peut utiliser cette expression – mentionne la Haute Autorité comme unique institution. Certes, une mention prévoit « des voies de recours contre les décisions de la Haute Autorité », mais sans citer une ou la Cour de justice.

Rappelons également que le terme de Communauté européenne n'apparaît pas dans la déclaration du 9 mai, qui ne parle que d'une Communauté économique. En termes économiques, on note également, et Paul Reuter sera le premier à le reconnaître, une disparition, dans le traité de Paris, de la notion de plan d'équipement donc d'une vision dirigiste.

C'est surtout en termes institutionnels que la Haute Autorité est encadrée. Les représentants du Benelux, et en particulier Dirk Spierenburg pour les Pays Bas, ne souhaitent pas donner à la Haute Autorité des « pouvoirs exorbitants qui en feraient un épouvantail » selon les termes d'une séance de négociation du 3 juillet 1950 cités par Marie-Thérèse Bitsch[11]. Ils obtiennent un Conseil *de* ministres (et non pas *des*) où d'ailleurs France et Allemagne sont représentés par un seul Ministre, comme les quatre autres États. Enfin, ils obtiennent une Assemblée, qui est d'ailleurs favorable aux petits États en matière de répartition des sièges. Étienne Hirsch, membre de l'équipe de négociation au plan, relate la façon pour le moins inopinée de la mise sur agenda d'une Assemblée :

---

[10] La TVA fait l'objet, au moment de l'installation de la Haute Autorité de la CECA, d'un livre en France : René Foch, *La Haute Autorité de la vallée du Tennessee*, Paris, PUF, 1952. Son auteur est alors chef du service des études économiques au secrétariat général du Conseil de l'Europe. Il entra en 1958 à la Commission Euratom. Son ouvrage fait l'objet d'un compte rendu, certes très court, dans les *Annales*, vol. 8, n° 2, 1953, p. 267, par Robert Schnerb.

[11] Marie-Thérèse Bitsch, « La triple option de Paris. Pour une Europe supranationale et sectorielle autour d'un noyau franco-allemande », in Andreas Wilkens (dir.), *Le plan Schuman dans l'histoire. Intérêts nationaux et projet européen*, Bruxelles, Bruylant, 2004.

André Philip est venu me dire que, parmi les institutions prévues dans la Déclaration Schuman, il manquait un élément de structure démocratique. Partageant cet avis, j'en fis part à Monnet qui me renvoya brusquement en disant que cela n'avait rien à voir. Mais quelques jours plus tard, il me rappela pour lui en reparler. C'est là l'origine du projet d'assemblée parlementaire européenne. Monnet s'y est tellement intéressé qu'il a demandé à Blanont, secrétaire général de la Chambre des députés, de réunir ses collègues des six pays pour mettre au point le statut de cette assemblée[12].

Il s'agit bien de la naissance du système communautaire marqué par ses trois institutions fondatrices (Haute Autorité-Commission, Assemblée-Parlement et Conseil) sous le contrôle d'une Cour de justice. Schuman joue d'ailleurs un rôle important dans l'invention de ce système communautaire. Citons le témoignage d'un négociateur clé du 18 avril, et non pas du 9 mai, car appelé dans l'équipe de négociation au Plan après la déclaration. Pour Maurice Lagrange, qui contribua à la naissance de la Cour de justice, sur le modèle du Conseil d'État[13] :

> Le ministre des Affaires étrangères, a noté Maurice Lagrange qui devait devenir procureur général de la Cour de justice, a fait plus qu'adopter l'enfant de Jean Monnet, en prendre la responsabilité gouvernementale [*sic*]. De sa main, il ajoutait des notes en marge du projet dont il prenait connaissance au fur et à mesure de son élaboration. Il a imposé une collaboration entre la Haute Autorité et le Conseil de ministres, créé une commission de coordination[14]. Il a permis aux sujets de la Haute Autorité, sidérurgistes, syndicats, etc. de formuler des recommandations, des suggestions. Il a rendu le traité aimable, acceptable. C'était capital[15].

Schuman apparaît, à la différence de Monnet, comme l'homme politique conscient des réalités politiques et institutionnelles. Pendant ces mêmes négociations, la Haute Autorité est passée de cinq à neuf membres. Ironie de l'histoire, Spierenburg, pourfendeur des pouvoirs de la Haute Autorité en 1950-1951 lors des négociations du traité de Paris,

---

12 *Ainsi va la vie*, *op. cit.*, p. 107. André Philip, professeur d'économie politique, alors encore député du Rhône, était une figure de la gauche européenne et chrétienne.

13 Se reporter à notre étude « Le Conseil d'État et l'institutionnalisation du système juridique communautaire », intervention à la journée d'études « Les juristes et la construction d'un ordre politique européen », du Centre universitaire de recherches administratives et politiques de Picardie (CURAPP), Amiens, 1er avril 2004.

14 Le Cocor luxembourgeois, ancêtre du Coreper bruxellois.

15 Serge et Merry Bromberger, *Les coulisses de l'Europe*, Paris, Presses de la cité, 1968, p. 154.

en devient membre dès 1952, puis vice-président de 1957 à 1967 et, en 1993, son cohistorien avec Raymond Poidevin[16].

Le traité de Paris (et le système auquel il donne naissance) n'a été étudié, lui, que bien plus tard, à partir du colloque de 1986 du Groupe de liaison, publié en 1988[17]. Par la suite, il est l'objet en 1996 de la thèse d'Anne Boegner[18], puis est analysé du point de vue de la contribution des hauts fonctionnaires français dans notre thèse en 2000[19], avant un article synthétique de Berthold Rittberger en 2001[20]. Dès 1983, Alan Milward, lorsqu'il arriva à Florence, tenta de l'intégrer dans sa perspective générale de *Reconstruction de l'Europe*[21], parlant de mystification des pères de l'Europe. Il reprit ce thème, sans toutefois le développer, dans son chapitre resté célèbre sur les « saints européens », dans son ouvrage maître de 1992 *European Rescue of the Nation State*[22]. Mais Milward, strict et volontiers paradoxal intergouvermentaliste, ne s'intéressa pas à l'histoire des institutions européennes en tant que telles.

De la mémoire à l'histoire

L'histoire institutionnelle suscite des débats de même nature que d'autres genres historiques ou de sciences sociales, comme la biographie par exemple[23]. Nous ne détaillerons pas cette comparaison à laquelle est consacré le chapitre de Gérard Bossuat à l'occasion de la sortie en 2011 de sa « biographie professionnelle » *Émile Noël, premier secrétaire*

---

16 Dirk Spierenburg, Raymond Poidevin, *Histoire de la Haute Autorité de la Communauté européenne du charbon et de l'acier. Une expérience supranationale*, Bruxelles, Bruylant, 1993.

17 Klaus Schwabe (dir.), *Die Anfange des Schuman Plans 1950/51. The Beginnings of the Schuman Plan*, Baden-Baden, Nomos, 1988.

18 Anne Boerger-De Smedt, *Aux origines de l'Union européenne. La genèse des institutions communautaires CECA, CED, CEE et Euratom. Un équilibre fragile entre l'idéal européen et les intérêts nationaux*, thèse de doctorat en histoire, Université de Liège, 1996.

19 Michel Mangenot, *Une Europe improbable. Les hauts fonctionnaires dans la construction européenne (1948-1992)*, thèse de doctorat en science politique, Université de Strasbourg, 2000.

20 Berthold Rittberger, « Which Institutions for Post-war Europe ? Explaining the Institutional Design of Europe's First Community », *Journal of European Public Policy*, vol. 8, n° 5, octobre 2001.

21 Alan Milward, *The Reconstruction of Western Europe 1945-1951*, Londres, Routledge, 1984.

22 Alan Milward, « The Lives and Teachings of the European Saints », in *The European Rescue of the Nation-State*, Londres, Routlledge, 1999.

23 Nous reportons le lecteur à la journée d'études organisée par Laurence Badel (FARE), à Strasbourg le 16 février 2012, sur la biographie en histoire européenne, autour de François-Xavier Ortoli.

général de la Commission européenne[24]. On voudrait simplement rappeler qu'une biographie, quand elle restitue toute la complexité de l'univers social, de l'environnement et du contexte dans lequel est placé l'individu, peut devenir alors une véritable sociologie, comme l'a montré de façon magistrale Norbert Elias pour *Mozart* dans sa *sociologie d'un génie.*

Synthétisons la trajectoire des travaux historiques sur la construction européenne face à l'objet « institutions européennes ». Avant la rencontre (qui date de la fin des années 1980) entre l'histoire et les institutions, on note deux configurations initiales : une histoire sans institutions puis des institutions sans histoire.

De l'histoire sans les institutions

L'histoire de la construction européenne est tout d'abord celle d'idées, d'individus et de réseaux. Un des premiers historiens de la construction européenne, venu des relations internationales, a été Jean-Baptiste Duroselle avec, en 1965, son *Idée d'Europe dans l'histoire*[25], préfacé par Jean Monnet[26]. Paru symboliquement au moment de la crise de la chaise vide, l'ouvrage est un récit de la forme des idées d'Europe depuis la fin du Moyen-âge chez les penseurs mais aussi chez les hommes politiques. Il sort la même année que l'ouvrage du recteur du Collège de Bruges, Henri Bugmans, qui n'était pas historien mais spécialiste de littérature (française) : *L'idée européenne 1918-1965*[27].

Le second a été Walter Lipgens, au sein de l'Institut universitaire européen en 1976. C'est l'Institut qui décide de lancer, peu de temps après sa création, ce chantier important : une histoire de l'intégration européenne depuis 1945. L'Europe est une *terra incognita* pour les historiens. Ce projet, qui prévoit alors quatre tomes chronologiques (I. 1945-1948 ; II. 1948-1950, III. 1950-1952 ; IV, 1952-1954) rassemble à l'origine six professeurs de 5 États[28] : Pierre Gerbet (Paris), Walter Lipkens (Florence), Raymond Poidevin (Metz), A. F. Manning (Nimègue), Enrico Serra (Rome) et Donald Watt (Londres). Le premier

[24] Bruylant, 2011.

[25] Denoël, 1965.

[26] Dès 1961 l'écrivain Denis de Rougemont, à la tête Centre européen de la culture, publiait *Vingt-huit siècles d'Europe. La conscience européenne à travers les textes*, Paris, Payot.

[27] Bruges, Collège d'Europe, 1965.

[28] Ce projet est détaillé par Walter Lipgens dans « Towards a history of European Integration », in *Journal of Common Market Studies*, vol. 17, n° 1, septembre 1978.

ouvrage paraît en 1982[29]. Le décès de Lipgens en 1984 stoppa le projet qui sera repris par le Comité de liaison.

La trajectoire de Pierre Gerbet est ici très singulière : auteur dès 1956 de la première étude *à chaud* du plan Schuman, il se consacre ensuite à la politique étrangère et aux organisations internationales (et non pas européennes) auxquelles il consacre un « Que sais-je ? » en 1958. Il faudra attendre 1983 pour sa *Construction de l'Europe*[30], c'est-à-dire une histoire de l'intégration européenne dans laquelle les institutions sont présentes mais davantage au niveau des grands desseins institutionnels (constitutionnels même) qu'en tant que telles et qu'en tout cas pas d'un point de vue interne. Cette somme fondatrice est alors diversement reçue selon les champs disciplinaires.

Les réceptions de *La construction de l'Europe*, 1983

Dans son compte rendu dans la *Revue française de science politique* (vol. 34, n° 6, 1984), Paul Reuter met en avant la dimension institutionnelle mais au sens juridique du terme : « Le titre même de l'ouvrage indique que celui-ci a choisi d'aborder l'histoire en donnant la priorité à l'aspect institutionnel, mais cette priorité est loin d'être une exclusivité », p. 1270. Il est révélateur qu'un juriste soit chargé du compte rendu dans la RFSP. La lecture est bien différente dans *Vingtième siècle* en 1985, où Pierre Mélandri insiste au contraire sur « forces et faiblesse d'un mouvement » puis « d'une grande idée qui semble ainsi de dégager » (vol. 6, n° 6, 1985, p. 180-1981). Enfin, le juriste internationaliste Vincent Coussirat-Coustère insiste, dans *Politique étrangère*, sur son choix d'une approche chronologique qui fait l'objet d'exception quand il « évoque les réalisations d'une organisation dont il vient de détailler l'origine et la structure mais dont il ne parlera plus ensuite ». Il ne s'agit pas (encore) d'une histoire des institutions…

Des institutions sans histoire

La deuxième configuration est une analyse des institutions européennes mais sans perspective historique. Les institutions sont décrites par des juristes puis analysées par des politistes. Ce sont essentiellement des politistes américains (d'origine européenne) qui lancent ce mouvement. Après Ernst Haas en 1958 et son célèbre *The Uniting of Europe*, centré davantage sur des groupes d'intérêts que sur les institutions de la CECA, comme l'indique clairement son sous-titre[31], plusieurs ouvrages sont consacrés dans les années 1970 à la Commission CEE, par David

---

[29] Walter Lipgens, *A history of European Integration, 1945-1947*, vol. 1, *The Formation of the European Unity Movement*, Oxford, Clarendon Press, 1982.

[30] Paris, Imprimerie nationale.

[31] *The Uniting of Europe: Political, Social, and Economic Forces, 1950-1957*, Stanford, Stanford University Press, 1958.

Combes[32] puis Hans Michelmann[33]. En France, les études sur les institutions européennes s'amplifient dans le domaine juridique, le chemin étant tracé par Paul Reuter qui a été l'auteur du premier article sur le traité de Paris bien que faisant référence au plan Schuman dès septembre 1951[34], puis en 1953 de la première monographie institutionnelle de la CECA[35]. En science politique, c'est le début d'un long éloignement[36] à l'exception de Pierre Duclos sur le Conseil de l'Europe[37]. En reprenant la formule de Norbert Elias, c'est comme si les sociologues (ou les politistes ici) « se retiraient dans le présent[38] ».

La rencontre de l'histoire avec les institutions

Enfin, troisième configuration : après le premier colloque du Groupe de liaison en 1984 à Strasbourg sur l'histoire des débuts de l'Europe de mars 1948 à mai 1950 pendant lequel l'étude des mouvements ou des idées dominent encore[39], les institutions entrent dans le périmètre d'étude lors du deuxième colloque du Groupe, à Aix-la-Chapelle en 1986 et qui est publié en 1988, justement consacré aux années 1950 et 1951 : les débuts du plan Schuman[40]. Cette tendance est rendue possible par des éléments structurels : la création en 1982 du Groupe de liaison des professeurs d'histoire contemporaine auprès de la Commis-

[32] David Combes, *Politics and Bureaucracy in the European Community. A Portrait of the Commission of the EC*, London, 1970.

[33] Michelmann Hans, *Organisational Effectiveness in a Multinational Bureaucracy*, Farnborough, Saxon House, 1978.

[34] Paul Reuter, « La conception du pouvoir politique dans le Plan Schuman », *Revue française de science politique*, n° 1 (3), juillet-septembre 1951, p. 256-276. Notons dans cet article une forme de « lapsus » ou de coquille assez révélatrice quand est indiqué le traité du 18 avril 1950 à deux reprises, p. 262 et 263.

[35] LGDJ, préface de Robert Schuman, 1953.

[36] Se reporter à notre courte synthèse : « Un objet (devenu) comme les autres ? La science politique française et l'Europe », lecture critique de « Science politique de l'Union européenne », in *Revue française de science politique*, vol. 59, n° 6, décembre 2009, p. 1249-1254.

[37] Pierre Duclos, *La réforme du Conseil de l'Europe*, Paris, LGDJ, 1958. Il sera l'auteur avec Henri Bugmans du *Fédéralisme contemporain. Critères, institutions, perspectives*, Bruges, Collège d'Europe, 1963.

[38] Norbert Elias, « The Retreat of Sociologists intro the Present », *Geneses*, n° 52, septembre 2003 (pour sa traduction française).

[39] Alan Milward y faisait remarquer que les questions économiques avaient été peu abordées (donc l'OECE) comme le note Maurice Vaïsse dans son compte rendu du colloque intitulé « Des dolmens à Charlemagne, en passant par le Plan Schuman » (*Vingtième siècle*, vol. 5, n° 1, 1985).

[40] Nous renvoyons au chapitre 3.

sion[41], puis en 1983 l'ouverture du Centre des archives historiques de la Commission à Bruxelles, alors que la Haute Autorité avait créé dès le 21 août 1952 un service « Archives », comme le rappelle plus loin Joceline Collonval. Ces années correspondent justement à un moment de panne de l'Europe, sous la présidence Thorn de la Commission. On peut faire un parallèle entre cette histoire et le rapport de Monnet avec les institutions européennes. Une des particularités de cet homme politique européen, pour ne pas dire père de l'Europe, et à la différence notable de Delors ou d'Hallstein, est en effet l'extrême brièveté de sa carrière institutionnelle européenne – 2 ans et 10 mois – comme si le père de la Commission (plus que de l'Europe) ne croyait pas à la force de « sa » propre institution. Pourtant Monnet avait créé dès 1963, toujours en marge des institutions, le Centre de recherches historiques européennes de Lausanne. L'Europe reste encore et avant tout une idée pour les uns ou un mythe pour les autres, comme chez Raymond Aron[42].

Vers une quatrième étape : des histoires internes commandées ou commanditées ?

Le dernier moment correspond au sujet du présent ouvrage : le temps des histoires commandées par les institutions européennes elles-mêmes. Au-delà du débat ou de l'accusation d'histoire officielle assez loin de la réalité de ces histoires telles qu'elles sont présentées dans cet ouvrage, c'est leur rapport à la mémoire qui est questionné. Peut-on pour autant parler de mémoire manipulée comme le propose Denis Rolland[43] pour la mémoire du Quai d'Orsay pendant la Seconde Guerre mondiale ? Non, cette pratique tient davantage d'un registre de discours et de pratiques mémorielles comme les étudient Cornelia Constantin[44]. Avec cette

---

41 Qui a fait l'objet d'une première analyse : Morgane Le Boulay, « Investir l'arène européenne de la recherche. Le "Groupe de liaison" des historiens auprès de la Commission européenne », in *Politix*, vol. 23, n° 89, 2010, p. 103-124. Notons une erreur d'appréciation sur l'héritage des fondateurs de ce groupe, qui n'est pas « l'histoire diplomatique » (p. 114) mais bien celle des « relations internationales », en rupture avec celle-ci car étant non plus celle des traités mais des « forces profondes ».

42 Raymond Aron, « L'Europe, avenir d'un mythe », conférence de 1975 reproduite et commentée dans *Cités*, n° 24, 2005/4, p. 153-168.

43 Denis Rolland, « La "mémoire manipulée" et l'histoire institutionnelle : pour une histoire rénovée des Affaires étrangères », in *Matériaux pour l'histoire de notre temps*, n° 65-66, 2002 ainsi que « Les limites hagiographiques de l'histoire institutionnelle : les Affaires étrangères, l'action culturelle de la France à l'étranger et le syndrome de Vichy », in *Le temps des savoirs*, n° 3, 2001, p. 155-177.

44 Cornelia Constantin, « "Le futur passé" de l'intégration européenne. Discours et pratiques mémoriels des élites européennes (1950-2007) », *Congrès de l'Association française de science politique, Section thématique 1, L'Europe sans constitution –*

histoire institutionnelle ou même organisationnelle, on passe à un degré de maturité, comme le note Fabrice Larat plus loin. Comme au niveau national, après les grands *hommes d'État* qui ont au niveau européen leur équivalent fonctionnel avec les *Pères de l'Europe* (certains étant d'ailleurs les mêmes), on passe à l'étude de figures de hauts fonctionnaires, des hommes de l'interne en somme, car ils restent dans les institutions[45]. Citons ici les figures ou les héros de l'organisation que sont devenus Wellenstein pour la Haute Autorité et Émile Noël pour la Commission jusqu'en 1987, illustrant ainsi une forme de saga administrative[46]. Ici l'expérience américaine de sociologie (et d'histoire) des organisations est utile à prendre en considération. L'étude pionnière en 1949 de la TVA (qui a comme on l'a vu inspiré Paul Reuter), par Philip Selznick est un modèle du genre[47]. Au-delà d'un institutionnalisme formel, l'analyse de son fonctionnement interne montre comment l'institution est traversée par son environnement et par des acteurs extérieurs à elle.

Les organisations ont toujours besoin de mythes, de légendes et de héros. Mais il convient de se demander si, selon la belle formule de Paul Veyne[48], les institutions croient à leurs (propres) mythes. Les institutions européennes semblent en tout cas être bien conscientes de la nécessité d'un mythe fondateur.

---

quelle communauté politique en construction ?, Grenoble, 7-9 septembre 2009. Elle y cite notamment la première commémoration du 9 mai 1953.

45 La permanence est une variable clé du champ européen, comme l'a montré Didier Georgakakis dans l'ouvrage qu'il a récemment dirigé, fruit de travaux collectifs du GSPE à Strasbourg : *Le champ de l'Eurocratie. Une sociologie du personnel de l'UE*, Paris, Economica, 2012.

46 Burton Clark, « Organizational Saga in Higher Education », in *Administrative Science Quarterly*, vol. 17, n° 2, juin 1972, p. 178-184.

47 Philip Selznick, *Tva and the Grass roots. A Study in the Sociology of Formal Organization*, Berkeley, University of California press, 1949.

48 Paul Veyne, *Les Grecs ont-ils cru à leurs mythes ? Essai sur l'imagination constituante*, Paris, Seuil, 1983. Cette perspective a été adaptée par Philippe Bezes aux hauts fonctionnaires français face aux (à leurs) « mythes » de réforme administrative.

CHAPITRE 3

La contribution du Groupe de liaison à l'histoire des institutions européennes

Wilfried LOTH

Le 60e anniversaire de la signature du traité de Paris, traité fondateur du système communautaire européen, est sans doute un excellent moment pour se pencher sur les relations entre les institutions européennes et les historiens qui travaillent sur leur histoire. Est-ce que ce sont bien les institutions qui « font » leur histoire comme le titre de la journée d'études du PEAP le suggère ? Ou bien l'histoire de la construction européenne est-elle plutôt « faite » par ceux qui l'écrivent ? Comment les institutions cherchent-elles à influencer leur image dans l'histoire ? Ou bien le cherchent-elles d'abord réellement ? À quelles fins les historiens s'occupent-ils des institutions européennes ? Les institutions éprouvent-elles l'attention des historiens comme une nécessité ? Comment les relations entre institutions et historiens se sont-elles développées ? Quelle place dans ces relations entre institutions, historiens et pour le troisième partenaire de la construction d'une mémoire collective, le public européen si celui-ci existe ou à défaut les publics nationaux qui sont en train de le constituer ? Voilà toute une série de questions dont on ne connaît pas exactement la réponse. Le « Groupe de liaison des historiens auprès de la Commission européenne » en tant qu'organisation située quelque part entre une institution européenne – la Commission – et le monde académique des historiens est un cas significatif pour étudier ces questions[1].

---

1 Ce récit est basé sur les souvenirs de l'auteur qui est membre du groupe depuis 1984 et à sa présidence depuis 2001. Il convient de signaler une première étude scientifique sur ce groupe : Morgane Le Boulay, « Investir l'arène européenne de la recherche. Le "Groupe de liaison" des historiens auprès de la Commission européenne », in *Politix. Revue des sciences sociales du politique*, vol. 23, n° 89, 2010, p. 103-124.

Les origines du Groupe de liaison

Le caractère particulier du « Groupe de liaison des historiens auprès de la Commission européenne » résulte du fait qu'il est issu d'un dialogue entre institutions européennes et historiens de l'Europe. Plus exactement, c'était au cours d'entretiens entre Émile Noël, secrétaire général de la Commission des Communautés européennes depuis sa naissance, et Jean-Baptiste Duroselle, doyen des historiens français de relations internationales, que l'idée d'une action de la Commission pour la promotion de recherches sur l'histoire de la construction est née au début des années 1980. Jusqu'alors, les institutions européennes n'étaient que rarement objet d'analyses historiques, la plupart des travaux académiques relevaient du droit, de la science politique ou de l'économie. Par conséquent, l'action de la Commission à l'égard du monde académique ne visait que ces disciplines « classiques » de la politique contemporaine. En offrant des bourses de recherches et organisant des colloques la Commission avait contribué à la mise en réseaux de juristes, d'économistes et de politistes travaillant sur la construction européenne.

À l'exception de quelques pionniers comme Pierre Gerbet et Walter Lipgens, les historiens ne se sont occupés de la construction européenne qu'à partir des années 1970, c'est-à-dire à partir du moment où le processus avait déjà une certaine ancienneté. Il s'agissait donc de le reconstruire afin de le comprendre. De surcroît les archives des acteurs de cette construction devenaient peu à peu accessibles[2]. Il en résultait deux nécessités : promouvoir et coordonner cette ouverture des archives au niveau européen et national, et promouvoir et coordonner la recherche sur l'histoire de la construction européenne. Comme la discipline historique s'était développée surtout à l'échelle nationale, la coordination des travaux des historiens au niveau européen et le développement d'un échange de points de vue au-delà des discours nationaux devenaient particulièrement urgents.

Quand en 1976 Walter Lipgens[3] fut appelé à participer à la mise en place du département historique de l'Institut universitaire européen à Florence (IEU), il prit l'initiative d'une action collective des historiens en faveur d'une ouverture générale des archives des institutions euro-

---

2 Voir à cet égard Wilfried Loth, « Beiträge der Geschichtswissenschaft zur Deutung der Europäischen Integration », in Wilfried Loth, Wolfgang Wessels (dir.), *Theorien europäischer Integration*, Opladen, Leske & Budrich, 2001, p. 87-106.

3 Pour un portrait de ce pionnier de l'histoire de la construction européenne, voir Wilfried Loth, « Walter Lipgens (1925-1984) », in Heinz Duchardt, Malgorzata Morawiec, Wolfgang Schmale, Winfried Schulze (dir.), *Europa-Historiker. Ein biographisches Handbuch*, vol. 1, Göttingen, Vandenhoeck & Ruprecht, 2006, p. 317-336.

péennes après un délai de trente ans, comme c'était le cas pour les archives des gouvernements nationaux. En même temps, il chercha à réunir une équipe multinationale pour écrire une histoire des débuts de la construction européenne et publier une sélection de documents tirés de ces archives devenues accessibles. En septembre 1977 Lipgens réunit à Florence un colloque de spécialistes de l'histoire des relations internationales ainsi que des archivistes des divers pays membres de la Communauté pour préparer ce vaste projet. Une résolution issue de ce colloque souligna la nécessité de faciliter l'accès aux archives et esquissa les grandes lignes du projet de recherche et de documentation[4].

C'était à la suite de cet appel de Walter Lipgens et du groupe d'historiens qu'il avait su mettre en place que la Commission européenne introduisit la « règle de trente ans » pour toutes les institutions des Communautés européennes. Afin de mettre en œuvre cette décision de principe, elle créa en 1978 un service « Archives historiques ». En plus, on décida que, toutes les archives de la Communauté devraient être transférées à Florence, à proximité de l'Institut universitaire européen, après avoir été enregistrées sur microfilm. Ainsi, la recherche sur l'histoire des institutions européennes pourrait être à la fois encouragée et facilitée.

L'organisation des historiens au niveau européen fit un pas décisif après la finalisation du projet d'ouverture des archives de la Communauté en 1981. Préparé notamment par Jacqueline Lastenouse, chargée de l'information universitaire à la Direction générale de l'information de la Commission, et Hans-Peter Schwarz, politologue allemand et grand spécialiste de Konrad Adenauer, qui à l'époque s'occupait beaucoup de l'organisation de la recherche sur l'histoire contemporaine après la Seconde Guerre mondiale, un deuxième colloque s'est tenu en janvier 1982 à Luxembourg. Organisé par la Direction générale de l'information en collaboration avec le Centre universitaire de Luxembourg il rassemblait des fonctionnaires de la Commission ainsi qu'un grand nombre d'historiens venus de neuf pays membres de la Communauté (il manquait la Grèce qui venait de rejoindre la Communauté) afin de discuter des conditions d'accès aux archives et des perspectives de la recherche.

Les historiens présents à ce colloque ont notamment réclamé un plus large accès aux sources communautaires. En guise d'ouverture, Hans-Peter Schwarz regrettait le retard que les historiens avaient pris dans les études européennes en comparaison avec les spécialistes des relations

---

4 Voir la collection des rapports présentés à ce colloque : Walter Lipgens, *Sources de l'histoire de l'intégration européenne (1945-1955). Guide des archives conservées dans les pays de la Communauté*, Leyden, Sijthoff, 1980.

internationales issus de l'économie, du droit ou de la science politique. Étant donnée leur dépendance aux archives, il soulignait l'importance stratégique d'une telle ouverture pour la mise en valeur de la contribution des historiens à l'explication de la construction européenne. D'autres participants comme l'Anglais Donald Watt, les Français Raymond Poidevin et René Girault ou encore Walter Lipgens dénonçaient les restrictions apportées à la règle du délai de trente ans dans le projet de l'ouverture des archives des Communautés. De plus, ils revendiquaient également d'être étroitement associés au travail du service « Archives historiques ». À la fin du débat c'était René Girault qui proposait de créer un réseau d'historiens ayant pour objectif de favoriser la recherche historique sur l'intégration européenne, de « conseiller les Communautés sur les actions scientifiques à entreprendre avec son appui » et « d'aider à une meilleure utilisation par les chercheurs des moyens de recherche mis à leur disposition, tels que les archives »[5].

Si c'est donc bien avec l'appui d'une direction générale de la Commission que le Groupe de liaison est créé, ce fut néanmoins dès le début un groupe indépendant de la Commission, un groupe purement scientifique, constitué sur les principes d'expertise en histoire de la construction européenne et de représentativité des recherches menées dans les divers pays membres. Bien sûr, le groupe a beaucoup profité de l'énergie et du conseil de Jacqueline Lastenouse, qui a participé à ses réunions au siège de la Commission à Bruxelles (c'est-à-dire au Berlaymont) pour une bonne douzaine d'années. Pendant ce temps, la Commission a également financé les réunions du groupe (généralement deux fois par an) et elle a contribué au financement des premiers colloques du groupe.

Mais il faut souligner que la constitution du Groupe de liaison à l'issue du colloque de Luxembourg fût précédée par une initiative des historiens eux-mêmes qui avaient commencé à s'organiser sous l'impulsion de Walter Lipgens. Autrement dit : la Commission a aidé un réseau européen naissant d'historiens à s'établir définitivement. L'intérêt général de la Commission à promouvoir la recherche sur l'histoire de l'intégration européenne et l'intérêt particulier du service d'information universitaire à se profiler au sein de la Commission comme dans le monde académique coïncidaient avec l'intérêt de certains historiens à mener à bien cette recherche et à établir un nouveau sujet de recherche historique susceptible de répondre à l'intérêt public.

5 *Étude du début de la construction européenne. Apport des sources et archives, 1946-1952. Colloque multinational des professeurs d'histoire contemporaine, Luxembourg 28-29 janvier 82*, Bruxelles, Commission européenne, 1982, p. 20.

Un vaste champ de recherches

Ce réseau indépendant a librement choisi ses membres, ses méthodes de travail et ses objets de recherche. Pour être efficace, il ne rassemblait pas tous les historiennes et historiens travaillant sur l'histoire de la construction européenne. Le groupe fut davantage constitué par des représentants de la recherche historique des divers pays membres, capables de donner des informations sur les recherches en cours dans leurs pays respectifs, de promouvoir des recherches sur la base d'interrogations communes et d'encourager la coopération et l'échange entre historiens des différents pays. Pour la plupart des pays membres un seul représentant fut considéré comme suffisant tandis qu'on accordait deux ou trois « sièges » aux communautés scientifiques plus élargies.

Ainsi, la France fut d'abord représentée par René Girault et Raymond Poidevin, à partir de 2001 par Gérard Bossuat et Marie-Thérèse Bitsch ; cette dernière étant remplacée en 2010 par Sylvain Schirmann. Pour l'Allemagne, on avait d'abord Walter Lipgens et Hans-Peter Schwarz, suivis en 1984 par Wilfried Loth et Klaus Schwabe ; en 2010 le groupe fut élargi à Kiran Klaus Patel. La Grande-Bretagne fut représentée par Alan Milward (jusqu'en 2010), Donald C. Watt (jusqu'en 1987), Anne Deighton (à partir de 1988) et N. Piers Ludlow (à partir de 2006). La délégation italienne fut constituée par Enrico Serra, suivi en 1991 par Antonio Varsori et augmentée en 2010 par Elena Calandri. Pour les Pays-Bas on avait Adrian Manning (jusqu'en 1990), ensuite Albert Kersten (jusqu'en 1999) et Jan van der Harst (à partir de 2000). La Belgique fut toujours représentée par Michel Dumoulin, le Luxembourg par Gilbert Trausch. L'Irlande ne fut représentée (par Dermot Keogh) que jusqu'en 1999. En 2000 on cooptait Johnny Laursen pour le Danemark et les pays scandinaves et Fernando Guirao pour l'Espagne. En 2005 Michael Gehler fut admis comme représentant de l'Autriche et des pays de l'Europe centrale. Finalement, en 2010 on s'assura de la coopération de Nicolae Paŭn comme représentant de la Roumanie et d'autres nouveaux membres de l'Union européenne[6].

Dans la période initiale la présidence du groupe fut assurée par René Girault, titulaire d'une chaire d'histoire de relations internationales à l'Université de Paris I – Sorbonne. En 1989 il fut suivi par Gilbert Trausch, directeur du Centre d'études et de recherches européennes Robert Schuman (CERE) à Luxembourg et professeur à l'Université de Liège. Wilfried Loth, titulaire d'une chaire d'histoire moderne et contemporaine à l'Université de Duisburg-Essen, lui succéda en 2001. Après Antoine Marès (jusqu'en 1989) et Monique Kieffer (jusqu'en 1998) c'est dorénavant Charles Barthel, ancien collaborateur de Gilbert

[6] Voir le tableau des membres du Groupe de liaison chez Le Boulay, *op. cit.*, p. 110f.

Trausch au CERE et depuis 2001 son successeur comme directeur de ce centre, qui gère le secrétariat du groupe.

Le premier instrument de travail du Groupe de liaison fut et reste l'organisation de grands colloques internationaux réunissant les chercheurs des divers pays qui travaillent sur le même sujet ou la même époque de cette histoire. Si ces colloques facilitent le dialogue et la coopération entre historiens, leur préparation suscite également des recherches nouvelles sur tel ou tel aspect de la construction européenne. La première approche de ces colloques fut de se caler sur l'ouverture successive des archives. Le décès prématuré de Walter Lipgens en 1984 laissa le projet initial de l'IUE inachevé. De son *Histoire des débuts de la construction européenne* ne paraîtrait qu'un premier volume, portant sur la période 1945-1947[7]. En ce qui concerne l'édition de documents sélectionnés, quatre volumes portant sur la période 1939-1950, furent publiés par Wilfried Loth[8]. Le premier colloque du Groupe de liaison, organisé par Raymond Poidevin en novembre 1984 à Strasbourg, portait sur la période 1948-1950 et comblait ainsi d'une certaine façon la lacune laissée par Walter Lipgens[9].

D'autres colloques suivirent : sur les débuts du plan Schuman (mai 1986 à Aix-la-Chapelle) et sur la « relance européenne » et les traités de Rome (mars 1987 à Rome). Deux autres colloques complétèrent la série sur les origines et les débuts de la construction européenne : un colloque sur la période entre plan Schuman et traités de Rome (mai 1989 à Luxembourg) et un colloque sur les plans d'unification européenne pendant la Deuxième Guerre mondiale et la période d'immédiate après-guerre (mai 1993 à Bruxelles). La série de manifestations sur les phases successives de la construction européenne se poursuivit par des colloques sur les années de 1957 à 1963 (mai 1996 à Oxford), les crises de 1963 à 1969 (novembre 1999 à Essen), la relance de La Haye et le

---

7 Paru en allemand : Walter Lipgens, *Die Anfänge der europäischen Einigungspolitik 1945-1950, 1. Teil : 1945-1947*, Stuttgart, Klett-Cotta, 1977 ; une version anglaise, augmentée d'une contribution de Alan Milward : Walter Lipgens, *A History of European Integration 1945-1947*, Oxford, Clarendon Press, 1982.

8 Walter Lipgens (dir.), *Documents on the History of European Integration*, vol. 1 : *Continental Plans for European Union, 1939-1945*, Berlin-New York, De Gruyter, 1985 ; vol. 2 : *Plans for European Union in Great Britain and in Exile, 1939-1945*, Berlin-New York, De Gruyter, 1986 ; Walter Lipgens, Wilfried Loth (dir.), *Documents on the History of European Integration*, vol. 3 : *The Struggle for European Union by Political Parties and Pressure Groups in Western European Countries, 1945-1950*, Berlin-New York, De Gruyter, 1988 ; vol. 4 : *Transnational Organizations of Political Parties and Pressure Groups in the Struggle for European Union, 1945-1950*, Berlin-New York, De Gruyter, 1990.

9 Raymond Poidevin (dir.), *Histoire des débuts de la construction européenne, mars 1948-mai 1950*, Bruxelles, Bruylant, 1986.

premier élargissement 1969-1975 (octobre 2005 in Groningen), et les crises et nouveaux départs de 1973 à 1983 (février 2010 à Aarhus).

La série de colloques thématiques fut ouverte par un colloque sur les acteurs et politiques au niveau européen de 1957 à 1972 (novembre 1992 à Florence). Celui-ci fut prolongé par un colloque sur l'Europe unie et l'Afrique jusqu'à la première convention de Lomé (avril 2004 à Paris). À l'occasion du 50e anniversaire des traités de Rome un grand colloque de bilan historiographique et thématique fut organisé en mars 2007 à Rome. Le Groupe a en préparation des colloques sur l'Europe centrale et l'Europe de l'Est dans la construction européenne (prévu pour septembre 2012 à Cluj) et sur le rôle de l'Europe dans la « Deuxième Guerre froide » 1979-1985 (prévu pour novembre 2013 à Oxford).

À chacun des 12 colloques tenus en 26 ans on dénombra la participation de 35 à 50 historiennes et historiens venus d'un grand nombre de pays membres, des États-Unis et de la Suisse. Le colloque de Rome en mars 2007, organisé en collaboration avec le réseau « Temps et espaces de l'Europe[10] » rassembla même plus de 100 participants. Chaque fois, 15 à 25 contributions furent présentées, discutées, et ensuite publiées sous forme enrichie dans des actes de colloque[11]. Loin de monopoliser la recherche sur l'histoire de la construction européenne, les membres du Groupe de liaison ont donc réussi à rassembler un assez grand nombre de chercheurs, à stimuler la recherche et à établir un réseau de débats et d'échanges au niveau européen. En plus, comme le montrent les changements dans sa composition, le groupe a su à s'adapter au changement de générations et à l'évolution du champ de recherches dans les divers pays. Aucune tendance de recherche ne fut imposée, toutes les interprétations furent et sont toujours les bienvenues afin d'animer le débat et d'améliorer les résultats.

À cet objectif contribue également la *Revue d'histoire de l'intégration européenne* (mieux connu sous son nom anglais *Journal of European Integration History*) que le Groupe de liaison publie depuis 1995. Première et seule revue scientifique qui s'occupe exclusivement de l'histoire de la construction européenne cette revue, par ses deux numéros par an avec des articles et des comptes rendus en trois langues (l'anglais, le français et l'allemand) offre un forum permanent au nombre croissant de chercheurs qui travaillent sur cette histoire. Tout article publié par la revue a été soumis au processus du *peer-reviewing*, c'est-à-dire il a été lu et finalement accepté (après révision, si nécessaire) par deux membres du Groupe de liaison agissant sans connaissance du nom de l'auteur respectif. Un numéro par an est consacré à une

10 Voir *infra*.

11 Voir la liste des publications du Groupe de liaison en annexe.

thématique spécifique tandis que l'autre, le « numéro ouvert » rassemble toutes sortes d'articles acceptés[12].

Le Groupe de liaison fut aussi le point de départ de plusieurs autres réseaux qui se sont constitués autour de quelques thématiques et projets spécifiques de l'histoire de l'intégration européenne. Vers la fin des années 1980 René Girault constituait le réseau « Identité et conscience européennes au XXe siècle » qui fut dirigé par cinq membres du Groupe de liaison et cinq autres titulaires de chaires d'histoire contemporaine. Ce projet qui conduisit à de nombreux volumes sur les dimensions culturelles et sociétales de la construction européenne fut poursuivi et adapté sous la responsabilité de Robert Frank. Il porta alors sur les « Identités européennes au XXe siècle » et les « Espaces et temps de la construction européenne »[13]. De même, un bon nombre de membres du Groupe de liaison a participé à la rédaction du premier volume de l'histoire de la Commission européenne dirigée par Michel Dumoulin[14]. Depuis 2004/2005 le Groupe de liaison cherche également le contact régulier avec deux groupes de jeunes chercheurs qui se sont constitués autour la thématique européenne : le « Réseau international de jeunes chercheurs en histoire de l'intégration européenne » (RICHIE) et le « History of European Integration Research Society » (HEIRS)[15].

À travers ses 12 colloques et les 33 numéros de sa revue parus depuis 1995, le Groupe de liaison a beaucoup contribué à la recherche historique sur les institutions européennes proprement dites. On y trouve une multitude d'études sur la genèse des institutions de la CECA, de la CEE et de l'Euratom, sur leur évolution, sur la fusion des exécutifs dans les années 1960, sur la politique de la Commission dans tel ou tel secteur, sur l'action de Walter Hallstein et d'autres présidents de la Commission, sur le rôle de fonctionnaires comme Émile Noël. Depuis une période plus récente, on trouve dans les colonnes du périodique de plus en plus d'études sur l'action et l'évolution du Parlement européen et de la Cour

---

12 *Journal of European Integration History*, vol. 1 à 17, Baden-Baden, Nomos, 1995-2011. L'ensemble des anciens numéros de la revue peut être consulté sur le site du Groupe de liaison : www.eu-historians.eu.

13 Voir René Girault (dir.), *Identité et conscience européennes au XXe siècle*, Paris, Hachette, 1984 ; Robert Frank (dir.), *Les identités européennes au XXe siècle. Diversités, convergences et solidarités*, Paris, Publications de la Sorbonne, 2004 ; Gérard Bossuat, Éric Bussière, Robert Frank, Wilfried Loth, Antonio Varsori (dir.), *L'expérience européenne. 50 ans de construction de l'Europe, 1957-2007*, Bruxelles, Bruylant, 2010.

14 Michel Dumoulin (dir.), *La Commission européenne 1958-1972. Histoire et mémoire d'une institution*, Luxembourg, Office des publications officielles des Communautés européennes, 2007. Voir à cet égard la contribution de Marie-Thérèse Bitsch à ce volume.

15 Voir le site commun de ces deux groupes : www.europe-richie.org.

de justice. Des membres du Groupe ont pris des initiatives pour promouvoir des recherches collectives sur tel ou tel aspect de l'histoire institutionnelle. Il faut signaler notamment le grand colloque sur Jean Monnet, que Gérard Bossuat a organisé en 1997 en collaboration avec l'Institut historique allemand à Paris[16] ainsi que les cinq colloques du groupe « Institutions européennes et identité européenne » que Marie-Thérèse Bitsch et moi-même avons animé dans le cadre du réseau « Identités européennes »[17].

Dans les limites de cet article il n'est pas possible de faire le bilan de ces vastes recherches ni même d'énumérer simplement ses résultats. Le moins qu'on puisse dire est que le regard historique sur les institutions nous aide à mieux comprendre leur dynamique : leur mérites mais aussi leur faiblesses. La découverte de cette dynamique à la différence de l'image d'une structure supposée fixe et inchangeable qui est l'objet favori des recherches des juristes et des politistes nous permet de juger l'action des hommes (et des femmes bien sûr) au sein de ces institutions. Par exemple, en dressant le bilan de « l'expérience institutionnelle » lors du colloque à l'occasion du 50e anniversaire des traités de Rome, Marie-Thérèse Bitsch et moi-même avons écrit que

> la structure fondamentale de la CEE/CE ne correspond pas à une idée réglementaire ou constitutionnelle ayant un fondement intrinsèque, mais est bien plus le résultat d'un compromis qui reste en deçà des possibilités offertes par le cadre supranational, lors de sa création. Dès le départ, cette structure peut être modifiée et, par conséquent, ce n'est pas un hasard si la mise en place et l'approfondissement de la CEE vont de pair. Le mot d'Hallstein au sujet du caractère « incomplet » du traité reste valable, même si l'on ne partage pas sa définition des objectifs d'un « État fédéral »[18].

Poursuivre l'évolution de cette dynamique vaut bien la peine. C'est pourquoi le Groupe de liaison va continuer à travailler sur les institutions dans le contexte de la construction européenne.

---

[16] Gérard Bossuat, Andreas Wilkens (dir.), *Jean Monnet, l'Europe et les chemins de la Paix*, Paris, Publications de la Sorbonne, 1999.

[17] Marie-Thérèse Bitsch, Wilfried Loth, Raymond Poidevin (dir.), *Institutions européennes et identités européennes*, Bruxelles, Bruylant, 1998 ; Marie-Thérèse Bitsch (dir.), *Le couple France-Allemagne et les institutions européennes*, Bruxelles, Bruylant, 2001 ; Maire-Thérèse Bitsch (dir.), *Le fait régional et la construction européenne*, Bruxelles, Bruylant, 2003 ; Wilfried Loth (dir.), *La gouvernance supranationale dans la construction européenne*, Bruxelles, Bruylant, 2005 ; Marie-Thérèse Bitsch, Wilfried Loth, Charles Barthel (dir.), *Cultures politiques, opinions publiques et intégration européenne*, Bruxelles, Bruylant, 2007.

[18] Marie-Thérèse Bitsch, Wilfried Loth, « L'expérience politique et institutionnelle des Communautés européennes », in Gérard Bossuat *et al.*, *L'expérience européenne*, *op. cit.*, p. 139-169, citation p. 164.

La séparation de la Commission

L'indépendance du Groupe de liaison est d'autant plus à souligner que la restructuration de la Commission européenne après la démission de la Commission Santer en mars 1999 a coupé tout lien institutionnel entre la Commission et le Groupe. Le travail de la Division information universitaire a été réparti entre la Direction générale de la communication et la division A3 de la Direction générale de l'éducation qui s'occupe notamment de l'Action Jean Monnet. Par conséquent, le Groupe de liaison n'avait plus de correspondant au sein de la Commission ; plus personne n'avait pour mission de participer aux réunions du Groupe en tant que représentant de la Commission. De plus, des règles financières sont apparues qui rendent impossible l'obtention de subventions de manière informelle et les relations privilégies avec un tel groupe : chaque financement doit entrer dans le cadre d'un programme destiné à un chercheur, un colloque ou un réseau de taille supérieure. Le Groupe de liaison était donc désormais obligé de chercher des contributions financières ponctuelles à ses activités comme tout autre chercheur ou institution académique, en répondant à des appels d'offre plus ou moins proches de ses intérêts de recherche, soit dans le cadre de l'Action Jean Monnet, soit au sein des divers programmes-cadres de recherche, ou bien en répondant à des appels spécifiques comme le projet de cette *Histoire de la Commission européenne* dirigée par Michel Dumoulin.

Cette séparation formelle et complète entre la Commission et le Groupe de liaison avait des avantages pour la recherche mais aussi des désavantages. Parmi les avantages il faut mentionner la fin de débats incessants et peu productifs sur telle ou telle proposition de la Commission mal adaptée aux exigences de la recherche. Par exemple, il y avait toujours une tension entre la demande des historiens à rendre les archives vraiment accessibles et l'idée de la Commission de créer plutôt des archives orales, c'est-à-dire de collectionner des témoignages d'anciens fonctionnaires qui ont certes une certaine valeur, mais du point de vue des historiens une valeur tout-à-fait limitée. Un autre point de litige fut l'admission de membres du Groupe venants de pays membres où la recherche sur l'histoire de la construction européenne n'existait pas. Si le Groupe a toujours reconnu la nécessité de promouvoir la recherche dans ces pays, il a néanmoins insisté sur la qualification scientifique de ses membres et même sur leur excellence[19].

Quant aux désavantages de la séparation totale il faut mentionner l'effort supplémentaire du Groupe à faire financer ses activités. Fort

---

[19] Pour les points de conflit entre Commission et Groupe de liaison voir l'exploitation des procès-verbaux des réunions jusqu'au milieu des années 1990 chez Le Boulay, *op. cit.*, p. 120-122.

heureusement, la publication de la Revue est assurée par un engagement à long terme du ministère d'État de Luxembourg qui y a toujours vu un intérêt public, et nous espérons bien que cette attitude se maintiendra dans le futur. Mais pour toutes les autres activités, les réunions, les missions, les colloques, les publications de livres, il faut toujours trouver des solutions ponctuelles, c'est-à-dire : il faut réagir à d'innombrables appels d'offre de la part des programmes nationaux de recherche, des fondations et des programmes de la Communauté. Cela implique beaucoup plus de travail bureaucratique et administratif, une incertitude constante quant au succès de nos applications et, par conséquent, une difficulté agrandie de faire des projets à long terme.

En principe, il n'y a rien à redire à l'encontre du système de concurrence en matière de recherche de subventions auquel le Groupe est confronté depuis la fin des années 1990. La méritocratie est le meilleur garant du progrès scientifique, et les membres du Groupe de liaison n'ont jamais cherché de leur côté des relations privilégiées avec la Commission. Ce qui est à déplorer c'est plutôt le fait que les programmes actuels de recherche de la Communauté sont mal adaptés aux besoins de recherche sur l'histoire de la construction européenne. L'Action Jean Monnet est concentré sur l'enseignement de la construction européenne ; la promotion de la recherche n'y figure que comme point complémentaire, ne permettant que des projets assez limités dans le temps et l'ampleur. Les programmes-cadres de recherche sont orientés vers des vastes groupements de recherche pluridisciplinaires qui ne correspondent qu'imparfaitement à la méthode à la fois individuelle et collégiale des historiens. En plus, les appels d'offre de ces deux programmes contiennent souvent des exigences correspondant aux débats politiques actuels, ce qui a comme conséquence la promotion de ce qui est à la mode et qui conduit à négliger ce qui est nécessaire d'un point de vue scientifique. Il en résulte une préférence pour les sciences appliquées comme les sciences politiques ou les sciences sociales au détriment de la science historique. Le processus de décision entre les multiples applications n'est pas transparent ce qui évoque de soupçons quant à sa qualité scientifique.

La conjonction de programmes peu adaptés aux besoins des historiens et de structures de décision peu élaborées a conduit à une situation de sous-représentation de l'histoire dans les programmes de recherche de la Communauté. Si l'initiative de Émile Noël et de Jean-Baptiste Duroselle avait l'intention de corriger cette sous-représentation, force est de constater que cette initiative a maintenant échoué. La Commission ne compte plus la promotion de la recherche sur la construction européenne parmi les tâches pour lesquelles elle se sent responsable. Peut-être a-t-elle toujours intérêt à la reconstruction de sa propre histoire comme le montre la poursuite du projet de l'histoire de la Commission. Mais il s'agit d'autre chose : écrire l'histoire isolée d'une institution européenne sans le contexte global de la construction européenne implique un danger accru d'une histoire à la simple gloire de la maison, d'une histoire sans grande valeur scientifique, et d'une histoire qui n'intéresse pas le public. Il est donc urgent d'ouvrir un nouveau débat non seulement sur l'utilité mais aussi sur la nécessité des recherches historiques au profit d'une bonne gestion de l'Union européenne.

CHAPITRE 4

L'historiographie des institutions européennes et ses enjeux de mémoire

Fabrice LARAT

Tout phénomène socio-politique d'importance est amené tôt ou tard à être étudié de manière scientifique par des observateurs extérieurs. De sujet, les acteurs de ce phénomène deviennent ainsi objet de la recherche. Il en va ainsi du processus de construction européenne qui, dès ses débuts a fait l'objet d'un travail d'analyse continu. Avant même l'apparition d'une historiographie scientifique, acteurs engagés et observateurs extérieurs (les journalistes) ont publié de nombreux ouvrages sur le phénomène, contribuant ainsi à lui donner corps et à façonner l'objet d'étude que la construction européenne est rapidement devenue[1].

Par ce qu'il s'agit d'un processus dynamique et inédit, l'évolution de l'intégration européenne, ses différentes phases, les orientations prises, de même que le rôle respectif des différents acteurs (États, institutions, individus) ou facteurs intervenant représentent un enjeu d'interprétation. En effet, pour ce qui est de la construction européenne, l'écriture de l'histoire tout comme les lectures qui en sont faites sont loin d'être neutres tant la légitimité des institutions européennes issues de ce processus est encore fragile.

De ce fait, pour comprendre comment les institutions européennes font leur histoire, il est intéressant de se pencher sur les conditions de production d'un type de matériel historiographique particulier mais malgré tout central pour cette problématique que sont les ouvrages consacrés par les principales institutions de l'Union européenne à leur histoire. On se trouve alors dans le cas de figure singulier où les acteurs institutionnels de l'intégration européenne se prennent eux-mêmes comme objet d'étude.

---

1 Sur la constitution des études sur l'Union européenne et la construction européenne comme champ d'étude, voir les chapitres de Rosamond (science politique), Milward (histoire), Wessel (droit), Crowley et Mayes (économie) et Favell (sociologie) in Knud Erik Jørgensen, Mark A. Pollack, Ben Rosamond (dir.), *The Handbook of European Union Politics*, Londres, Sage, 2007.

L'analyse proposée dans ce chapitre part d'une première constatation : en l'espace de trois années seulement, quatre des institutions de l'Union européenne (UE) – la Commission, le Parlement, le Comité économique et social et la Banque européenne d'investissement – ont publié des ouvrages consacrés à leur propre histoire[2]. Outre la nécessité de rechercher les raisons de cette concomitance, une telle vague de parution soulève la question des objectifs poursuivis par ces institutions ainsi que de la signification de ces velléités d'écriture de l'histoire de la construction européenne par ceux-là mêmes qui continuent à la faire.

Loin d'être un phénomène marginal, ces publications tout comme que la stratégie éditoriale plus large des institutions européennes dans laquelle elles s'inscrivent renvoient à des enjeux importants en termes institutionnels et politiques. Dans cette optique, notre analyse ne se focalisera pas tant sur le contenu de ces histoires, leur mérite scientifique en matière de contribution à l'amélioration des connaissances sur tel ou tel aspect de la construction européenne, mais bien plus sur ce que ces initiatives révèlent par rapport aux positionnements symboliques adoptés par rapport à ces enjeux.

L'auto-historiographie de l'Union européenne comme exemple d'histoire institutionnelle

Une étude poussée des sources bibliographiques existantes montre que la parution des quatre ouvrages susmentionnés participe d'une tendance plus large qui, par les caractéristiques qu'elle présente et par les objectifs qui sont les siens, peut être qualifiée d'auto-historiographie de l'UE. Il s'agit là d'une forme d'historiographie qui s'apparente à celui de l'histoire institutionnelle en ce sens qu'elle porte sur ces acteurs collectifs que sont les institutions, mais qui, en plus, a ceci de particulier que ce sont ces mêmes institutions qui proposent une certaine lecture de leur fonctionnement actuel et passé.

Si l'on s'en tient aux seules sources officielles que sont les catalogues de publications des différentes institutions européennes sur la période des 25 années, on peut identifier au moins 41 références

---

2 *La Commission européenne 1958-1972. Histoire et mémoires d'une institution*. Luxembourg, Office des publications officielles des communautés européennes, 2007 ; *La banque de l'Union européenne. La BEI, 1958-2008*, Luxembourg, Imprimerie centrale, 2008 ; *Le Comité économique et social européen, 50 ans de démocratie participative*, Bruxelles, CESE, 2008 ; *La construction d'un parlement. 50 ans d'histoire du Parlement européen : 1958-2008*, Luxembourg, Office des publications officielles des communautés européennes, 2009. En ce qui concerne le Conseil, se reporter au chapitre 9. Pour ce qui est de la Cour de justice, les actes d'un colloque tenu en 2008 à l'occasion du 50e anniversaire des traités de Rome ont été publiés.

d'ouvrages ou de fascicules se rapportant à l'histoire des différents organes et institutions de l'Union et à leur contribution à la construction européenne dans son ensemble. Le corpus qui a servi de base à la présente étude a été constitué à partir d'une recherche systématique[3] dans les catalogues en ligne des différentes institutions et organes de l'Union, notamment en utilisant le moteur de recherche du site de l'office des publications[4].

Contexte

La parution de ce genre d'ouvrages ne peut être comprise sans référence à la politique de communication et de publication des Communautés en général. Comme le rappelle François Foret à juste titre, tout pouvoir politique est amené à tenir un discours de légitimation pour donner sens à l'ordre qu'il fonde. Ce discours peut prendre les formes les plus diverses et se décliner dans une grande variété de registres : les publications grand public éditées par la Commission européenne à plusieurs centaines de milliers d'exemplaires dans les onze langues communautaires en constituent un exemple significatif[5].

Faisant suite à une décision des États membres en date du 8 avril 1965, un Office des publications officielles des communautés européennes a été mis en place en 1969 en tant que structure conjointe à la Commission, au Conseil, au Parlement, à la Cour de justice, au Comité économique et social et à la Cour des comptes. De par ses fonctions d'éditeur, l'Office est amené à fournir un service de la plus haute qualité à ses clients – les services auteurs des institutions et autres organes de l'Union européenne – et à son public – les citoyens de l'Union européenne, ainsi que toute personne intéressée par les affaires européennes de par le monde[6].

Les compétences de l'Office incluent également l'édition ou la coédition des publications qui lui sont confiées de manière non obliga-

---

3 Je tiens remercier le service de documentation du Centre d'information sur les institutions européennes de Strasbourg ainsi que le Centre de documentation de l'ENA pour l'aide apporter dans la recherche de références bibliographiques et tout particulièrement sa directrice Céline Canuet-Mehl pour ses commentaires constructifs.

4 Pour ce qui est du catalogue en ligne de l'Office des publications de l'UE, nous avons procédé au dépouillement des 376 références en langue française de la rubrique « construction européenne ». Des vérifications effectuées au hasard ont permis de s'assurer que tout ce qui a été publié en anglais l'a également été en français. La liste des publications retenues figure en annexe.

5 François Foret, « Les brochures grand public de la Commission : entre rhétoriques politique et bureaucratie », in *Pôle Sud*, n° 15, 2001, p. 72-92.

6 Présentation des missions de l'Office sur son site internet officiel http://publications.europa.eu/about_us/index_fr.htm.

toires dans le cadre des prérogatives de chaque institution, notamment dans le contexte de leurs activités de communication[7]. Les publications grand public de l'Office en général, et plus particulièrement les publications à caractère historiographique émanant des différentes entités de l'Union ont donc vocation à participer à la politique d'information de l'Union dont on sait qu'elle vise non seulement à informer mais aussi à contribuer à l'éducation des citoyens[8].

À côté de la publication d'ouvrages au titre de la stratégie de communication de l'Union, les actions en direction du milieu académique producteur de savoir légitime sont un élément essentiel du contexte dans lequel s'inscrivent les pratiques d'auto-historiographie des institutions communautaires. L'étude de la volonté des institutions européennes de participer à l'historiographie les concernant ne saurait en effet faire abstraction des rapports plus larges qu'entretient l'Union européenne avec les instances académiques dont la raison d'être est justement d'écrire l'histoire.

Dans son analyse de la création du Musée de l'Europe à Bruxelles, Véronique Charléty évoque le faible degré d'institutionnalisation du secteur culturel dans l'Union européenne, situation qui expliquerait l'existence d'initiatives congruentes en dehors du cadre communautaire[9]. Cette faiblesse ne doit toutefois pas occulter l'existence d'initiatives provenant du sein même des institutions communautaires et visant à combler ce qui est perçu comme un déficit important en termes d'approche véritablement européenne des questions communautaires, notamment en ce qui concerne la promotion d'une identité commune.

Les exemples d'une telle implication des institutions sont nombreux et concernent aussi bien la Commission, le Conseil ou le Parlement européen[10]. Ces initiatives participent de la relation complexe et

---

7 Article 3 alinéa c) de la décision du parlement européen, du conseil, de la Commission, de la Cour de justice, de la Cour des comptes, du Comité économique et social européen et du Comité des régions du 26 juin 2009 relative à l'organisation et au fonctionnement de l'Office des publications de l'Union européenne (2009/496/CE, Euratom).

8 Voir les travaux de Lise Rye sur l'histoire de cette politique : « The Origins of Community Information Policy. Educating Europeans », in Wolfram Kaiser, Brigitte Leucht, Morten Rasmussen, *The History of the European Union. Origins of a trans- and supranational polity 1950-72*, Londres, Routledge, 2009, 148-166.

9 Véronique Charléty, « Introduire l'histoire dans l'espace public européen », in *Politique européenne*, n° 18, 2006, p. 19.

10 C'est ainsi que le lancement officiel du chantier du Musée de l'Europe a eu lieu à l'occasion d'un grand colloque international sur les frontières de l'Europe organisé en 1999 au Parlement européen grâce au soutien du groupe PPE/DE. Véronique Charléty, *op. cit.*

consubstantielle à son développement qu'entretient l'Union européenne avec l'histoire du continent et avec son propre passé[11].

En effet, les liens ainsi tissés ne se limitent pas à des références récurrentes au niveau des discours et déclaration officielles mais prennent la forme de liens institutionnels avec des acteurs extérieurs ; acteurs dont la collaboration est jugée nécessaire pour la bonne marche de l'Union, comme c'est le cas au niveau de l'intégration économique pour les relations établies avec les différents acteurs économiques et sociaux s'occupant de représentation d'intérêts. C'est ainsi qu'à la suite d'un grand colloque que la Commission avait organisé à Luxembourg en 1982 pour lancer la recherche historique sur la construction européenne, le Groupe de liaison des professeurs d'histoire contemporaine auprès de la Commission des Communautés européennes a vu le jour. Il regroupe des professeurs d'université des pays membres de l'Union européenne, spécialistes d'histoire contemporaine[12]. On verra que c'est justement en grande partie dans ce vivier d'historiens qu'ont été recrutés les auteurs commissionnés pour rédiger les quatre ouvrages susmentionnés.

Par ailleurs, au cours des dernières décennies, l'Union s'est dotée de mécanismes lui permettant de susciter l'intérêt de la sphère académique pour son fonctionnement et pour l'évolution de la construction européenne. Le « Programme Jean Monnet » a ainsi pour mission de stimuler l'enseignement, la recherche et la réflexion sur l'intégration européenne au sein d'établissements d'enseignement supérieur du monde entier. Lancée en 1989, l'action Jean Monnet est une des mesures de ce programme qui vise à soutenir l'enseignement universitaire et la recherche dans le domaine des études sur l'intégration européenne. Il inclut la création de chaires et de centres d'excellence Jean Monnet, de modules de cours, d'activités d'information et de recherche, ainsi que le soutien aux associations universitaires de professeurs et de chercheurs spécialisés sur l'intégration européenne.

---

11 Sur cet aspect, qu'il nous soit permit de renvoyer à nos travaux : Fabrice Larat, « Presenting the Past. Political Narratives on European History and the Justification of EU Integration », in Christian Joerges, Paul Blokker (dir.), « Recrafting the Past after "Bitter Experiences" : the Shadows of the Past(s) over the Constitutionalization of Europe », in *German Law Journal*, special issue, n° 2, février 2005 ; ainsi que « Aufarbeitung der Vergangenheit und Zivilisierung Europas », in Christian Joerges, Matthias Mahlmann, Ulrich K. Preuß (dir.) *„Schmerzliche Erfahrungen" der Vergangenheit und der Prozess der Konstitutionalisierung Europas*, Wiesbaden, Verlag für Sozialwissenschaften, 2008.

12 Se reporter au chapitre 3.

Cadre analytique

Ces précisions apportées, il convient de se pencher sur le genre de publications auquel les ouvrages de notre corpus peuvent être rattachés. À cet égard, nous avons à faire à une forme particulière d'histoire institutionnelle, puisque l'histoire ainsi écrite ne porte pas uniquement sur les institutions comme objet d'étude mais que ces institutions sont elles-mêmes à l'origine de cette historiographie, que cela soit comme commanditaire ou comme auteur.

Ce phénomène s'inscrit dans un mouvement beaucoup plus large que l'historiographie des institutions publiques puisqu'on en trouve de nombreux exemples dans le secteur privé. Les entreprises, on le sait, ont elles aussi recours depuis longtemps à la mise en scène de leur histoire. Des chercheurs en sciences de l'information et de la communication ont identifiés différents types de récits dans ce domaine : récits de « la maisonnée » qui répondent à une logique communautaire et visent par exemple à conter l'histoire d'une réussite, mais aussi les récits « de l'engagement » qui visent plus à mise en avant du bien commun[13]. Indépendamment du fait qu'elle a été élaborée à partir de cas d'auto-historiographie portant sur des acteurs collectifs privés, cette grille de lecture se révèle très pertinente dans le domaine qui nous intéresse car tous les récits relevant de l'histoire institutionnelle procèdent d'un même besoin et souci de communication.

Pour ce qui est de l'administration française, Florence Descamps a ainsi montré que le développement au cours des années 1980 et 1990 des comités d'histoire au sein des ministères, grands corps et autres organisations étatiques a eu lieu dans un contexte de bouleversements institutionnels et environnementaux importants marqué par un questionnement identitaire de la part de ces institutions (qui sommes-nous ?) ou stratégique (où allons-nous ?). À cela s'ajoutait une forte demande d'histoire, de connaissance sur le passé, de réflexivité, de mémoire aussi, parfois empreinte de nostalgie ou d'inquiétude sur l'avenir[14].

Les pratiques d'auto-historiographie institutionnelle sont donc liées à des stratégies de communication et renvoient visiblement à l'existence d'une demande institutionnelle interne. Pour les institutions européennes, publier de tels ouvrages renvoie à une double nécessité impérieuse : tout d'abord celle d'exister aux yeux des citoyens en travaillant à accroître leur visibilité et ensuite celle d'asseoir leur

---

[13] Nicole D'Almeida, *Les promesses de la communication*, Paris, PUF, 2007, p. 98-132.

[14] Florence Descamps, « Les comités d'histoire des ministères et l'histoire de l'État : une exception française ? », in Jean-Michel Eymeri-Douzans, Geert Boukaert (dir.), *La France et ses administrations. Un état des savoirs*, Bruxelles, Bruylant, 2012.

légitimité, que cela soit par rapport aux États membres ou les unes par rapport aux autres[15].

Parce qu'elles ont à la fois une dimension officielle (le nom de ces institutions apparaît comme éditeur), grand public (leur diffusion s'adresse potentiellement à tous les citoyens de l'Union) et scientifique (participation de contributeurs académiques identifiables comme tel), certaines de ces publications combinent trois types d'usage compétiteur du passé identifiés par Gilles Pécout au sujet des débats autour des commémorations et célébration du 150e anniversaire de l'unité italienne : l'usage savant et professionnel, l'usage public et l'usage politique[16].

Pour mieux comprendre la finalité des différents genres existant ainsi que la spécificité de l'auto-historiographie des institutions communautaires par rapport aux autres publications participant à l'écriture de l'histoire de la construction européenne, le tableau reproduit ci-dessous propose une typologie en fonction de deux critères : le premier intitulé « auteur de la publication » prend en compte qui est à l'initiative du projet éditorial, le conçoit, le pilote et le finance. Cette question est formellement distincte de celle de savoir qui est le ou les rédacteurs de l'ouvrage, celui-ci pouvant apparaître explicitement ou non sur la publication mais n'étant en tout cas pas son commanditaire ni son éditeur. Le deuxième critère (« objet de la publication ») tient compte du contenu publié et de sa raison d'être.

---

15 Le besoin d'exister se heurte à l'absence au niveau de l'UE d'instances collectives de socialisation tel le service militaire ou l'enseignement scolaire. L'organisation nationale des systèmes d'éducation constitue un filtre bien visible dans le tropisme national prononcé qui caractérise l'enseignement de l'Union européenne en France dont les programmes scolaires présentent l'Europe avant tout comme une collection d'États. Voir Géraldine Bozec « L'Europe au tableau noir. Comment les instituteurs français enseignent-ils l'Union européenne aujourd'hui ? », in *Politique européenne*, n° 30, 2010.

16 Gilles Pécout, « Verdi pris en otage », in *Le Monde*, 12-13 septembre 2010.

Tableau 1. Catégorisation des publications consacrées à la construction européenne en fonction de leur objet et du type de parties prenantes (support papier ou électronique)

Objet de la publication / **Auteur de la publication**	*Informer sur le travail des institutions*	*Informer sur le travail des individus impliqués dans la construction européenne*	*Contribuer à la recherche sur la construction européenne*
Institutions européennes	– Rapports d'activité – Plaquettes, fascicules, posters et brochures de documentation – Ouvrages commémoratifs – Chroniques, cartes, photos – Chronologies	– Publications en hommage à des personnalités ayant marqué l'institution – Recueils de discours	– Éditions de sources officielles – Registres d'archives – Matériel iconographique
Acteurs/ témoins de la construction européenne	– Ouvrages de souvenirs – Préfaces	– Mémoires – Autobiographies	– Témoignages oraux – Archives de travail
Journalistes couvrant les questions européennes	– Articles	– Articles – Nécrologies – Biographies	
Scientifiques travaillant sur la construction européenne	– Monographies – Articles scientifiques – Actes de colloques	– Biographies	– Études portant sur la recherche conduite en questions européennes – Mélanges (en l'honneur de) – Bibliographies thématiques

On constate que si la plus grande partie du corpus rentre dans la première catégorie (publications émanant d'institutions européennes et

portant sur leurs activités), le fait que des auteurs universitaires identifiés comme tels aient contribué dans certains cas à ce genre de publications rapproche les ouvrages commémoratifs ainsi élaborés des monographies scientifiques portant sur les institutions européennes (quatrième catégorie de la première colonne).

Ces cas de figure sont révélateurs des aspirations en termes de communication évoquées plus hauts. Toutefois, ils ne sont pas sans poser problème du fait de leur ambiguïté intrinsèque. Le recours à des auteurs issus du monde universitaire comme rédacteurs ou conseillers confère à ces publications un certain degré d'érudition et en tout cas aux yeux des lecteurs, une crédibilité différente de celle qui entoure un ouvrage relevant du seul registre de la communication institutionnelle. En même temps, la mise à disposition des rédacteurs de sources internes (archives, témoignages) tout comme la publication sous l'étiquette officielle d'une des institutions de l'Union donnent à ces publications l'apparence d'une histoire autorisée[17]. Au moins en théorie, ces exemples posent alors la question de l'indépendance des scientifiques qui se prêtent à la rédaction d'un ouvrage commandé ; un aspect qui dans, le cas de l'historiographie, est loin d'être neutre, sachant que, pour reprendre la formule de Lucien Febvre, l'« histoire qui sert et une histoire serve[18] ».

Le schéma suivant met bien en évidence les tensions qui peuvent le cas échéant découler de cette confusion des genres, dans le sens où la participation d'historiens à une publication initiée et pilotée par une institution européenne à des fins d'auto-historiographie si elle présente des avantages en termes de rapprochement par rapport au sujet (accès à l'information, notamment aux documents d'archive, possibilité d'établir des contacts privilégiés avec des témoins ou acteurs pour des entretiens) peut également avoir une influence sur la neutralité axiologique censée guider le travail des auteurs qui se réclament d'une démarche scientifique. Même si les écueils que constituerait une présentation hagiographique ou apologétique de l'institution en question ainsi que de ses « grands hommes » est peu probable, la question du maintien de la distance critique ne peut être exclue de prime abord.

---

17 Sur le modèle de la distinction entre biographie et biographie autorisée.

18 Lucien Febvre, « L'histoire dans un monde en ruines », in *Revue de synthèse historique*, t. 30, n° 88, février-juin 1920, p. 1-15, cité in Olivier Dumoulin, « Les historiens au service de l'État ? (1871-1940) », in Marc Olivier Baruch, Vincent Duclert (dir.), *Serviteurs de l'État. Une histoire politique de l'administration française 1875-1945*, Paris, La Découverte, 2000.

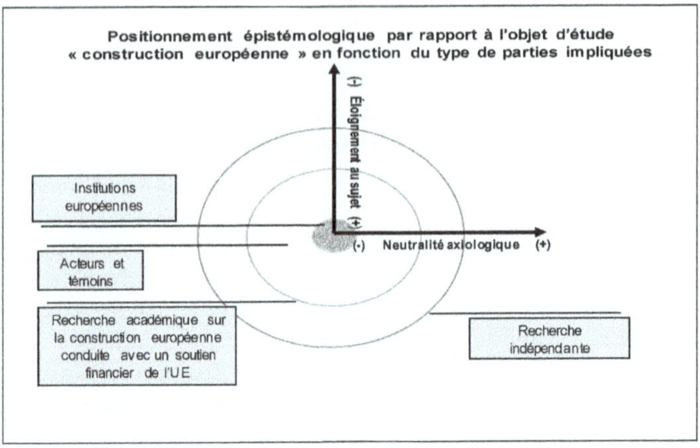

État des lieux de l'auto-historiographie dans les publications communautaires

Malgré l'existence de nombreux points communs et le fait que la publication de ces ouvrages relève de fonctions bien déterminées, quelques variations peuvent être identifiées au sein du corpus. Parmi les 41 publications répertoriées, trois ont un caractère interservices affiché. Pour le reste, il apparaît que la Commission (16 occurrences) et le Parlement (14) sont les champions incontestés de la production de ce genre d'ouvrages, bien avant le Conseil, le Comité des régions et la BEI (2 pour chacun de ces organes), le reste des ouvrages référencés étant publié à l'initiative du Conseil économique et social européen, de la Cour de justice, voire d'Eurostat.

Ceci dit, il convient de préciser que toute publication de l'Office est la propriété de l'entité communautaire et non d'une ou plusieurs de ses composantes[19]. Dans la plupart des cas, l'éditeur assume la qualité d'auteur aux yeux des lecteurs en occultant le rédacteur, qui comme le rappelle F. Foret, préfère généralement rester dans l'ombre, surtout s'il est universitaire. On note toutefois que pour les documents les plus sujets à controverse, l'institution éditant l'ouvrage peut se retrancher derrière la personne physique à l'origine du texte en faisant figurer le nom de celle-ci en bonne place accompagné des précautions d'usage[20].

Dans ce cas-là, un avis figure en règle générale à la suite des indications bibliographiques pour véhiculer un message du genre « Cet ouvrage a été élaboré par une personnalité indépendante. Il vise à contribuer au débat public sur la construction européenne. Il ne reflète pas

19 François Foret, *op. cit.*, p. 85.

20 *Ibid.*

nécessairement l'opinion de la Commission des Communautés européennes » (réf. 2.2) ou « Signé par son auteur, ce texte n'engage pas la Commission européenne » (réf. 2.10)[21]. Le lien étroit entre le travail des rédacteurs extérieurs et l'aide apportée par des personnels œuvrant au sein des institutions est également en avant. Ainsi, pour l'ouvrage commémoratif *La Commission européenne, 1958-1972. Histoire et mémoires d'une institution*, s'il est bien annoncé que l'ouvrage a été réalisé à l'initiative de la Commission européenne avec la participation et les témoignages d'anciens fonctionnaires européens, il est également précisé que son responsable Michel Dumoulin « tient à souligner que l'arrivée à bon port de ce projet commun doit beaucoup à trois personnes qu'un agréable devoir commande de remercier chaleureusement : Mmes Jacqueline Lastenouse et Natacha Wittorski, ainsi que M. Olivier Bailly » (réf. 2.13).

Le besoin de contribuer à l'écriture de l'histoire en laissant une empreinte écrite semble être partagé par toutes les institutions communautaires, aucune ne voulant être de reste. Il n'est pas jusqu'au service de traduction de la Commission qui en 2010 ait souhaité mettre en valeur son travail et cherché à expliquer « pourquoi la traduction a-t-elle joué un rôle aussi important dans la construction de l'Europe ? » (réf. 2.14). Même les groupes parlementaires ne résistent pas aux sirènes de la communication institutionnelle, comme le montre la publication en 2007 par le Service recherche-documentation-publications du Parlement d'un ouvrage portant sur « 50 ans d'histoire du groupe du PPE-DE (1953-2003) » (réf. 3.3).

Les sujets abordés sont pour le moins divers. Un thème de prédilection est les anniversaires et autres commémorations qui donnent l'occasion de revenir sur les grandes étapes de la construction européenne. Ainsi, la déclaration Schuman fait elle l'objet en 1991 d'un ouvrage commémoratif à l'occasion de son 40e anniversaire (réf. 2.5) puis de nouveau en 2000 lors du 50e (réf. 2.11), tandis que Pascal Fontaine, ancien collaborateur de Monnet, livre la même année une analyse du caractère novateur de la déclaration (réf. 2.10). Le fonctionnement de la CECA fait quant à lui l'objet en 2004 d'un ouvrage bilan confié à un universitaire spécialiste de la question en couvrant les 50 années de validité du traité de Paris (réf. 2.12). Enfin, le 50e anniversaire de la signature des traités de Rome a donné lieu à un colloque organisé par la Cour de justice qui en publie les actes en 2007 (réf. 5.1). Cet anniversaire est également célébré par le Comité des régions (réf. 6.2), par le Comité économique et social européen (réf. 8.1) et par

[21] Ces références renvoient à la liste des publications du corpus reproduite en annexe (n° 2) ainsi qu'au numéro d'identification correspondant.

la Banque européenne d'investissement (réf. 7.2), institutions qui en profitent pour rappeler les moments forts de leur évolution institutionnelle au cours des cinquante années qui se sont écoulées depuis l'entrée en vigueur des traités de Rome.

La relance de Messine ayant conduit à la signature des traités de Rome se trouve quant à elle évoquée par la Commission en 1985 sous la forme du catalogue de l'exposition élaborée par les archives de la Commission des communautés européennes (réf. 2.2). Les trois premières vagues d'élargissement font elles aussi l'objet d'une mise en perspective en 1987 (réf. 2.4) et le 30e anniversaire des premières élections directes au Parlement européen est célébré par la parution d'une étude publiée par le Parlement en 2007 (réf. 3.2). Les événements majeurs que constituent les grands anniversaires ne donnent pas uniquement lieu à des ouvrages d'analyse historique « lourds » mais sont souvent accompagnés d'autres publications destinées à un large public sous un format plus réduit et plus synthétique (réf. 3.6 ; 3.7).

Ces publications sont aussi l'occasion de donner la parole à des grands témoins, comme l'ouvrage rédigé par Hans von der Groeben en 1985 et portant sur la première décennie de la CEE. (réf. 2.2). Le titre choisi, *Combat pour l'Europe*, montre que son caractère de plaidoyer pour la cause européenne est parfaitement assumé. C'est aussi le cas de celui rédigé par Jacques van Helmont, ancien collaborateur de Jean Monnet à la CECA et publié en 1986 sous le titre d'*Options européennes 1945-1985* (réf. 2.4). Le Parlement européen participe lui aussi à cette vague de témoignages en 1987 avec l'ouvrage *Bataille pour l'Union* consacré à l'action d'Altiero Spinelli au sein du Parlement européen (réf. 3.1).

À côté de cette démarche que l'on pourrait qualifier de rétrospective, la politique de publications à caractère auto-historiographique qui vise à nourrir la recherche sur la construction européenne scande les moments forts du processus de construction européenne. Ainsi, à l'occasion de la signature de l'Acte unique européen en 1986, le Conseil contribue à la publication de sources primaires en sortant un mince recueil de déclarations et d'allocutions (réf. 4.1), tandis que la conférence intergouvernementale de 1996 fait elle l'objet d'une analyse « à chaud » avec la publication la même année des actes du colloque des chaires Jean Monnet consacré à cet événement (réf. 2.8). Au milieu des années 1990, la montée en puissance de l'Union européenne et la complexité de son organisation et de ses politiques rendent nécessaire de pouvoir disposer d'un ouvrage présentant une vue d'ensemble du processus d'intégration européenne et du fonctionnement actuel de l'Union, ce qui sera fait avec la publication de *L'Europe de A à Z*, ouvrage rédigé par des universitaires et régulièrement actualisé depuis (réf. 2.7).

Analyse des thèmes abordés

L'analyse détaillée des thèmes abordés et du contenu des publications montre que cette politique de publications remplit trois fonctions. Afin de bien mettre en relief l'importance qu'elles revêtent pour ces institutions, leur présentation sera illustrée par des citations tirées du corpus.

Valorisation de l'action menée par l'institution et par ses collaborateurs ou dirigeants

La valorisation de leurs activités par les institutions éditant ces publications a tout d'abord pour but de les distinguer les unes par rapport aux autres. Cela passe par la mise en avant systématique de leurs propres mérites, le cas échéant en soulignant l'antériorité de leur action par rapport aux autres institutions. La contribution de l'institution au processus de construction européenne est elle systématiquement mise en avant, sachant qu'il est d'autant plus important de la souligner pour le lecteur que celle-ci n'est pas forcément connue[22].

> Le Parlement œuvre, depuis longtemps, pour cette primauté donnée à la défense des Droits de l'homme. Son combat date des premiers balbutiements de la construction européenne. (Chapitre : « Un combat qui remonte loin », in *Le Parlement européen au cœur du combat pour les valeurs européennes*, réf. 3.6.)

> Le Parlement européen, seule institution européenne à être élue au suffrage direct, a toujours pensé que son rôle consistait à défendre fermement les intérêts des citoyens. La forte légitimité démocratique du Parlement européen était le fondement de la Communauté européenne. (Préface non signée à *Le chemin vers les élections directes du Parlement européen*, réf. 3.2.)

> 50 années d'Histoire riches d'espoirs et d'actions au service de la paix et de la démocratie jalonnent ce livre que notre Groupe consacre à son 50e anniversaire. On y retrouvera les hommes qui se sont dévoués à l'unification européenne et aux valeurs auxquelles s'identifie la famille démocrate chrétienne et modérée du continent. (*50 ans d'histoire du groupe du PPE-DE, 1953 – 2003*, réf. 3.3.)

> La constance de cette identification entre la Commission et le projet européen après cinquante ans s'explique, dans une large mesure, par le fait que la Commission apparaît comme l'institution typiquement communautaire, alliant la responsabilité politique d'un exécutif, l'expertise administrative et la défense sans faille du projet européen. (Préface de J. M. Barroso in *La Commission européenne, 1958-1972*, réf. 2.13.)

---

22 Comme c'est le cas avec la contribution du CESE qualifiée de « substantielle » (réf. 8.1).

L'accent mis sur la continuité des combats, l'idée de persévérance, le caractère pionnier de l'engagement en faveur de la « cause » européenne font aussi la part belle à la contribution des différents acteurs ayant œuvré à la tête ou à un niveau plus modeste au sein de ces institutions. L'insistance sur le rôle des individus tout comme la valorisation de leur action permettent d'honorer les mérites individuels et produisent ainsi un effet de distinction. Cela permet en même temps la transmission de valeurs intergénérationnelles et constitue un aspect important du développement de la mémoire institutionnelle. C'est ainsi qu'au cours de l'ouverture de la séance académique organisée à l'occasion du 50e anniversaire de la déclaration du 9 mai 1950, Viviane Reding, membre de la Commission tint à saluer tout particulièrement « les très nombreux fonctionnaires européens, acteurs connus ou moins connus de cette construction, qui sont venus témoigner de leur conviction et de leur engagement. Leur présence ici est plus qu'un message » (*Relire et compléter la déclaration du 9 mai 1950*, réf. 2.11).

En magnifiant le rôle joué par certains individus, les grands européens comme les anonymes, ces brochures et publications s'inscrivent dans un mouvement plus large qui accompagne le processus de construction européenne depuis ses débuts, à savoir l'écriture d'une de chanson de geste narrant l'épopée de la construction des institutions et les hauts faits de leurs hérauts[23].

> Le lien quasi charnel entre la Commission et l'intégration européenne tient aussi aux hommes et femmes qui y travaillent. [...] La conquête d'une identité et d'une légitimité n'aurait pas été possible sans l'imagination fertile des premiers membres du collège des commissaires, et sans la détermination farouche d'un grand nombre parmi ces premiers fonctionnaires, pétris d'un idéal nouveau, celui – toujours aussi présent – de l'intérêt général communautaire. (Préface de J. M. Barroso in *La Commission européenne, 1958-1972*, réf. 2.11.)

Cette présentation de choses est exemplaire des tentatives de positionnement d'une institution par rapport aux autres en soulignant le caractère avant-gardiste de son action. On retrouve là un phénomène observé par F. Foret dans son analyse des brochures grand public éditées par la Commission : le mécanisme de gratification réciproque entre les institutions, qui toutes participent au processus d'intégration et au fonctionnement de l'Union peut très vite se transformer en mode d'affir-

23 Tendance que Alan Milward avaient bien décrite dan son chapitre « The Lives and Teachings of the European Saints », in *The European Rescue of the Nation-State*, Londres, Routlledge, 1999.

mation de chaque entité de l'Union au détriment des autres[24]. Certains auteurs sont bien conscients du danger que cela entraîne :

> Les institutions, en dépit de leurs imperfections constituent un des legs les plus précieux de l'héritage Schuman qu'il serait désolant de dilapider notamment par des rivalités interinstitutionnelles. Le jeu n'est pas à somme nulle et il serait stupide de penser que l'Europe pourra progresser en affaiblissant telle ou telle de ces institutions ou en privilégiant l'une par rapport à l'autre. (Yves Mény, in *Relire et compléter la déclaration du 9 mai 1950*, p. 64, réf. 2.11.)

Ces formes de valorisation visent également à renforcer la cohésion interne de l'institution et ainsi à inscrire son action dans la durée. Étant faites pour durer, l'établissement d'un lien passé-présent-futur est le propre des institutions. Il s'agit là d'un aspect qui était cher à Jean Monnet et dont l'importance a visiblement été intériorisée par nombre de ses disciples[25].

Comme le relève avec justesse Florence Descamps, si l'hommage aux anciens participe à la recherche de la notoriété et du prestige et qu'elle représente une certaine forme de nostalgie, il s'agit en même temps d'un travail sur l'identité, une boîte à idée pour le présent et l'avenir[26]. À travers ces messages, l'objectif n'est rien moins que l'édification de l'opinion publique européenne.

La fonction de légitimation

Mal connues du grand public, souvent la proie à des dénigrements de la part de leurs adversaires, les institutions européennes cherchent à démontrer leur légitimité et à justifier leur rôle. Cela passe notamment par la mise en exergue de ce qui est présenté comme leurs faits de gloire ainsi que leur contribution au bien commun.

> L'histoire de l'évolution de la traduction à la Commission européenne est avant tout l'histoire des hommes et des femmes qui ont contribué par leur travail à la création de l'Union européenne. Sans les ponts jetés par la traduction, il aurait été impossible de concevoir une union entre les peuples de l'Europe. Sans traduction, comment trouver des compromis entre États, comment impliquer les citoyens européens dans la construction d'un projet

---

24 Voir François Foret, *op. cit.*, p. 86. Il est intéressant de relever que de ce genre de luttes d'influence remonte apparemment aux tous débuts du développement d'une politique commune d'information, notamment dans les années 1960 et ce malgré les différents accords et memoranda interinstitutionnels signés à cette époque. Voir Lise Rye, *op. cit.*, p. 154.

25 « La vie des institutions est plus longue que celle des hommes, et les institutions peuvent ainsi, si elles sont bien construites, accumuler et transmettre la sagesse des générations successives ». Jean Monnet, *Mémoires*, Paris, Fayard 1976, p. 449.

26 Florence Descamps, *op. cit.*

> si ambitieux ? (K.-J. Lönnroth, préface, *Histoire de la traduction à la Commission européenne*, réf. 2.15.)
>
> Tout était à faire. L'ampleur de sa double mission – réaliser un « marché commun » dans une perspective politique et agir désormais en fonction du seul « intérêt communautaire » – a conduit les acteurs de cette époque à rechercher un profil nouveau, inconnu jusque-là. (Préface de J. M. Barroso in *La Commission européenne, 1958-1972*, réf. 2.13.)
>
> Cette capacité d'anticipation, cette volonté de faire vivre le rêve européen, étaient motivées par la consolidation de la paix, de la démocratie et de la liberté retrouvées ainsi que par la recherche du bien-être pour les citoyens européens. » (H.-G. Pöttering, in *La construction d'un parlement 1958-2008*, réf. 3.5.)

Ces citations confirment tout à fait la thèse qui veut qu'à travers ce vecteur de communication privilégié que sont les publications des différentes institutions communautaires, l'information est utilisée autant comme arme stratégique que comme ressource de légitimation pure[27].

Donner sens à l'histoire

En voulant contribuer à l'écriture de leur histoire, les institutions communautaires proposent des angles d'approche qui donnent du sens à l'histoire de la construction européenne. On y trouve donc des conceptions souvent volontaristes :

> Une connaissance plus large du Parlement et de ses actes permettra d'analyser et d'écrire de manière plus complète l'histoire des institutions européennes et favorisera ainsi, à long terme, une meilleure perception des fondements démocratiques de l'Union européenne. C'est dans cette optique que, comme secrétaire général du Parlement européen, j'envisage également de publier une série de documents qui touchent à l'histoire de l'institution, série que la présente publication, au-delà de son caractère commémoratif, inaugure en apportant une première contribution à la diffusion des connaissances sur l'histoire de l'Union européenne. (H. Romer, secrétaire général du PE, in *Vers un Parlement unique*, réf. 3.8.)

On notera que lorsque les rédacteurs des ouvrages sont universitaires, l'approche est plus différenciée et les grilles de lecture proposées moins simplistes.

> Les auteurs du présent ouvrage – historiens, politologues et experts des questions communautaires originaires de plusieurs pays membres – retracent l'évolution complexe de l'institution parlementaire européenne de 1958 à nos jours. Ils analysent, sans en omettre les limites, la composition, les procédures, les stratégies et les transformations du Parlement européen, dissèquent les relations, parfois conflictuelles, souvent collaboratives, que

27 François Foret, *op. cit.*, p. 80.

> l'Assemblée entretient avec les autres organes du triangle institutionnel. Ils mettent enfin l'accent sur le rôle missionnaire que cette arène politique s'est assignée, tant dans le processus de constitutionnalisation de l'Union qu'en faveur de la défense et de la promotion des valeurs démocratiques ou de la constitution d'un embryon d'espace civique européen. (Y. Mény, introduction à *La construction d'un parlement*, réf. 3.5.)

Le décryptage proposé porte souvent sur l'évolution du processus de construction européenne et cherche à en distinguer les grandes phases et à en marquer les césures. Les thèmes du tournant et de la relance sont récurrents.

> L'adoption des traités de Rome marque un tournant et un moment de relance dans le processus de reconstruction socioéconomique et d'intégration morale et institutionnelle d'une Europe qui tentait de soigner les blessures de la Seconde Guerre mondiale. (*Vers un Parlement unique*, réf. 3.8.)

> Cet ouvrage est donc un livre d'histoire. Il est rythmé par les élargissements successifs de l'Union européenne mais aussi par les données changeantes de l'environnement économique et politique. Il cherche à comprendre comment la BEI a défini sa voie à travers les bouleversements d'un demi-siècle tout en restant fidèle au projet de ses origines. (*La banque de l'Union européenne, 1958-2008*, réf. 7.1.)

L'aspect consensuel domine dans ces présentations. Rien d'étonnant si on parle moins de victoires et de défaites que de dynamiques et de crises. L'ancrage dans la durée est quant à lui une autre dimension présente dans cette volonté de donner un sens à l'histoire. Dans le cas du Conseil, ce souci de justification passe par la publication en 2009 d'un ouvrage intitulé *Donner corps à une idée* qui va même au-delà de l'autoprésentation et de la commémoration. Dans la lignée de l'ouvrage fondateur de Denis de Rougemont *Vingt-huit siècles d'Europe. La conscience européenne à travers les textes*, ce livre publié en collaboration avec l'éditeur Bruylant présentent les principales contributions de Dante à Jean Monnet en les resituant au sein de ce grand dessein qu'est l'unité de l'Europe[28]. Avec ce type d'ouvrage, on se trouve tout à fait dans la logique qui préside à l'écriture par des organisations de leur propre histoire afin d'introduire de la continuité dans la discontinuité et de l'unité dans la dispersion[29].

---

[28] « Le présent ouvrage est destiné à présenter une partie très méconnue de l'histoire européenne, celle des tentatives successives entreprises pour concrétiser ce projet ambitieux. Ce faisant, il montre que l'objectif d'une Europe en paix avec elle-même plonge ses racines loin dans l'histoire et que de nombreuses idées avancées au cours des ans pour atteindre ce but portaient en elles le germe de l'Union européenne telle qu'elle existe aujourd'hui » (in *Europe, donner corps à une idée*, réf. 4.2).

[29] Nicole D'Almeida, *op. cit.*

Outre la présence d'aspects quasi messianiques et l'inscription de l'institution dans une lecture linéaire et téléologique de l'intégration, le thème de la fidélité et de la nécessité d'entretenir la mémoire participent à cette construction de sens en enracinant l'action des institutions dans une tradition et dans la durée.

> Grâce à l'unification européenne, le rêve des générations précédentes est devenu réalité. Notre histoire nous commande de préserver cette chance pour les générations futures. (*Déclaration à l'occasion du cinquantième anniversaire de la signature des traités de Rome*, réf. 1.2.)

Dans son intervention à l'occasion du 50e anniversaire de la déclaration du 9 mai 1950. Étienne Davignon associe la déclaration Schuman aux notions de reconnaissance, de fidélité et au besoin d'inspiration : « La fidélité n'est pas seulement importante au niveau des idées, elle est importante au niveau du respect des institutions parce que Monsieur Schuman et les pères fondateurs ont imaginé une forme d'institution qui n'a pas de précédent. » La conclusion qu'il en tire est que la Commission en tant qu'incarnation de cet avenir commun a vocation à être l'inspiratrice de la voie à suivre pour atteindre cet avenir commun (*Relire et compléter la déclaration du 9 mai 1950*, réf. 2.11, p. 6-7).

De son côté Nicole Fontaine ancienne présidente du Parlement européen souligne :

> L'anniversaire qui nous réunit aujourd'hui et qui clôt ce colloque est un retour particulièrement actuel à l'inspiration originelle de la construction européenne, en cette période où l'Union se prépare à un élargissement ambitieux et doit être capable de changer d'échelle sans changer de nature. (*Relire et compléter la déclaration du 9 mai 1950*, réf. 2.11, p. 82.)

La définition et la présentation de la mémoire institutionnelle renvoient on le voit à de véritables enjeux politiques, car à travers la lecture de la construction européenne qu'elle donne, cette vision agit sur les trois dimensions constitutive de la mémoire culturelle collective que sont la constitution d'un ordre, celle d'un lien et l'introduction d'une démarche réflexive. Elle renforce la cohésion de l'institution en tant qu'organisation, elle crée du lien social entre les différentes personnes partageant cette mémoire collective de la construction européenne et vise à faciliter la transmission intergénérationnelle de ce qui est défini comme les valeurs et la conception que cette institution se fait de son rôle, conception importante pour susciter des vocations chez les agents à venir.

Conclusion

Pour conclure, il apparaît que lorsque les institutions européennes cherchent à faire leur histoire, les enjeux qui apparaissent se rapportent à deux questions principales :
– Quels sont les instances qualifiées pour écrire l'histoire (légitime ?) de la construction européenne et surtout qui a le droit de l'interpréter ?
– Comment construire cette histoire par rapport à celle des États nations qui ont longtemps détenu le monopole de l'historiographie ? Cette question soulève le problème de la situation de concurrence qui règne entre les institutions communautaires et en même temps celle de l'appartenance de l'élément national à ce processus, tension bien rendue par la différence entre la conception et l'image que renvoient d'eux les différentes institutions : le Conseil d'un côté et la Commission et le Parlement européen de l'autre.

La politique éditoriale des institutions européennes visant à participer à l'écriture d'une histoire qui les concerne va dans le sens des analyses qui mettent en avant la nécessité de suivre une approche européenne pour écrire l'histoire de l'Europe en général et celle de la construction européenne en particulier[30]. Dans cette optique, les formes d'auto-histoire institutionnelle présentées ci-dessus sont aussi légitimes que nécessaires. La probabilité que la lecture de l'histoire qu'elles proposent puisse contribuer à terme à l'émergence d'un *demos* européen est toutefois limitée[31]. En effet, comme le relèvent B. Geremek et R. Picht, si un détour par l'histoire sur le moyen terme permet de rappeler que les citoyens européens vivent depuis cinquante ans une histoire commune d'apaisement entre peuples, cela ne signifie pas pourtant qu'il existe déjà un récit vraiment partagé de l'histoire continentale et qu'il puisse même en exister un à moyen terme susceptible d'être enseigné[32].

---

30 Sur le débat entre défenseurs et pourfendeurs d'une approche européenne, voir Nicolas Rousselier, « Pour une écriture européenne de l'histoire de l'Europe », in *Vingtième siècle. Revue d'histoire*, n° 38, avril-juin 1993, 74-89 ; ainsi que Jean-Pierre Rioux, « Pour une histoire de l'Europe sans adjectif », in *Vingtième siècle*, n° 50, avril-juin 2006, p. 101-110.

31 Robert Frank, « Espace de référence culturelle, mémorielle et symbolique, espace public et démocratie européenne », in Groupe de liaison des professeurs d'histoire contemporaine auprès de la Commission européenne, *L'expérience européenne. 50 ans de construction de l'Europe – 1957-2007*, actes du colloque international de Rome, Bruxelles, Bruylant, 2010, p. 211-233.

32 Bronislaw Geremek, Robert Pitch (dir.), *Visions d'Europe*, Paris, Odile Jacob, 2007, cités in Céline Belot, Christophe Bouillaud, « Vers une communauté européenne de citoyens ? Pour une approche par les sentiments », in *Politique européenne*, n° 26, 2008/3, p. 16-17.

Par ailleurs, la confusion des genres qui découle de cette attitude n'est pas sans dangers. S'interrogeant sur les écueils qu'il y a pour l'histoire institutionnelle de produire une mémoire manipulée, Denis Rolland remarque que « même si l'on peut bien comprendre que l'historien ne souhaite pas mettre en cause l'histoire de l'institution qui lui fournit sa principale source, l'historien ne peut se contenter de reproduire un discours commun. Il importe que soient fermement mentionnées certaines distances entre des travaux scientifiques et d'autres qui ne le sont pas : parce que ces écrits entretiennent une confusion certaine dans l'esprit de leurs lecteurs ; parce qu'ils contribuent à entretenir l'idée que l'histoire des relations internationales se serait insuffisamment renouvelée »[33].

Cela étant, l'étude de ces publications montre qu'à travers la politique de communication des institutions européennes, on touche à la production d'un ordre temporel, social et symbolique comme chaque organisation en produit, notamment au niveau national. En ce sens, il en va donc des institutions communautaires comme des autres : les enjeux sont certes parfois différents mais l'objectif poursuivi est bien celui d'un positionnement au sein de l'espacc public, en interne comme par rapport à l'extérieur. On peut alors se demander s'il ne faut pas voir dans ce mouvement un signe d'accès à la maturité de l'historiographie de la construction européenne, celle-ci étant au stade actuel de son développement en proie aux mêmes interrogations que les autres formes d'écriture de l'histoire.

33 Denis Rolland, « La "mémoire manipulée" et l'histoire institutionnelle : pour une histoire rénovée des Affaires étrangères », in *Matériaux pour l'histoire de notre temps*, n° 65-66, 2002. p. 35.

CHAPITRE 5

Histoire des institutions et histoire des acteurs de la construction européenne

Gérard BOSSUAT

La question du rapport entre la biographie des figures marquantes de l'histoire de l'Europe communautaire et l'histoire institutionnelle de l'intégration européenne a pu se poser. Faut-il les opposer ? Laquelle des deux fonctionne le mieux pour rendre compte du processus de construction européenne ? Quels sont les différences et enjeux comparatifs liés à ces deux genres ; quelle est la contribution des histoires focalisées sur le rôle d'un ou de plusieurs individus par rapport à une histoire portant sur une organisation, dans tous ses aspects structurels ? P. Gerbet a fait plus une histoire institutionnelle de la construction européenne qu'une histoire générale. J.-B. Duroselle a fait une histoire des peuples européens ; R. Girault une histoire des relations internationales dans laquelle le phénomène d'unité européenne a sa place[1]. Le recours à la biographie des acteurs importants de la construction européenne n'empêche pas l'historien de s'engager aussi dans une histoire totale de la construction européenne. C'est plutôt en procédant ainsi que l'on mesure le mieux l'impact du processus d'unité européenne sur les relations internationales et inversement. Opposer un type d'histoire à un autre n'a guère de sens. La biographie, peut-être plus vivante que d'autres histoires, n'a pas le pouvoir de synthèse de l'histoire générale d'un processus intégrant le maximum de paramètres pour rendre compte du phénomène de l'unité. Une histoire institutionnelle de l'unité européenne, s'appuyant essentiellement sur les traités et leurs produits institutionnels, ne peut pas s'intéresser aux facteurs sociaux, politiques ou économiques et culturels ce qui réduit singulièrement son intérêt, car il est évident que l'unité européenne n'est pas seulement une affaire institutionnelle. Elle met en scène des nations, des peuples, des citoyens, des appartenances et des groupements culturels spécifiques, des langues

---

[1] Gérard Bossuat, « Histoire de l'unité européenne et avenir de l'Union », in *Hommage à René Girault, pour une histoire des relations internationales*, *Matériaux pour l'histoire de notre temps*, n° 65-66, janvier-juin 2002, p. 91-97.

et des religions différentes, des *a priori* et des stéréotypes, des personnalités fortes, l'ensemble de ces facteurs étant brassés par le flux et la dynamique de l'histoire. Elle est la perception d'une identité européenne complexe qui ne se réduit pas à celle des institutions. À faire trop d'histoire institutionnelle on en arriverait à déshumaniser l'aventure de l'unité européenne, à trop mettre en avant un héros européen on en arriverait à oublier le terreau d'où il est apparu et les réseaux qui l'ont porté. Bref il faut être historien généraliste en utilisant les ressources de la discipline pour arriver à rendre compte du mouvement de l'unité.

L'échange au cours de la journée d'études de Strasbourg peut aider à réfléchir sur l'apport scientifique de deux histoires, une biographie de « pères de l'Europe » par exemple et l'histoire d'une organisation, la Commission européenne. La démarche est différente puisque la première se focalise sur l'action d'une personnalité dont on va mesurer l'impact sur les institutions de l'organisation considérée, voire au-delà, et la seconde s'intéresse systématiquement à la structure de l'organisation, objet de l'étude.

À titre démonstratif, on peut se référer aux travaux que des historiens ont menés sur la Commission européenne ou sur les fondateurs de l'unité européenne. Ces ouvrages sont collectifs ou individuels.

Pour les ouvrages collectifs et généraux on peut se référer à celui sur *La Commission européenne, 1958-1972, histoire et mémoires d'une institution*[2], auquel on peut rattacher l'ouvrage publié sous la direction de Marie-Thérèse Bitsch, *Cinquante ans de traité de Rome, 1957-2007, regards sur la construction européenne*[3], ou encore l'ouvrage du 50e anniversaire des traités de Rome de 2007 préparé par diverses publications, pluridisciplinaires au cours des deux années précédentes, publié en français sous le titre *L'expérience européenne, 50 ans de construction de l'Europe, 1957-2007, des historiens en dialogue, actes du colloque international de Rome*[4], et en anglais : *Experiencing Europe, 50 Years of European Construction, 1957-2007*[5].

Pour comparer les apports de ces ouvrages systémiques avec les biographies, je prendrai les exemples du *Jean Monnet* d'Éric Roussel[6], la

---

2 Publié sous la direction de Michel Dumoulin, en collaboration avec Marie-Thérèse Bitsch, Gérard Bossuat, Éric Bussière, Julie Cailleau, Yves Conrad, Anaïs Legendre, M. Lethé, W. Loth, J. Van der Harst, A. Van Laer, A. Varsori, Luxembourg, OPOCE, 2007.

3 SGEI-SHEI-EHIE, Stuttgart, Franz Steiner Verlag, 2009.

4 Gérard Bossuat, Éric Bussière, Robert Frank, Wilfried Loth, Antonio Varsori, publié chez Bruylant, LGDJ, Nomos Verlag, 2010, en français.

5 Wilfried Loth (dir.), publié chez Nomos Verlag, Baden, 2009.

6 Fayard, 1996.

biographie de Monnet par François Duchêne, *Jean Monnet, the first international Statesman of Interdependance*[7] et mon dernier livre : *Émile Noël, premier secrétaire général de la Commission européenne (1958-1987)*[8].

Bien entendu d'autres ouvrages existent, relevant de ces deux catégories, auxquels il faudrait faire référence pour être complet[9].

La méthode de l'historien

Il est sans doute déplacé de rappeler la méthode de l'historien devant des historiens aussi avertis. Mais il est bon de le faire si un public de non spécialistes venait à parcourir le résultat de nos travaux.

L'historien cherche toujours des sources fiables, écrites et orales et au besoin il les rassemble. Il donne du sens à l'histoire qu'il écrit en l'interprétant sans la distordre. Les lacunes des sources écrites ou orales peuvent parfois être compensées par des découvertes inattendues. Des archives réapparaissent. Que savait-on de l'activité de Jean Monnet en Chine, du réseau financier de Monnet en 1923, de ses activités et ressources aux États-Unis durant la seconde guerre ? Trois communications données lors d'une table ronde à la Maison Jean Monnet d'Houjarray[10] éclairent remarquablement les activités de Monnet en Chine, après la thèse de Hungdah Su[11], et durant la Seconde Guerre mondiale, à Washington : Renaud Boulanger, « Histoire d'une "zone grise" : Jean Monnet et Pierre Quesnay 1920-1930 », fondée sur les sources de la famille Quesnay[12], Yushiro Miyashita, « Jean Monnet et la Chine, 1932-1940 : un homme d'affaires au service du gouvernement national chinois »[13] ; enfin celle du professeur Philippe Mioche, d'Aix-en-Provence, « Jean Monnet aux États-Unis entre 1940 et 1943 : affaires privées, affaires publiques » qui utilise des sources privées venant de l'entreprise Solvay.

---

7 Londres-New-York, Norton Company, 1994.

8 Bruxelles, Bruylant-De Boeck, juin 2011.

9 On peut se référer à la bibliographie la plus récente donnée dans Pierre Gerbet, Gérard Bossuat, Thierry Grosbois, *Dictionnaire historique de l'Europe unie*, Bruxelles, André Versaille, 2009.

10 Table ronde du 3 décembre 2010, *Jean Monnet, banquier et intérêt général*, organisée par Gérard Bossuat et l'Association Jean Monnet.

11 *The Father of Europe in China, Jean Monnet and Creation of the China Development Finance Corporation. (1933-1936)*, Institute of European and American Studies, Academia Sinica, Taipei, Taiwan.

12 Doctorant en thèse sous la direction d'Olivier Feiertag.

13 Doctorant en thèse sous la direction de Maurice Vaïsse.

Dans les deux cas, la méthode de l'historien s'impose : la recherche de sources fiables écrites et orales est indispensable pour arriver à la connaissance la plus complète possible de la réalité étudiée. « Établir les faits puis les expliquer ou du moins les interpréter », telle est selon Jean-Baptiste Duroselle, la marche à suivre[14]. Atteindrons-nous la vérité historique ? On sait que notre connaissance ne sera toujours que partielle et imparfaite. Duroselle disait en 1987, à Rome, qu'il y avait autant de témoignages que de témoins et d'histoires que d'historiens[15] ! Il est souhaitable pourtant que la recherche soit la plus complète possible, car les historiens ont un devoir d'histoire et un devoir de mémoire[16].

Dans *L'expérience européenne, 50 ans de construction de l'Europe, 1957-2007*, les auteurs ont donné des interprétations de ce qu'ils découvraient car la réalité historique a besoin d'être située dans le cours de l'histoire, comparée avec ce qui se passait sur la scène des relations internationales. Cette interprétation n'est pas de l'imagination, ni une prise de position idéologique. Elle est rationnelle et dépend de la richesse des sources rassemblées et de l'intelligence ou de la culture de l'historien ; elle ne peut venir qu'à la suite d'une explication complète de l'objet historique considéré.

Les sources orales, si utiles pour l'histoire du temps présent, ne peuvent pas compenser toutes les lacunes des sources écrites. Il est aisé, dans le cas du *Jean Monnet* de Roussel, écrivain et historien ou dans *Émile Noël, premier secrétaire général de la Commission européenne*, de relever les lacunes des sources, dues certainement à des difficultés d'accès, mais parfois aussi à leur absence, soient qu'elles aient disparu, soit qu'elles n'aient jamais été produites. L'individu soumis à l'enquête historique n'a pas toujours produit de sources utilisables. Pour Jean Monnet, la période de la Première Guerre est lacunaire comme celle de la SDN et de la période comprise entre 1923 et 1938. Ces lacunes sont impossibles à compenser par des interviews. Des archives ont été détruites par la famille en 1940 au moment de l'avance allemande sur Bordeaux. Monnet n'a pas écrit nécessairement sur ce dont il s'occupait au moment opportun. Pourtant des archives réapparaissent.

Qu'apportent les différentes sources ?

L'ouvrage de François Duchêne vient d'un proche de Monnet et apporte des compléments intéressants, issus de l'expérience de l'auteur

---

14 Préface, p. II, à l'ouvrage de Mouton Marie-Renée, *La Société des Nations et les intérêts de la France (1920-1924)*, Bern, Peter Lang, 1995.

15 Enrico Serra (dir.) *La relance européenne et les traités de Rome*, Bruxelles, Bruylant, 1989, p. 626.

16 Pierre Nora, « L'histoire doit connaître et faire connaître », in *Libération*, mardi 5 avril 2011, p. 24, page forum.

avec le personnage clef. C'est le livre d'un témoin engagé dans l'histoire qu'il raconte. Il faut donc le considérer comme un témoignage sur Monnet porté par une personne autorisée.

Dans le cas du livre sur Émile Noël, les sources utilisées sont constituées d'archives écrites provenant du secrétariat de la Commission, des DG et de correspondances échangées entre le secrétaire général et les cabinets du président ou des commissaires, ou de comptes rendus personnels ou officiels d'entretiens d'Émile Noël avec les responsables politiques des États membres ou associés. Ces sources sont de nature administrative. Certaines, très précieuses, sont des notes de dossier écrites par Noël pour lui servir d'aide-mémoire à toutes fins utiles, sur une question ou une rencontre avec un interlocuteur. Certaines documentations sont d'ordre privé pour la période antérieure au secrétariat exécutif. Elles sont constituées de correspondances avec sa famille dont certaines comportent des remarques d'intérêt général.

Des sources orales ont été constituées pour le *Monnet* de Roussel et de Duchêne, et pour *Noël*. Pour *Noël*, le corpus est constitué de 30 entretiens d'anciens hauts fonctionnaires de la Commission européenne, menés entre 2002 et 2004. À cela s'ajoutent les ressources orales disponibles à Florence : *Voices of Europe* (104 interviews), *Jean Monnet, Statesman of Interdependence* (64 interviews) ; *The European Commission 1958-1972. Memories of an Institution* (113 interviews)[17]. Concernant Monnet, Roussel a fait des voyages pour consulter des sources très variées aux États-Unis, Canada et Europe et procéder à des interviews.

Les deux types de sources, écrites et orales, donnent des informations différentes : les sources écrites semblent plus cohérentes, plus construites que les sources orales, quand il s'agit de sources écrites publiques, administratives ou politiques. Les entretiens donnent une information déjà élaborée par le témoin, méditée, correspondant à une mise en scène personnelle. Ils n'ont pas ce caractère brut, immédiat et partiel de la source écrite quand il s'agit d'un télégramme diplomatique ou d'un compte rendu de réunion. Le témoignage a été filtré, consciemment ou non, par le témoin qui n'est pas toujours capable de contester son discours dominant récurrent. Mais l'entretien oral aide l'historien à entrer dans l'esprit de la période évoquée et à tenir compte des émotions liées au souvenir. Ce sont les témoins qui ont parlé de l'humanité de Noël dans sa vie professionnelle, pas les sources écrites administratives. Ce sont les témoins qui ont, *in fine*, brossé le portrait d'un homme totalement engagé au service la Commission et de l'idéal qu'elle repré-

[17] http://www.eui.eu/HAEU/FR/OralHistory.asp.

sentait. Cependant fonder une recherche historique seulement sur les sources orales est insuffisant si des sources écrites existent.

Les acteurs de la construction européenne, du mythe à la vérité

Un des lieux communs de l'histoire est la soi-disant querelle entre histoire des grandes personnalités historiques et histoire des structures ou des forces profondes. Selon François Dosse, le retour de la biographie historique est avéré. Dans *Le pari biographique. Écrire une vie*[18], il rappelle l'engouement pour les biographies qui touchent parfois au culte du héros. Mais les historiens biographes peuvent aussi s'interroger sur « l'articulation entre le singulier et le collectif »[19]. Ainsi la grande histoire s'éclaire-t-elle à travers les comportements et les choix d'un individu dans la mesure où il est le nœud où s'entremêlent les facteurs systémiques de la part d'histoire qu'il peut influencer.

Dans l'historiographie de l'unité européenne, la question se pose doublement. Il a existé et il existe encore une approche de l'unité européenne à travers l'histoire des grands fondateurs de l'unité. Des ouvrages importants ont été publiés sur Monnet, Delors, Hallstein, Coudenhove-Kalergi, De Gasperi, Adenauer, de Rougemont, Mansholt, Mayrisch, Briand, Loucheur, Spaak, etc. On peut se référer au *Dictionnaire historique de l'Europe unie*, publié sous la direction de Pierre Gerbet[20], pour voir la place qu'occupent les personnalités dans la construction européenne. Elles représentent 60 articles sur 224, soit 26,7 %. Le choix a été fait de ne pas s'en tenir aux personnalités. Il est souvent plus facile d'aborder la question de l'unité européenne, comme bien d'autres questions d'histoire d'ailleurs, à travers la vie d'acteurs connus et familiers. Sont-ils des héros ? C'est une autre question qui ne doit pas être la motivation première de ces biographies. Leur succès tient-elle au confort de lecture ? À la présentation familière de l'individu auquel le public peut s'identifier aisément ? Au sentiment répandu qu'on peut plus aisément comprendre l'histoire à travers la vie d'un personnage ?

Ainsi l'ouvrage sur *Émile Noël, premier secrétaire général de la Commission européenne*, n'est pas une histoire de l'institution, et pourtant il en décrit la réalité, ni une biographie à proprement parler, au plus une biographie professionnelle. Mais il contribue aussi à ces trois types

---

18 François Dosse, *Le pari biographique. Écrire une vie*, Paris, La Découverte, 2011.

19 Thomas Lepeltier, *Sciences humaines.com*, non daté, consulté le 3 avril 2011, in http://www.scienceshumaines.com/index.php?lg=fr&id_article=5174.

20 Pierre Gerbet, Gérard Bossuat, Thierry Grosbois, *Dictionnaire historique de l'Europe unie*, Bruxelles, André Versaille, 2009.

d'histoire : la biographie, l'histoire institutionnelle, la compréhension du processus d'unité. Peux-t-on parler *in abstracto* des mérites de chacune de ces approches de l'histoire ? Les biographies, par définition, portent sur une personnalité. On peut insister sur la personne, ses sentiments et ses pensées, faire une étude psychologique et la prendre pour modèle ou repoussoir de la condition humaine, mais est-ce un travail d'histoire ? Il l'est, en effet, si la biographie est l'occasion de mettre en scène une personne dans son environnement humain et social ; si le lecteur comprend comment elle interagit avec les événements et comment s'exerce son influence transformatrice, avec le risque de lui attribuer plus d'influence qu'elle n'en a. Par exemple, le récit dominant attribue à Jean Monnet un rôle clef dans la mise en place des bureaux exécutifs alliés durant la Première Guerre mondiale. Or on oublie, à lire les témoignages de Loucheur, ou de Clémentel, que Monnet n'était pas le seul à avoir inventé des solutions pratiques et innovantes pour le ravitaillement de l'Entente. Il n'est pas la seule source d'inspiration du 9 mai 1950. Outre ses proches du Commissariat général du Plan, Monnet appartient à la génération des européistes d'avant-guerre – il a 40 ans en 1928 –, même s'il est sans doute peu conscient de cette co-fraternité, non pas les Briandistes mais plutôt les techniciens technocrates, experts dépolitisés qui veulent une union douanière à tout prix. Certains d'ailleurs vont rejoindre la Révolution nationale de Pétain par souci d'efficacité ou, comme Monnet la Grande-Bretagne (et pas de Gaulle), toujours par souci de réussir la mobilisation alliée contre l'Allemagne nazie. La reconstruction *a posteriori* du rôle majeur de Monnet vient de la célébration de son action par des cercles intéressés français, américains[21] ou anglais et par les partisans de l'intégration européenne par la méthode douce des unions sectorielles qui a réussi en 1950 et 1957, mais qui oublient l'échec de la CED et de l'Autorité politique européenne en 1954 ou même le peu de succès d'Euratom, parce qu'ils n'analysent pas la spécificité de la situation de mai 1950.

Le « culte des héros » de l'unité européenne a fait du mal au projet d'intégration et aux personnalités éponymes de l'intégration parce qu'il nie la complexité du processus historique. C'est la raison pour laquelle j'ai changé le titre d'un livre sur l'histoire de l'intégration européenne. Ce livre, *les fondateurs de l'Europe unie*[22] (et pas *les pères de l'Europe*), portait un titre attrayant sans doute, mais réducteur par rapport à la complexité historique. Si bien qu'il est devenu, moins étincelant, l'*Histoire de l'Union européenne, fondation, élargissements, avenir*,

---

[21] Sherrill Brown Welles, *Jean Monnet, Unconventional Statesman*, Boulder-Londres, Lynne Rienner publishers, 2011.

[22] Belin, 1994.

dans une autre édition[23]. Il n'a plus le caractère épique, voire dramatique, émotionnel du premier titre. Pourtant ce sont bien les hommes qui font l'unité européenne et l'historien doit rendre compte aussi de leur rôle. Mais il doit aussi les replacer exactement dans la situation qu'ils occupaient au moment où ils ont pris une décision fondamentale.

L'histoire d'une institution, qu'est-ce que c'est ?

Il faut évidemment distinguer entre histoire officielle commandée, voire rédigée par les institutions, de celles suscitées par les institutions européennes, sur appel d'offre par exemple, auquel répondent librement des historiens ou les travaux engagés par des historiens dans le cadre de leur propre programme de recherche. Les historiens doivent être libres pour pouvoir penser librement et conclure librement. La notion d'histoire officielle est un repoussoir en général. Reste que les institutions européennes ont intérêt à faciliter la recherche historique librement menée en ouvrant leurs archives et en finançant la recherche selon des critères de transparence connus de tous.

L'intérêt d'une histoire des institutions, comme l'imaginent les historiens et non les institutionnalistes, réside dans la prise en compte de tous les facteurs explicatifs relevant des Sciences humaines : prosopographie du milieu (où l'on retrouve de courtes biographies), engagement idéologique personnel des acteurs, mode d'organisation des administrations publiques européennes, climat politique général, politique intérieure des États, situation économique et financière, aspirations populaires. C'est donc, en fonction des moyens disponibles, écrire une histoire totale et globale, tout en étant particulière, des institutions de l'unité européenne. Si l'histoire institutionnelle peut sembler rébarbative, technique, limitée, c'est que son écriture est faite pour des milieux ayant besoin d'une approche pratique, juridique, des institutions européennes. Ce type d'histoire institutionnelle conduit à des ouvrages juridiques spécialisés. Les ouvrages juridiques sur les institutions sont évidemment indispensables, mais décrire le mécanisme des institutions, analyser les responsabilités de chaque institution des organisations européennes procède d'un esprit fonctionnel qui n'est pas encore de l'histoire.

C'est pourquoi des historiens ont entrepris dans le cadre de leurs structures universitaires de recherche de faire une histoire globale de l'unité européenne dont le résultat encore provisoire a été le colloque de mars 2007 organisé pour le 50e anniversaire des traités de Rome : *L'expérience européenne, 50 ans de construction de l'Europe, 1957-2007*[24] et en anglais *Experiencing Europe, 50 Years of European*

[23] Belin, 2009.

[24] Sous la direction de Bossuat Gérard, Bussière Éric, Frank Robert, Loth Wilfried, Varsori Antonio, chez Bruylant, 2010.

Construction 1957-2007[25]. Produit d'une synergie entre le Groupe de liaison des historiens auprès des Communautés qui publie la *Revue de l'histoire de l'intégration européenne, Journal of European History Integration*, et le réseau « identités européennes » créé par le Pr. René Girault (Paris-1) en 1993, regroupant des universitaires français, allemands, italiens, luxembourgeois, belges, espagnols, néerlandais, anglais, suisses, l'Europe des historiens est bien née à ce moment-là et a tenté de répondre à la question fondamentale de la nature et des résultats de l'expérience européenne depuis 1957. Le réseau en question a pu identifier certains des facteurs de l'unité. Les chercheurs ont distingué d'abord les ressorts de la construction (intérêts, stratégies, effets d'entraînement, idées, identités, cultures, émotions collectives), ensuite les processus déclencheurs (processus de décision, d'acculturation, d'accoutumance, d'intégration), enfin le jeu des acteurs (décideurs politiques et économiques, médias et opinions publiques). Le réseau a relevé les dynamiques à l'œuvre dans la construction européenne. Les dynamiques en question ont un rythme et un aspect particulier ; elles connaissent des avancées et des échecs puis une reprise. La temporalité de la crise de la CED est instructive à cet égard. Le projet CED, né du succès du plan Schuman, a échoué, mais l'échec a produit une autre tentative, réussie, avec la conférence de Messine puis les traités de Rome. C'est l'analyse qui est habituellement faite. Le mouvement vers l'unité est en marche, dit-on, sans que l'on soit sûr du temps nécessaire pour atteindre le but final.

Mais rien ne peut conduire à préjuger du résultat final. L'expérience européenne des 50 ans passés nous dit seulement que l'horizon d'attente des Européens est large et exigeant et que le « champ de l'expérience » européenne est mouvant et incertain. Tout au plus peut-on observer que depuis 1950 les projets d'unité ont eu un commencement de réalité, sans garantie de permanence cependant. Peut-être l'unité européenne n'est-elle qu'un moment dans l'histoire longue des sociétés européennes. Rien n'est donc écrit ; tout peut arriver. Tout dépend de facteurs multiples dont l'un est contrôlé par les citoyens européens, la volonté politique de faire l'unité ou non.

La recherche a progressé vers d'autres champs d'analyse d'après ce qui se fait dans les universités de la Région parisienne, à Aix-en-Provence, Metz, Toulouse ou Strasbourg (histoire des institutions européennes, place de l'Union dans le monde, politique de défense, identité(s) européenne(s), opinions publiques, femmes en Europe, euroscepticisme, temps long de l'idée d'unité, institutions internationales et organisations d'unité européennes, monnaie européenne) ? Dans le cadre de l'unité mixte de recherche IRICE 8138, de Paris-1, Paris-4,

[25] Sous la direction de Wilfried Loth, chez Nomos verlag, 2009.

CNRS, deux nouveaux projets sont en voie d'élaboration pour tenter de comprendre l'articulation entre mondialisation et régionalisation européennes, savoir à quelles tendances de fond le projet d'unité européenne répond ou encore s'il a un avenir *per se*, ou s'il n'est qu'un avatar de la mondialisation. La question de la contribution de l'unité européenne à la paix intereuropéenne et internationale est aussi à l'étude. Facteur de paix en Europe, l'unité européenne l'est-elle dans les relations internationales ? L'histoire des hommes et des idéaux est tout aussi nécessaire que l'histoire du processus de construction des institutions d'unité : « Bien entendu, la construction de l'Europe doit beaucoup aux "États-nations" ; aux négociations entre eux, fondées sur les intérêts nationaux. Mais, il ne faut pas sous-estimer pour autant la force de l'idée, des idéaux et de la volonté des Monnet, Adenauer, Schuman, De Gasperi, Spaak, Delors ou Kohl », écrit, en conclusion du colloque de Rome, Robert Frank[26]. Tout est affaire de mesure : quel facteur l'emporte à un moment donné ? L'action propre des hommes, la force aveugle du destin ? Il ne faut pas oublier que l'européisme est une idéologie puissante qui a ses exigences et qui a conduit des hommes et des femmes à s'engager durablement dans le processus d'unité au risque parfois de se fourvoyer.

L'intégration européenne, une histoire d'hommes et de sociétés

Qu'apporte l'histoire du secrétaire général de la Commission, Émile Noël, à l'histoire de la Commission européenne et à l'histoire de la Communauté européenne ? Les sources disponibles n'étaient pas suffisantes pour faire une biographie complète du personnage. C'est plutôt une biographie limitée à la vie professionnelle du personnage. Dévoué à l'institution, modeste, Noël est le serviteur de la Commission. On ne peut pas cependant, de la place où se trouvait Noël, avoir la vue qu'en avait le président de la Commission. Avait-il connaissance de tous les dossiers de la Commission ? Dans le travail professionnel de Noël, la Turquie tient une place importante, de même que l'administration de la Commission. Il est le mécanicien puis le pilote de la Commission. Ce sont les archives de Noël qui ont révélé cette place du secrétaire général dans l'histoire. Les relations extérieures et la politique extérieure de la Commission sont incomplètement perceptibles si l'on s'en tient aux archives Noël, car Wellenstein, Deniau ou Cheysson, puis Dahrendorf sont des sources indispensables. Il faut donc en passer par une histoire plus diversifiée de la Commission européenne pour comprendre le rôle exact du secrétaire

26 Conclusion de Robert Frank, *L'expérience européenne, 50 ans de construction de l'Europe, 1957-2007, des historiens en dialogue, actes du colloque international de Rome*, Bruxelles, Bruylant-LGDJ-Nomos Verlag, 2010.

général dans les institutions communautaires et au dehors. Il ne suffit pas de s'attacher à une personnalité, même éminente, pour retracer les politiques de l'institution à laquelle elle appartient. En revanche, dans certains domaines, en comprenant le fonctionnement d'Émile Noël, on a une vue très précise de l'organisation de la machine administrative communautaire, du jeu des directeurs généraux et des Commissaires, des relations avec les syndicats ou encore de la cellule de pilotage de l'institution représentée par le président, son cabinet, le secrétaire général et le secrétariat. Noël nous fait entrer dans l'univers d'une institution en construction, fière de porter les espoirs de la nouvelle Europe, fière du nouvel idéal européen. L'histoire de Noël, secrétaire général, est aussi celle de tous les hauts fonctionnaires venus de pays différents, avec leurs habitudes et leur culture, se révélant capables de travailler pour une cause commune que Noël sait parfaitement bien leur présenter. C'est l'histoire d'une rencontre de plusieurs cultures administratives et de gouvernement qui avait déjà été celle des hauts fonctionnaires de la SDN. Noël est au cœur de réseaux d'influence où l'on retrouve Jean Monnet dont il est un partenaire secret très actif pour l'élaboration et la diffusion des politiques du Comité d'action pour les États-Unis d'Europe et de la Commission.

Noël témoigne surtout de l'originalité des traités de Rome qui ont mis en place le système communautaire, qu'il fait respecter par tous, et qu'il ne cesse d'expliquer à ses interlocuteurs, y compris des commissaires qui en auraient oublié l'esprit. Champion du système communautaire, Noël y revient toujours car il estime que c'est le secret du succès de l'intégration. Marjolin le définit comme un système « où chaque problème est réglé à son heure dans la confiance que les problèmes des autres seront aussi réglés le moment venu »[27]. Noël, en 1984, affirme sa détermination à faire respecter « l'originalité du système communautaire, *i.e.* que la décision ne résulte pas d'un compromis du hasard, mais bien de la proposition indépendante d'une institution européenne [la Commission européenne][28] ». Il appuie François Fontaine qui cherche à rendre « intelligible le système communautaire » alors que « le moulin européen moud aveuglément de l'Europe des patries, de la coopération, de l'intégration, de la troisième force etc. »[29]. Ainsi cherche-t-il en permanence à optimiser le système communautaire en vue de l'insérer dans une future union européenne, but mythique à ses yeux, de la construction européenne. Noël milite passionnément pour l'usage de la

---

[27] Fondation Jean Monnet pour l'Europe, ARM 21/3/17, nouvelles propositions de la Commission, sans doute R. Marjolin.

[28] Émile Noël, « La Communauté européenne : quel avenir ?, conférence à l'Institut royal des relations internationales », 20 novembre 1984, p. 9.

[29] Fondation Jean Monnet pour l'Europe, AMK C 33/4/10, Lausanne, correspondance Monnet-Noël, F. Fontaine à Noël, 20 juillet 1964, note à M. Noël.

règle de la majorité qualifiée en Conseil. Prenant l'exemple du veto gaulliste à l'entrée de la Grande-Bretagne dans le marché commun, le 14 janvier 1963, Noël explique que

> c'est en développant le plus rapidement possible la Communauté que l'on mettra tous les gouvernements et notamment le gouvernement français, dans l'impossibilité d'entreprendre des actions unilatérales. Le veto français a surpris par sa brutalité, mais quant au fond il s'agissait d'un domaine où le traité ne prévoyait pas ou ne prévoyait que dans une très mince mesure, l'intervention des Institutions communautaires[30].

Quel aveu ! Il rappelle la force juridique des décisions des exécutifs communautaires « qui lient les États membres aussi complètement que le traité lui-même sans qu'il y ait pour cela besoin d'une nouvelle intervention des États, que ce soit une approbation par les Parlement nationaux ou une ratification quelconque »[31]. Perfectionner le système communautaire exige, comme Noël le dit au moment de la fusion des exécutifs en 1967, de placer au centre la Commission et peut-être même lui donner un « caractère présidentiel » en modifiant le mode de désignation du président et le faire intervenir dans la nomination des membres[32]. Noël conçoit parfaitement la coexistence de la coopération intergouvernementale et les dispositions communautaires, à condition que la coopération intergouvernementale fonctionne dans le cadre du Conseil des ministres créé par les traités de Rome. Noël s'explique avec Tickell, chef de cabinet de Jenkins, auteur d'une note écrite avec brio sur l'Union européenne, mais « fondamentalement erronée ». En effet, Tickell croit possible de développer une Union politique européenne « en soi », indépendamment du système des Communautés, et sans faire les erreurs « qui ont conduit à donner au système communautaire un caractère trop contraignant, trop législatif ». Il lutte contre l'affaiblissement de l'esprit communautaire des institutions, car dit-il, « sans qu'il y ait modification des textes, une distorsion majeure a été introduite dans tout le système communautaire lorsque la France s'est employée à rendre caduque cette dernière clause [vote à la majorité] au moment même où elle allait prendre plein effet »[33]. En 1987, il demande une redéfinition du rôle du Conseil et du Coreper car le « représentant permanent est aussi l'intercesseur de la Communauté auprès de son

30 Archives européennes, fonds EN 565, 12 février 1963, en réponse à des questions de Benvenuti.

31 Archives européennes, fonds EN 313, 20 février 1964, Document pour Hallstein.

32 Fondation Jean Monnet pour l'Europe, AMKC 33/4/102, Correspondance Noël-Monnet, Lausanne, Cr conversations Noël-Van Helmont, 15 février 1964, sur projet de résolution du CAEUE.

33 Émile Noël, « Communauté : situation et perspectives », in *Agence Europe*, n° 4441, 1er-2 décembre 1986.

gouvernement, celui qui peut faire valoir les motivations de la Communauté auprès de son gouvernement, celui qui peut faire valoir les préoccupations des gouvernements partenaires, l'intérêt de conclure »[34]. Or les Conseils européens et les États semblent bien reprendre le leadership de l'Union et la Commission risque de perdre sa capacité de « dire » l'intérêt général européen si ce n'est déjà fait.

Il ressort de ces trente années passées à Bruxelles que Noël est animé d'une foi, d'une passion indéfectible pour les Institutions européennes et singulièrement pour le rôle de la Commission comme source de l'esprit et de la pratique communautaires, faite de partage des souverainetés nationales et de la volonté commune d'aller vers une gouvernance commune assumée. Noël est en fait un grand politique convaincu des bienfaits d'un système communautaire, porteur d'un projet fédéral qu'il ne veut pas proposer à court terme, car il sait construire patiemment une doctrine et une pratique du système communautaire, pour autant que les États lui en laissent la possibilité. Il croit enfin à la volonté des hommes et des institutions de faire avancer la société européenne vers plus de solidarité institutionnelle. « La cause européenne était le critère de sa pensée et de son action sans déviation ni faiblesse », observe un de ses adjoints, l'Allemand Klaus Meyer[35]. Or il remarque avec inquiétude une désagrégation de ce système sous la poussée des grands États qui récupèrent à travers le Conseil européen la capacité, d'une part, d'afficher leurs intérêts nationaux, d'autre part, d'élargir ou non les domaines de fonctionnement du système communautaire. Émile Noël serait-il un pionnier gênant du système communautaire au point d'inquiéter les gouvernements ? Ce qui expliquerait que ce Français, citoyen d'un nouveau monde, soit totalement inconnu en France.

On voit donc à travers ces exemples que la connaissance de l'action d'une personnalité n'épuise pas la compréhension de l'institution qu'il sert, ici la Commission européenne, mais que sans cette recherche nous aurions manqué quelque chose, à savoir que les institutions sont faites des initiatives des hommes qui la composent, chacun à leur niveau de responsabilité. Bref toute biographie des personnalités marquantes de l'histoire institutionnelle de l'Europe est bonne à prendre et toute histoire structurée d'une institution l'est aussi. Les deux types d'histoire se renforcent très bien, à condition de tenir compte des facteurs globaux qui font l'histoire de nos sociétés.

---

[34] Émile Noël, « Crise et progrès moteurs de la construction européenne, quelques réflexions de Émile Noël », 18 septembre 1987, in *Europe, agence internationale*, 25 septembre 1987, n° 1471.

[35] Klaus Meyer, « Émile Noël's Contribution to Europe », in Stephen Martin, *The Construction of Europe, Essays in Honour of Émile Noël*, Kluwer Academic Publishers, Dordrecht-Londres-Boston, 1994, p. 263.

CHAPITRE 6

Les comités d'histoire ministériels en France et l'histoire de l'État, des années 1970 à nos jours

Une expérience d'ingénierie historique

Florence DESCAMPS

Les comités d'histoire ont près de quarante années d'existence[1], si l'on prend comme point d'origine la création du Comité d'histoire de la Sécurité sociale en 1973[2] ; ils sont une petite vingtaine à avoir adopté cette dénomination, mais ils sont une quarantaine si l'on inclut dans la même catégorie tous ceux qui ont adopté le terme « Mission », « Institut », « Commission », « Centre », « Conservatoire », « Fondation », « Groupe » ou « Programme » ou ceux qui ont préféré avoir recours à la forme associative selon la loi de 1901[3]. Tous ont la même raison sociale :

---

1 Sur les comités d'histoire, Florence Descamps, « Quelques réflexions à propos des comités d'histoire, ornements inutiles ou nouveaux acteurs de la recherche historique », in *Études et documents*, vol. 10, 1999, p. 483-627 ; Florence Descamps, Sophie Coeuré et Valérie Lambert-Moreau, *Guide des comités d'histoire et des services historiques*, Paris, CCH, SIG, 2002 ; Guy Thuillier, *Pour une histoire de la bureaucratie*, Paris, CHEFF, 2 volumes, 1999 et 2001.

2 Pour un bilan des travaux du CHSS, Guy Thuillier, « Affaires sociales. Le Comité d'histoire de la Sécurité sociale 1973-2000 », in *Revue administrative*, n° 319, janvier-février 2001, p. 51-56.

3 Sécurité sociale, Économie et Finance, Banque de France, Caisse des dépôts, Industrie, Poste, Culture, CNRS, Équipement, Villes nouvelles, Travail et Emploi, Armement, Santé des Armées, Anciens Combattants, Légion d'honneur, ENA, Conseil d'État, Cour des comptes, Radiodiffusion, Télévision, Jeunesse et Sports, Chambre de commerce et d'industrie de Paris, BNF, Ville de Paris, OFPRA, ONIC, Agriculture, INRA, SEITA, Justice, Éducation surveillée, Éducation spécialisée, Éducation populaire, Comité d'histoire parlementaire et politique rattaché au Parlement, Police, Corps préfectoral, auxquels il faut ajouter le Service d'histoire de l'Éducation et les Services historiques des Armées réunis aujourd'hui dans le Service historique de la Défense. Cette liste n'est pas exhaustive, car certains comités d'histoire sont encore en gestation aujourd'hui. On notera l'absence du ministère des Affaires étrangères ; ce dernier en effet ne possède pas de Comité d'histoire, sans doute parce qu'il dispose depuis toujours d'une direction des Archives indépendante

encourager la recherche historique et diffuser les travaux en histoire portant sur l'histoire du secteur ou de l'institution qui les porte ou à laquelle ils sont de près ou de loin rattachés. Cette efflorescence peut être périodisée en trois phases, celle des pionniers dans les années 1970, la vague de la fin des années 1980 et 1990 à vocation ministérielle et sectorielle, la troisième génération à partir des années 2000, plus discrète et à vocation plus monographique, voire corporative…

Nous nous intéresserons ici aux comités d'histoire directement rattachés à un département ministériel ou à un établissement public bien déterminé. Comment expliquer un tel mouvement d'éclosion ? Quelles sont leurs caractéristiques et quel est leur mode de fonctionnement ? Quels ont été leurs travaux et quel impact ont-ils eu sur l'histoire de leur institution ou plus largement sur l'histoire de l'administration ?

Un contexte historique très porteur pour le développement de l'histoire de l'administration

À partir des années 1980, l'État en France connaît toute une série d'ébranlements et de mutations considérables : décentralisation, régionalisation, déconcentration et en même temps européanisation des pouvoirs et des processus décisionnels ; nationalisations/privatisations ; libéralisation, dérégulation et pertes de certains attributs régaliens nationaux (la monnaie par exemple) ; désindustrialisation et mondialisation ; remise en cause du périmètre de l'État et de ses missions économiques ; économies, restrictions budgétaires et réforme de l'État, le tout sur un fond d'idéologie néo-libérale et de discours antiétatique… L'État productiviste, interventionniste et providence, sédimenté tout au long des soixante années précédentes, se lézarde, se défait parfois, se reconfigure en tout cas. L'incertitude et la prise de conscience de la fragilité de cette construction historique suscitent en retour la volonté de la revisiter, de

et des conservateurs qui font couramment œuvre d'histoire diplomatique, et aussi parce qu'il s'est doté au début du XXe siècle d'un organe de concertation scientifique réunissant diplomates, archivistes et historiens des relations internationales, la Commission de publication des Documents diplomatiques français, dont les attributions s'étendent jusqu'aux programmes de recherche en histoire.
Dans les entreprises, le même phénomène est observable, plus discret peut-être et plus restreint numériquement, mais non moins réel, avec la création d'associations pour l'histoire d'entreprise ou le développement de services d'archives historiques (Saint-Gobain, Total, Crédit lyonnais, Société générale, Caisses d'épargne, Crédit agricole, BNP Paribas, Renault, Peugeot, EFD, RATP, SNCF, Aluminium, Fédération des Assurances… Les grandes centrales syndicales (CFDT, CFTC, CGT), certains partis politiques (le PS et le PC), certains hommes politiques (Charles de Gaulle, Pierre Mendès France, Paul Delouvrier, Georges Pompidou, François Mitterrand pour ne citer que les plus illustres) font également l'objet d'initiatives identiques avec la création d'instituts, de fondations ou d'association « pour l'histoire de »…

mieux en connaître les étapes, d'en comprendre les ressorts et d'en tirer soit des enseignements soit des lignes de perspective pour l'avenir soit une meilleure capacité à accompagner le changement.

Du côté des administrations, le mouvement de création des comités d'histoire ministériels ou institutionnels s'insère dans cette dynamique de connaissance et de réflexion accrue sur le passé. De fait, dans les services, l'affaiblissement des cadres de transmission de la mémoire interpersonnelle, le remplacement non systématique des générations, l'absence de recouvrement, la rotation et la mobilité accrues des cadres et des carrières, le rajeunissement parfois brutal de certains services, les départs massifs en retraite, l'effacement du passé ou le déficit de connaissances pour les nouvelles générations de décideurs, la recherche de « cas d'étude dans le passé » ou de comparaison dans le temps et dans l'espace, laissent émerger et s'épanouir une demande inédite en histoire. Faut-il n'y voir que de la nostalgie ? Nous ne le pensons pas, tout au plus peut-on percevoir une recherche de « ré-assurance », au sens où l'histoire comme le plan dans les années 1960 pourrait se concevoir comme un « réducteur d'incertitude » (P. Massé) ; peut-être dans les institutions les plus fragilisées, peut-on voir pointer un désir de légitimation par l'histoire et la recherche d'un âge d'or réconfortant…

Mais de façon prégnante, c'est bien une demande explicite en histoire et en connaissance qui a présidé à la création des premiers comités d'histoire ministériels et à leurs premières activités. Pour illustrer notre propos, nous emprunterons quelques exemples au Comité pour l'histoire économique et financière dont nous avons assuré le secrétariat scientifique de 1987 à 1994. Après la chute du Mur de Berlin, dans la presse et dans les discours politiques de l'époque, il n'est question que d'un « plan Marshall pour les pays de l'Est » ; très logiquement, en 1990, les responsables du ministère de l'Économie et des Finances de l'époque se tournent vers le Comité d'histoire pour répondre à leurs interrogations concernant l'histoire événementielle, politique, économique et organisationnelle du dispositif historique « plan Marshall » et du relèvement de l'Europe. Cette demande trouve sa réponse dans les travaux de jeunes chercheurs en doctorat, dont les thèses sont d'ailleurs publiées par le Comité (G. Bossuat, M. Margairaz pour n'en citer que deux d'entre elles[4]) et dans un grand colloque universitaire international, le premier d'une longue série de manifestations à caractère scientifique[5]. Toujours en histoire économique, c'est le contexte du choix politique du franc fort

4 Michel Margariaz, *L'État, les finances et l'économie. Histoire d'une conversion*, Paris, CHEFF, 1991 ; Gérard Bossuat, *La France, l'aide américaine et la construction européenne 1944-1954*, Paris, CHEFF, 1992.

5 Colloque « Le plan Marshall et le relèvement économique de l'Europe », Paris, CHEFF, 1993.

et de la désinflation compétitive en 1992-1993 qui suscite l'organisation du colloque international sur le franc[6], de même que c'est la crise financière de 2008 qui conduit les responsables administratifs du CHEFF à demander des études comparées sur la crise de 1929 et la crise contemporaine. À la fin des années 1990, c'est le rattachement de l'Industrie au ministère de l'Économie et des Finances par D. Strauss-Kahn, réalisant le grand rêve d'un Michel Debré de réunir dans un même ensemble les ministères économiques, qui suscite travaux et publications sur l'industrie, les entreprises et les politiques industrielles françaises[7]. Mais la demande en histoire ne s'applique pas seulement aux politiques économiques et financières menées par la France dans la période, mais aussi à l'administration des Finances et à ses personnels. C'est ainsi qu'à la suite du conflit des Impôts en 1989, P. Bérégovoy, ministre des Finances, constate lui-même l'ignorance dans laquelle les responsables politiques et administratifs baignent quant à l'histoire administrative de la direction générale des Impôts ainsi qu'à son histoire sociale, professionnelle et syndicale. De fait, à l'époque, en dehors des ministres des Finances et des inspecteurs des Finances[8], à part quelques exceptions rares comme les Douanes[9], on peut dire qu'à l'époque le ministère de l'Économie et des Finances est un non-sujet en histoire administrative, du moins en histoire contemporaine[10] : pas d'histoire des différents services, pas d'histoire de l'administration centrale, pas d'histoire des corps ni des métiers des Finances, pas ou presque pas d'histoire fiscale, pas d'histoire de la comptabilité publique, etc. De sorte que si le conflit des Impôts de 1989 a souvent été analysé notamment du côté syndical comme un conflit social de la « reconnais-

---

6 Colloque « Du franc Poincaré à l'écu », Paris, CHEFF, 1993.

7 On se reportera au catalogue en ligne du CHEFF.

8 Pierre Lalumière, *L'Inspection des Finances*, Paris, PUF, 1959 ; Emmanuel Chadeau, *Les inspecteurs des Finances au XIX*^e^ *siècle*, Paris, Economica, 1986 ; Nathalie Carré de Malberg, « Image de soi et légitimité chez les inspecteurs des Finances », *Revue historique*, t. 265, avril-juin 1981, p. 389-403 ; « Le recrutement des inspecteurs des Finances de 1892 à 1946 », in *Vingtième siècle. Revue d'histoire*, n° 8, octobre-décembre 1985, p. 67-92 ; « Les limites du "libéralisme économique" chez les inspecteurs des Finances sous la IIIe République », in *Bulletin du Centre d'histoire de la France contemporaine*, n° 7, 1985, p. 37-67 ; « Les attachés financiers en 1938 et la perception de la puissance économique de la France », in *Relations internationales*, n° 33, 1988, p. 43-64 ; « Pourquoi devient-on inspecteur des Finances de 1919 à 1946 ? », in *Études et documents*, vol. 3, 1991, p. 293-404 ; « Les inspecteurs des Finances et la défense du franc 1934-1935 », in actes du colloque « Du franc Poincaré à l'écu », Paris, CHEFF, 1993, p. 125-169.

9 Jean Clinquart, *La douane et les douaniers de l'Ancien Régime au Marché commun*, Paris, Tallandier, 1990.

10 Il en est différemment en histoire médiévale et en histoire moderne, où la construction de l'État, et notamment celle de l'État de Finances, ont été précocement étudiées.

sance[11] », nous dirions quant à nous que c'est aussi un conflit de la non-connaissance[12] ! Ce constat de méconnaissance nourrira pendant plusieurs années un programme de travail sur l'histoire des directions à services extérieurs du ministère, Impôts, Trésor public, Douanes et DGCCRF[13]. L'expérience du ministère des Finances pourrait être étendue de nombreux autres comités d'histoire des années 1980 et 1990... Donc, à l'origine des comités d'histoire et de leurs travaux, du côté des institutions, on trouve une véritable demande en savoir et en connaissances, demande qui va être soutenue et alimentée tout au long des années 1980 et 1990 par l'installation de « l'ère du patrimoine » (P. Nora) et par la vague submergeante de la mémoire[14], non sans impact sur les programmes de travail des comités.

Dans le même temps, et la convergence est évidemment très favorable, la communauté des historiens se montre à partir des années 1980 et 1990 plus encline que dans les décennies précédentes à travailler « sur commande » ou sur appel d'offre, à l'instar de la sociologie qui depuis les années soixante a appris à s'organiser pour répondre à la commande publique ; en recherche de financements complémentaires et d'objets d'histoire nouveaux, elle accepte désormais de collaborer directement

---

11 Pour une réflexion sur cette notion, Paul Ricœur, *Parcours de la reconnaissance*, Paris, Stock, 2004.

12 Nous pourrions en dire autant de celui de 2001, suite à la tentative de réforme des services financiers sous Christian Sautter.

13 Sont lancés au cours des années 1990 et au début des années 2000 plusieurs concours autobiographiques sur l'ensemble du territoire auprès des retraités de ces administrations financières, dans l'objectif de collecter des récits de vie et de carrière susceptibles de compléter des archives écrites et les dossiers de personnel ; plusieurs travaux sont lancés sur ces administrations et sur les corps spécifiques des Finances (percepteurs, inspecteurs des Impôts, douaniers, trésoriers-payeurs généraux, etc.). Tous ont donné lieu à des publications, même si les travaux plus scientifiques se laissent encore attendre. Sur ce sujet, Florence Descamps, « Mémoire orale et mémoire écrite au ministère des Finances », in actes des journées scientifiques de l'AHICF et de l'Association des Archivistes français, « De la série à l'individu. Archives du personnel et archives orales », tenues les 15 et 16 mai 2003, *Gazette des archives*, n° 198, 2004, p. 73-92.

14 La substitution des concepts rend parfaitement compte de ce mouvement : l'histoire orale bascule dans les archives orales qui à leur tour basculent dans la mémoire orale puis dans le patrimoine oral. Voir Florence Descamps, *L'historien, l'archiviste et le magnétophone. De la constitution de la source orale à son exploitation*, Paris, CHEFF, 2001, réédition 2005 ; *Les sources orales et l'histoire. Récits de vie, entretiens, témoignages oraux*, Paris, Bréal, 2006 et « De la patrimonialisation de la parole à la patrimonialisation de la mémoire. Mémoires institutionnelles, mémoires de corps. Le cas des archives orales du Corps préfectoral en France, Université de Louvain », in Françoise Hireaux (dir.), *Les archives audiovisuelles. Politiques et pratiques dans la société de l'information*, Louvain-la-Neuve, Bruylant-Academia, 2009, p. 52-68.

avec les institutions publiques ou les entreprises, donnant naissance à une *histoire appliquée* à la française, plus académique et plus distanciée que la *public history* américaine, mais néanmoins tout aussi développée. Grâce à l'essor de l'histoire du temps présent, les historiens voient s'ouvrir devant eux de nouveaux champs de recherche qu'ils apprennent d'ailleurs à partager avec les autres sciences humaines et sociales[15] ; à ces dernières, ils empruntent certaines de leurs méthodes ou de leurs pratiques, notamment le questionnaire d'enquête et l'entretien (voir le développement de l'histoire orale).

Sous la conjonction de plusieurs facteurs internes à la discipline historique (la réévaluation du rôle des individus, le renouveau de l'histoire politique, le développement de l'histoire des représentations), grâce aussi aux nombreux apports des autres sciences sociales (sociohistoire du politique, sociologie de l'action publique, sociologie des organisations, analyse des politiques publiques), alors que l'actualité judiciaire braque le projecteur sur l'État français et ses compromissions avec l'Occupation allemande, l'État au XXe siècle devient pour l'histoire contemporaine un objet d'histoire en tant que tel et connaît tout au long des années 1990 un renouvellement historiographique important[16]. Dans le cadre de l'histoire des politiques publiques (économiques, sanitaires, sociales, culturelles, éducatives, culturelles, urbaines, agricoles, artistiques, industrielles, etc.), l'étude des dispositifs administratifs et organisationnels, ainsi que celle des acteurs individuels ou collectifs qui font fonctionner la machine administrative, devient centrale. Les question-

---

15 Sur les questions d'historiographie, « La professionnalisation de l'histoire », in *Historiens et sociologues aujourd'hui*, Paris, CNRS, 1986, p. 49-59 ; Olivier Dumoulin, « Histoire du temps présent : spécificité des sources et de la démarche », *Premières recherches*, Paris, La Boutique de l'histoire/Histoire au présent, 1996 ; Olivier Dumoulin, *Le rôle social de l'historien*, Paris, Albin Michel, 2003 ; Olivier Dumoulin, « L'histoire emmurée ou l'histoire hors les murs : les théâtres de Clio : 1920-2000 », in Christian Amalvi (dir.), *Les lieux de l'histoire de France : Clio en ses murs du Moyen Âge au XXIe siècle*, Paris, Armand Colin, 2005 ; Christian Amalvi (dir)., *Dictionnaire des historiens*, Paris, La Boutique de l'histoire, 2004 ; Jean-François Sirinelli, Pascal Cauchy, Claude Gauvard (dir.), *Les historiens français à l'œuvre, 1995-2010*, Paris, PUF, 2010 ; Christian Delacroix, François Dosse, Patrick Garcia, Nicolas Offenstadt (dir.), *Historiographies. Concepts et débats*, Paris, Folio-Gallimard, 2010.

16 Dans les années 1980 et au début des années 1990, pour l'histoire politique de l'État, voir par exemple les travaux de Pierre Rosanvallon sur la démocratie et ceux de Marc-Olivier Baruch sur le régime de Vichy, ceux de Raymond Poidevin, Georges-Henri Soutou, Maurice Vaïsse, René Girault ou Robert Frank sur la politique de relations internationales, ceux de Jean-Noël Jeanneney ou ceux du CHEVS de Science Po ; pour l'histoire économique de l'État, voir par exemple les travaux de Jean Bouvier, Jacques Marseille, Michel Margairaz, Philippe Mioche, Henry Rousso ou ceux d'Alain Plessis, ainsi que ceux de François Caron, Éric Bussière et l'équipe de Paris IV.

nements de l'histoire administrative, jusqu'alors restée relativement latérale dans l'université[17], s'en trouvent redynamisés et revalorisés, tout en étant reformulés.

À la rencontre de l'offre et de la demande : les comités d'histoire

À la croisée de cette demande sociale et institutionnelle qui se fait conjoncturellement plus pressante dans les grands ministères et de cette offre en histoire de l'État qui s'accroît, on trouve donc les comités d'histoire ministériels.

Ils renouent avec un mode ancien et éprouvé d'impulsion et d'encadrement de la recherche à la française : le Comité d'histoire le plus ancien et le plus connu, est sans doute le Comité des travaux historiques et scientifiques de Guizot (CTHS[18]), créé en 1834, qui existe toujours aujourd'hui et qui est actuellement rattaché à l'École des chartes après l'avoir été à la Bibliothèque nationale et au ministère de l'Éducation nationale, de l'Enseignement supérieur et de la Recherche. Pour le XXe siècle, il faut citer le Comité d'histoire de la Seconde Guerre mondiale, créée le 17 décembre 1951 par R. Pléven président du Conseil, lui-même issu de la fusion entre la Commission d'histoire de l'occupation et de la libération de la France (CHOLF) et le Comité d'histoire de la guerre, créés respectivement en octobre 1944 et en juin 1945[19].

---

17 Pour un état de l'histoire administrative dans les années 1970, voir *Histoire de l'administration*, Paris, Cujas, coll. « Cahiers de l'IFSA », n° 7, 1972 ; *Histoire de l'administration française depuis 1800. Problèmes et méthodes*, Genève, Droz, 1975 ; Guy Thuillier, Jean Tulard, « Problèmes de l'histoire de l'administration », in *Revue internationale des sciences administratives*, n° 2, 1972, p. 128-132, reproduit en partie dans le *Bulletin de l'Association pour l'histoire de l'administration française*, n° 5 ; Guy Thuillier, Jean Tulard, « L'histoire de l'administration du dix-neuvième siècle depuis dix ans. Bilan et perspectives », in *Revue historique*, octobre-décembre 1977, p. 441-456.

18 Pour en savoir plus sur le CTHS, voir l'article en ligne de Florence Galli-Dupis, *Le CTHS, 1834* (http://www.garae.fr/spip.php?article210, 2007), le site du CTHS lui-même (http://www.cths.fr/ et http://cths.fr/hi/historique.php ; voir aussi, Jean-Pierre Chaline, *Sociabilité et érudition. Les sociétés savantes en France au XIXe et XXe siècles*, Paris, CTHS, 1998 et Rodolphe Leroy, *Le Comité des travaux historiques et scientifiques (1834-1914). Entre animation et contrôle du mouvement scientifique en France*, Paris, thèse de l'École des chartes, 2001.

19 Rattaché à la présidence du Conseil et appuyé sur un important réseau de correspondants en province, le Comité d'histoire de la SGM, dirigé par l'historien Henri Michel, est chargé de susciter des témoignages sur divers aspects de la Résistance et de l'Occupation (c'est la première opération de collecte organisée de témoignages oraux sur l'ensemble du territoire), tout en coordonnant des enquêtes et des publications sur la Seconde Guerre mondiale. Il a aussi vocation à recueillir les

Dans les années 1970 et 1980, les comités d'histoire ministériels ou sectoriels s'inscrivent dans cette filiation séculaire de soutien à la recherche historique. Ils sont liés, au moins pour la première et la deuxième génération, à la persévérance et à l'impulsion d'une poignée d'historiens militants qui ont accepté le dialogue avec les institutions ou les grandes entreprises et qui ont ouvert la voie par la suite à la quasi-totalité des historiens contemporanéistes du XXe siècle. Surtout si l'on ajoute aux comités d'histoire ministériels les Services historiques des Armées et de l'Éducation, les Instituts à la mémoire d'hommes politiques (qui travaillent souvent en partenariat avec les Archives nationales, avec la FNSP et le CHEVS de Science Po) et les associations d'histoire d'entreprise. De fait, sans concertation ni coordination, par la seule voie de la contagion et de l'émulation, c'est une grande partie de l'histoire contemporaine qui se voit accompagnée, soutenue, parfois dans certains cas perfusée par les comités d'histoire. Le dernier quart du XXe siècle constitue donc un *moment* très spécifique pour le système de production historique, qui, après les grands laboratoires et les grandes enquêtes de l'après-guerre et avant que n'émergent de nouveaux modes de financement tels que ceux de l'Agence nationale pour la recherche (ANR), s'est doté d'une organisation spécifique pour trouver de nouveaux budgets, élaborer de nouvelles méthodes de travail, aborder de nouveaux « objets » historiques et répondre à la demande sociale en histoire.

Les comités d'histoire ministériels – mais il en est de même pour les associations d'histoire d'entreprise ou les Instituts à la mémoire d'hommes politiques – ont tous en commun :
– un rattachement au plus haut sommet de l'organisation concernée, du moins dans la phase de création, ce qui matérialise l'engagement de l'institution dans la démarche historique. Dans la durée, on sait que les rattachements se font plus erratiques et moins prestigieux, mais le fait du « Prince » reste décisif lors de la création de la cellule d'animation historique ;
– la tripartition entre représentants actifs de l'institution, les « anciens de la Maison » et les chercheurs (historiens ou représentants des autres disciplines des SHS). Les savants dosages entre ces trois composantes traduisent – trahissent ? – le positionnement du Comité d'histoire et ses missions, préfigurent son programme de travail et donnent une idée de la façon dont la tension entre histoire et mémoire sera résolue ou traitée ;
– la collégialité et la pluridisciplinarité (histoire, science politique, sociologie, économie, gestion) ;

archives personnelles des acteurs de la période ainsi que tous les documents se rapportant à l'avant-guerre, la guerre et l'immédiat après-guerre.

– la mise en place d'une ingénierie patrimoniale et historique qui cherche à maîtriser la chaîne de la production et de la diffusion des connaissances dans le champ historique concerné, depuis la protection et la valorisation des archives jusqu'à l'exposition culturelle, en passant par la production savante et le rayonnement international.

Les quatre grands secteurs d'activités des comités, depuis que le Comité pour l'histoire économique et financière de la France, rattaché au ministère de l'Économie et des Finances, les a systématisés, sont : Patrimoine et mémoire[20] ; Animation de la recherche[21] ; Publications et Diffusion[22] ; Vulgarisation et Communication[23]. Cette ingénierie historique a largement fait tache d'huile et se décline désormais pour d'autres institutions que les comités d'histoire et dans d'autres organisations que les administrations centrales (collectivités locales, entreprises, services patrimoniaux, institutions culturelles ou politiques, etc.).

Les comités d'histoire ont également à leur actif une réalisation-phare : la constitution d'archives orales ou le recours aux témoignages oraux des contemporains, recueillis et enregistrés auprès des acteurs et des témoins de l'histoire de l'institution ou du secteur d'activités concerné[24]. Cette acclimatation à la française de l'histoire orale anglo-saxonne résulte dans un premier temps du souci de faire une place à la parole des acteurs et de créer une ressource supplémentaire, au bénéfice des historiens, à côté des archives écrites, dont l'accessibilité en ces années 1980 et 1990 n'était pas toujours aisée. L'exercice consiste à mettre en série et à *archiviser* les souvenirs des témoins pour les rendre exploitables, critiquables, vérifiables et citables. Ce n'est que dans la

---

20 Les comités s'intéressent à la sauvegarde et à la valorisation des archives écrites, à la constitution des archives orales, au sauvetage des fonds anciens des bibliothèques ou des objets mobiliers anciens, au patrimoine iconographique, au patrimoine architectural ou artistique détenu par l'organisation…

21 Les comités, forts de leurs ressources universitaires en professeurs ou en grands « patrons », organisent des séminaires de recherche et le tutorat des étudiants (bourses, accès aux archives et aux ressources institutionnelles, prix et récompenses, etc.) ; ils dirigent des colloques scientifiques internationaux dont l'institution prend en charge les frais et l'édition des actes, etc.

22 Tous les comités cherchent à soutenir l'activité de publication dans leur secteur ; pour les plus dotés, ils créent une collection d'édition ou une revue, ou confient leurs publications à une maison d'édition externe partenaire.

23 Ce domaine est un vaste fourre-tout où l'on trouve des beaux-livres, des expositions, des disques d'histoire orale, des conférences pour les personnels de l'institution concernée, de la formation en histoire, des publications de vulgarisation, des notices en ligne sur internet, etc.

24 Sur le développement des archives orales par les comités d'histoire, Florence Descamps, *L'historien, l'archiviste et le magnétophone. De la constitution de la source orale à son exploitation*, Paris, CHEFF, 2001, réédition 2005, p. 156-249, consultable en ligne sur le site de revues.org http://igpde.revues.org/104.

seconde moitié des années 1990 que le terme « mémoire orale » est venu concurrencer le terme d'archives orales. Par leurs corpus de témoignages oraux, rationalisés et patrimonialisés[25], les comités d'histoire ont contribué, avec d'autres institutions de recherche, à faire du *témoin* une figure centrale de l'histoire du temps présent, même si cette dernière concentre sur sa tête toute une série de controverses historiographiques, méthodologiques et épistémologiques jamais totalement éteintes ni résolues : discours et réalité, vérité et sincérité, exactitude, erreur et mensonge, reconstruction et handicap de l'*a posteriori*, histoire positive/histoire des représentations, etc. Au final, les archives orales constituent un marqueur ambivalent, pour voir comment dans un comité se résout la tension entre histoire et mémoire : les archives orales sont-elles constituées en sources pour l'histoire administrative, politique et économique du temps présent, à côté des archives écrites, ou absorbent-elles à elles toutes seules l'activité historique, au point de limiter l'exercice à l'histoire des « grandes figures » ou à faire de la mémoire un outil de communication interne et externe ? En dépit de ces écueils toujours renaissants, les archives orales et la valorisation de la parole des témoins demeurent une marque distinctive des comités d'histoire.

Ils ont enfin en commun une véritable difficulté à durer et à persévérer, notamment dans les travaux scientifiques, et à se maintenir dans un environnement organisationnel et politique toujours incertain et instable. De sorte que certains comités ne connaissent que des feux de paille, que d'autres se dévitalisent et déclinent, que d'autres rebondissent et se renouvellent, tandis que les derniers vivotent ou deviennent confidentiels.

En réalité, hormis les caractéristiques communes listées ci-dessus, il est difficile de parler d'un modèle de comité en général. Un comité d'histoire, c'est toujours la combinaison singulière et contingente d'un certain nombre de variables et de contraintes spécifiques, liées à un environnement politique institutionnel, politique et budgétaire et à un état de la production historiographique. On peut à cet égard identifier sept variables principales :

– le contexte de création : le comité d'histoire est-il créé dans une conjoncture faste ou au contraire à l'occasion d'un déclin, d'un effacement ou d'une fragilisation ? Et c'est valable autant pour le pôle institutionnel que pour le pôle des chercheurs ou la discipline concerné ;

– l'initiative de fondation : à qui revient l'initiative de la création du comité ? À l'institution ou au pôle scientifique ? Aux « anciens » de la maison ?

[25] Les collections de témoignages oraux des comités d'histoire vont d'une trentaine d'heures à plus de 3 000 heures pour les Finances, sans doute plus de 5 000 pour les Armées ; le Comité d'histoire de l'INRA a franchi la barre des 1 000 heures…

– la composition du comité et la distribution du pouvoir entre les trois composantes de la triangulaire : entre les chercheurs, les institutionnels et les « anciens », qui décide ?

– le choix des objectifs, entre patrimoine, mémoire, recherche, diffusion ou communication, et l'établissement du programme de travail ;

– l'existence (ou non) d'un secrétariat *scientifique*, formé aux SHS, et sa marge d'initiative en matière d'ingénierie historique et patrimoniale ;

– l'existence ou nom d'un « stock » de travaux disponibles ;

– le budget et les moyens humains mis à disposition de la cellule d'animation permanente.

Par stratégie, par positionnement institutionnel, par incapacité de tout couvrir ou par manque de moyens budgétaires, les comités d'histoire sont amenés à faire des choix et à établir des priorités (secteurs, thématiques, périodes chronologiques, « produits » historiques). En conséquence, il existe un très grand éventail de comités : des comités patrimoniaux, des comités mémoriels, des comités-clubs, des comités scientifiques, des comités-guichets, des comités éditeurs, des comités conférenciers, des comités-prestige, etc.

Quels résultats pour l'histoire de l'État et pour l'histoire administrative ? Succès ou déception ?

De façon concrète, nous voudrions nous intéresser au cas des comités d'histoire qui ont ou ont eu les activités scientifiques les plus importantes (le Comité pour l'histoire de la Sécurité sociale rapidement élargi à l'histoire de la protection sociale, le Service historique de l'éducation, le Comité pour l'histoire économique et financière de la France, le Comité d'histoire du ministère de la Culture et des institutions culturelles, le Comité pour l'histoire de La Poste, le Comité d'histoire des administrations chargées du travail, de l'emploi, et de la formation professionnelle, le Comité pour l'histoire du CNRS). Trois générations de comités, deux pionniers des années 1970, un comité des années 1980, quatre comités des années 1990.

Chez les trois premiers (Sécurité sociale et Protection sociale, Éducation, CHEFF), on constate le choix d'une grande amplitude chronologique et thématique, puisque dans les trois cas, la période du Moyen-Âge, de l'Ancien Régime ou du XIXe siècle est incluse dans les programmes de travail. À cette ambition s'ajoutent un volontarisme sectoriel et une programmation de « niche », la volonté de combler les « trous » de l'histoire nationale ou de prendre en charge les secteurs que les départements universitaires ne peuvent ou ne veulent pas couvrir (la Sécurité sociale, l'histoire des finances publiques, l'histoire de la monnaie, les politiques d'éducation, les enseignements, les disciplines et les enseignants, etc.). De façon paradoxale, ces comités d'histoire n'inscrivent pas dans leurs priorités scientifiques l'histoire des institutions qui les abritent, mais affichent le choix explicite de faire une histoire sectorielle ou une histoire des politiques publiques, en transcendant les frontières administratives ou ministérielles. Cette volonté est visible dans le choix de la titulature de ces comités, dans la liste des colloques organisés et dans la liste de leurs publications[26] : l'histoire administrative est moins bien représentée que l'histoire sectorielle, l'histoire sociale ou l'histoire des politiques publiques du secteur concerné. Certaines initiatives néanmoins relèvent dans cette première période de l'histoire de l'administration : la création d'archives orales, réalisées auprès des agents administratifs pour le CHSS et le CHEFF, la prosopographie des corps enseignants pour le SHE. Au CHEFF, ce n'est que dans une seconde phase, à partir de 1992, qu'est lancé sous l'impulsion directe du secrétariat scientifique le programme de recherches sur *l'histoire du ministère de l'Économie et des Finances à travers ses grandes directions*, qui donnera lieu à plusieurs thèses d'histoire, pour la plupart publiées au sein de la collection du CHEFF[27]. En revanche, pour les quatre comités d'histoire des années 1990, la titulature est explicite ; tous annoncent un programme de travail sur l'histoire du ministère ou de l'établissement public dont ils dépendent et tous vont réaliser et publier des travaux d'histoire administrative.

Comment comprendre cette évolution entre les comités d'histoire des années 1970-1980 et ceux des années 1990 ? Plusieurs hypothèses peuvent être avancées : sans doute dans les années 1970 et 1980 les premiers comités d'histoire ministériels préfèrent-ils éviter de donner prise à l'accusation d'histoire-maison[28] ; ils craignent de se voir dicter

---

26 On se reportera par exemple au catalogue des 150 titres du Comité pour l'histoire économique et financière de la France.

27 Entre autres, Laure Quennouëlle, *La direction du Trésor 1947-1967. L'État banquier et la croissance*, Paris, CHEFF, 2000 ; Aude Terray, *Des francs-tireurs aux experts. L'organisation de la prévision économique au ministère des Finances 1948-1968*, Paris, CHEFF, 2002 ; Sébastien Kott, *Le contrôle des dépenses engagées. Évolution d'une fonction*, Paris, CHEFF, 2004 ; Frédéric Tristram, *La direction générale des Impôts et la politique fiscale en France de 1948 à la fin des années 1960 : modernisation et adaptation de la fiscalité aux règles du marché*, Paris, CHEFF, 2005 ; Catherine Jumeau, *Les receveurs municipaux sous la IIIe République*, Paris, École pratique des hautes études, 2009.

28 Les comités d'histoire ont inventé une série d'antidotes à l'histoire officielle : la collégialité scientifique qui fait écran aux pressions éventuelles de l'institution, la recherche systématique des ressources et des instances universitaires ; le bénévolat et la gratuité des concours de chercheurs, ce qui préserve la liberté de parole et d'écriture ; le recours systématique aux archives écrites ; la constitution de corpus

les contenus, d'être contraints à écrire une « histoire sous surveillance » (Marc Ferro) ou de voir l'histoire réduite à la mémoire. L'histoire du temps présent est encore mal assurée dans ses principes méthodologiques et épistémologiques ; la collaboration entre historiens et institutions est en train de se mettre en place et demeure pour certains suspecte ; en conséquence les historiens impliqués dans la création de la première génération de comités préfèrent ouvrir au maximum le champ d'étude et ne pas focaliser la mission du comité sur l'histoire institutionnelle récente. D'autre part, les comités d'histoire sont dépendants des problématiques développées au sein de l'Université et de l'offre mise à disposition par les professeurs et les chercheurs ; à l'époque, l'histoire des politiques publiques et sectorielles commence à connaître son essor et à produire des études et des thèses. Enfin, l'histoire administrative en tant que telle reste au sortir des années 1980 une spécialité latérale, considérée comme descriptive et rébarbative, laissée aux historiens du droit[29] et aux fonctionnaires eux-mêmes[30]. Le « phénomène administratif » dans toute son épaisseur sociologique et historique n'est pas encore un objet d'étude à part entière, et hormis quelques individualités atypiques comme G. Thuillier[31], rares sont les historiens à se réclamer de l'histoire de l'administration en tant que telle. De sorte que dans la première vague des comités d'histoire ministériels français, en termes de programmes, de productions et de publications, on assiste paradoxalement à une minoration de l'histoire administrative et institutionnelle. Il ne faut pas négliger le fait que du côté des administrations elles-mêmes, il a pu y avoir également des réticences ou des freins à une histoire administrative impulsée par les comités d'histoire. La volonté de contrôler l'écriture de cette histoire et de ne pas la déléguer à des instances

d'archives orales polyphoniques ; la tripartition des comités de pilotage, l'allongement chronologique ou l'évitement d'une histoire trop contemporaine, etc.

29 Pierre Legendre, *Histoire de l'administration de 1750 à nos jours*, Paris, PUF, 1968 ; *Trésor historique de l'État en France. L'Administration classique*, Paris, Fayard, 1992.

30 Pierre Rosanvallon dans son ouvrage sur *L'État en France de 1789 à nos jours*, Paris, Seuil, 1990, p. 9, a pu ainsi affirmer en 1990 que l'État n'était pas en France un sujet d'histoire.

31 Guy Thuillier, *Témoins de l'administration. De Saint-Just à Marx*, Paris, Berger-Levrault, 1967 ; *Conscience et pouvoir, science administrative*, Paris, Montchrestien, 1974 ; *La vie quotidienne dans les ministères au XIXe siècle*, Paris, Hachette, 1976 ; *Regards sur la haute administration en France*, Paris, Economica, 1979 ; *Bureaucratie et bureaucrates en France au XIXe siècle*, Genève, Droz, 1980 ; *L'être administratif et l'imaginaire*, Paris, Economica, 1982 ; *L'ENA avant l'ENA*, Paris, PUF, 1983 ; *La bureaucratie en France au XIXe-XXe siècles*, Paris, Economica, 1987 ; *Les femmes dans l'administration*, Paris, PUF, 1988 ; *Les pensions de retraite des fonctionnaires au XIXe siècle*, Paris, Comité d'histoire de la Sécurité sociale, 1995.

universitaires externes et indépendantes, le choix préférentiel d'une histoire plus vulgarisée, plus rapide, moins approfondie, moins réflexive ou moins critique, subordonnée à des objectifs de communication, la crainte d'ouvrir « la boîte noire » des administrations, la tendance à se satisfaire de la mémoire, autant de facteurs qui peuvent expliquer la faible demande en histoire administrative au départ.

En revanche, dans les années 1990, les choses semblent s'être décrispées : les chercheurs ne craignent plus de collaborer avec des institutions ou des entreprises, les uns et les autres ont appris à travailler ensemble dans le respect du métier, des rythmes professionnels et des temporalités de chacun, les premiers comités d'histoire se sont rôdés et ont ouvert la voie, l'indépendance des travaux et des publications apparaît comme assurée et certains programmes d'histoire administrative peuvent dès lors être lancés sans crainte d'ingérence ni de censure[32]. Les anniversaires et les commémorations qui se succèdent comme dans d'autres secteurs de la société donnent l'opportunité de travaux diversifiés[33], s'adressant à tous les publics : spécialistes, public éclairé, personnels actifs internes, grand public, « anciens » et retraités… Une tension subsiste parfois entre les commanditaires et les auteurs potentiels, mais de façon générale, les obstacles trouvent leur résolution. Au pire, en cas de divergences des intérêts, on assiste à une division professionnelle des tâches et une différenciation des partenaires[34] : aux agences de communication ou aux cabinets de conseil en histoire la réalisation de « beaux-livres » ou les ouvrages de vulgarisation, aux « anciens » les livres de « souvenirs » et les mémoires, aux fonctionnaires de la maison les essais, la littérature grise et les ouvrages de vulgarisation[35], aux univer-

---

32 Lorsque nous dirigions le programme « Histoire du ministère des Finances au XXe siècle », nous n'avons jamais fait l'objet de censure ni même de relecture, et la même règle semble avoir été observée pour la réalisation du *Dictionnaire des inspecteurs des Finances*, sous la direction de Nathalie Carré de Malberg et de Michel Margairaz, à paraître aux éditions du CHEFF en 2012.

33 Citons à titre d'exemple le bicentenaire des grands corps de l'époque napoléonienne (Cour des Comptes, Conseil d'État, Corps préfectoral), le centenaire du ministère du Travail, le soixantième anniversaire de la Sécurité sociale, le cinquantenaire du CNRS, de l'Agence française de développement ou du ministère de la Culture, le trentième anniversaire du CIRI, à venir, et ainsi de suite…

34 Le meilleur exemple de cette répartition des taches appartient sans doute au Comité du centenaire du ministère du Travail, qui a réalisé à peu près toute la gamme des travaux historiques imaginables.

35 Réunis dans les années 1970 et 1980 dans l'Association pour l'histoire de l'Administration française, les hauts fonctionnaires français n'ont jamais déserté l'histoire administrative. Pour le ministère de l'Intérieur, il existe une *Histoire du ministère de l'Intérieur de 1790 à nos jours* à La Documentation française rédigée par un groupe de préfets, 1993 ; pour l'Éducation nationale, Bernard Toulemonde, *Petite histoire d'un grand ministère : l'Éducation nationale*, Paris, Albin Michel, 1988 ; pour le ministère

sitaires et aux chercheurs la rédaction des études scientifiques, les ouvrages d'érudition et les œuvres de longue haleine, « à combustion longue », aux archivistes les guides de sources et la mise à disposition des archives….

Quel a été l'impact des comités pour l'histoire des institutions ou pour l'histoire de l'administration ?

D'abord, les partenariats et les travaux ont été supportés par des dispositifs divers et inventifs : thèses directement financées sur CDD, bourses et prix, vacations ou contrats de recherche, convention avec un laboratoire de recherche, commande à un chercheur individuel ou à un collectif de chercheurs avec ou sans droits d'auteur ; ouvrages collectifs résultant de colloques ou de séminaires pluriannuels, dictionnaires, bases de données, dépôt d'archives privées, dons d'ouvrages, interviews, animation d'une revue et comités éditoriaux, commande de beaux-livres… Les partenariats sont multiples et variés. Comme nous l'avons dit plus haut, une part non négligeable de la production en histoire contemporaine, y compris celle des étudiants de mastère et de doctorat, a été soutenue ou diffusée par les comités d'histoire.

D'un point de vue des contenus maintenant, on peut distinguer six approches historiques différentes[36] :
– l'histoire par les textes[37] ; elle a été très peu reprise par les comités d'histoire à partir du moment où ils ont été peuplés, non plus de juristes, mais d'historiens ou de représentants des autres disciplines de sciences humaines et sociales. Parmi ceux que nous avons retenus, le comité d'histoire le plus juridique est sans doute le CHSS, qui a conservé l'antique méthode de la compilation et de l'édition critique des textes législatifs et réglementaires ministériels[38] ;

---

de la Culture, Maryvonne de Saint-Pulgent, *Culture et Communication. Les missions d'un grand ministère*, Paris, Gallimard, 2009 ; pour le ministère du Travail, Claude Chetcuti, 2008, en ligne sur le site du Comité d'histoire http://www.travail-emploi-sante.gouv.fr/
IMG/pdf/Une_histoire_du_ministere_du_travail.pdf ; pour l'histoire du ministère de l'Équipement, nous renvoyons à la revue *Pour mémoire*, créée en 2006 au ministère de l'Équipement et du Développement durable, qui s'intéresse particulièrement à l'histoire du ministère des Travaux publics sous ses différentes dénominations au XIXe et au XXe siècle et à ses différents personnels et corps de fonctionnaires…

36 Pour cette analyse, on se reportera aux catalogues de publications sur les sites des comités concernés.

37 Voir la collection *Histoire des grands corps de l'État par les textes*, publiée au CNRS et dirigée par l'Association pour l'histoire de l'administration en France animée par Louis Fougère et abritée par le Conseil d'État. Ont été publiées l'histoire du Corps des Ponts et Chaussées (1982), celle du Conseil d'État (1974) et de la Cour des comptes (1984), celle du Corps diplomatique (1984).

38 Voir *La Sécurité sociale, son histoire à travers les textes 1780-2005*, en 6 tomes, Paris, Comité d'histoire de la Sécurité sociale.

– l'histoire des politiques publiques (CHEFF, Industrie, CHSS, SHE, Poste, Travail, Jeunesse et Sports, Culture, Équipement et Villes nouvelles, etc.) ;
– l'histoire des ministres et de leur action politique, étendue aux grandes « figures » du ministère (les directeurs), qui privilégie l'approche biographique (Sécurité sociale, Culture, CHEFF, Jeunesse et Sports, Travail, etc.) ;
– l'histoire des directions, des établissements publics (CHEFF, Travail, Culture) et des politiques publiques ou sectorielles qui leur sont attachées ;
– l'histoire des personnels, par corps, par métiers et aussi par sexe (SHE, Travail, CHEFF, Culture, Poste) et la prosopographie, notamment par le biais des *Dictionnaires*, des archives orales ou des bases de données biographiques.
– l'histoire chronologique des structures et des organigrammes (Culture, Travail, Équipement, CHEFF)[39].

Un même comité peut expérimenter dans le temps, successivement ou parallèlement, plusieurs approches et la liste des publications des comités illustre la variété de leurs intérêts. La conduite des programmes historiques dans un comité d'histoire ne se fait d'ailleurs pas sans tâtonnements ni ajustements. Car faire ou faire faire l'histoire d'une institution contemporaine soulève des difficultés qu'une thèse ou qu'un colloque purement scientifique ne pose pas, à savoir la multiplicité des commanditaires, des approches disciplinaires, des attentes et des publics concernés. L'histoire institutionnelle faite au sein d'un comité d'histoire, plus qu'une autre, pose la question de sa recevabilité, de sa lisibilité et de son « utilité », ne serait-ce que pour l'institution qui finance l'entreprise éditoriale et qui attend un retour sur investissement. De ce fait, les comités sont contraints de se confronter au problème de la forme éditoriale des « produits » historiques envisagés : beau-livre, ouvrage d'érudition, monographie, synthèse de vulgarisation, ouvrage pédagogique, brochure de communication, etc. La sagesse consiste sans doute à ne pas vouloir faire tout en un seul « produit », mais à distinguer les réalisations. En définitive, la principale difficulté pour un comité d'histoire consiste à parvenir à articuler ses ambitions scientifiques ou ses objectifs en matière de production de connaissances avec les attentes sociales, symboliques et parfois politiques des institutions qui lui permettent d'exister.

---

[39] Par exemple, au ministère de la Culture, Michèle Dardy, Bernard Beaulieu, *Histoire administrative du ministère de la Culture 1959-2002*, Paris, La Documentation française, coll. « Travaux et documents », n° 14, 2002 ; Dominique Jamet, Jean Fosseyeux, Christian Pattyn (dir.), « Les établissements publics sous tutelle du ministère de la Culture. Histoire administrative », Paris, La Documentation française, coll. « Travaux et documents », n° 18, 2004 ; Michèle Dardy, *Histoire administrative du ministère de la Culture et de la Communication 1959-1962*, Paris, La Documentation française, coll. « Travaux et documents », n° 30, 2012.

Mais l'histoire institutionnelle des ministères pose également des problèmes de méthodes spécifiques : l'amplitude chronologique et thématique de l'institution (c'est le cas notamment du ministère des Finances qui a connu bien des mutations au cours du XIXe et du XXe siècles et qui rassemble en son sein autant de « petits » ministères sectoriels que de directions), l'absence ou l'hétérogénéité des sources, des périmètres très mouvants dans le temps et dans l'espace, la nécessité de faire un choix entre une histoire d'en-haut et une histoire d'en-bas, la difficulté d'intégrer l'histoire des services, des personnels et des syndicats quand on a fait le choix d'une histoire politique de l'administration, mais aussi l'impossibilité de la passer sous silence, la crainte d'une histoire sous surveillance ou même de l'autocensure…

L'ensemble de ces difficultés explique sans doute pourquoi il existe peu de grandes monographies savantes des grands ministères qui aient été conçues et réalisées par les comités d'histoire[40], alors qu'il existe des grandes histoires d'entreprise qui ont été prises en charge par des associations d'histoire d'entreprise, des collectifs d'historiens ou des historiens individuels[41]. Quand les comités d'histoire s'y sont attaqués, les partis pris ont été de *découper* le sujet, verticalement et horizontalement, dans l'espace et dans le temps, par directions ou par corps, par métiers ou par période et parfois, de confier l'histoire dite interne à des cabinets de conseil en histoire ou… à des intervenants « internes ». Les tentatives les plus notables se trouvent au Comité pour l'histoire économique et financière où le chantier d'une histoire du ministère de l'Économie et des Finances est toujours en cours[42], à la Poste, au CNRS, à la Culture et

40 Citons Muriel Le Roux (dir.), *Histoire de La Poste. De l'administration à l'entreprise*, Paris, Éditions Rue d'Ulm, 2002 et pour un grand établissement public, Denis Guthleben, *Histoire du CNRS de 1939 à nos jours. Une ambition nationale pour la science*, Paris, Armand Colin, 2009. D'autres initiatives sont repérables dans la production académique ; nous en citerons deux pour deux ministères qui, de fait, ne disposent pas de comité d'histoire ministériel : la thèse en histoire de Jean-Philippe Dumas sur le ministère du Commerce (EPHE, 2006) et la thèse en science politique de Julien Meimon, *En quête de légitimité. Le ministère de la Coopération, 1959-1999*, université de Lille II, 2005.

41 Citons le cas d'EDF, de la SNCF, de la RATP, de Renault ou de Peugeot, des grandes banques (Crédit lyonnais, Paribas, la Société générale, la BNP, la Cie de Suez), des Caisses d'épargne, etc.

42 Le programme *Histoire du ministère des Finances par ses directions* a été arrêté au début des années 2000 et la majeure partie de ses résultats ont été publiés dans la collection du Comité, notamment les thèses de doctorat qu'il a initiées (voir la série « Thèses » de la collection). Ce programme de travail a repris, après une interruption, dans un cadre universitaire, sous la direction de Florence Descamps et de Laure Quennouëlle. Plusieurs anthologies ont été publiées sur les agents des Impôts et du Trésor public et les archives orales (plus de 3 300 heures d'enregistrement) font actuellement l'objet d'un chantier de valorisation par la constitution d'une base de données.

au Comité d'histoire du travail qui pour son centenaire a mis sur pied un programme de travaux de grande ampleur[43].

Pour conclure, avec le recul que donnent près de quarante années de production historique, on peut dire que fidèles à une ingénierie patrimoniale et historique dont les « grands ancêtres », le CTHS et le Comité pour l'histoire de la SGM, ont montré l'exemple, les comités d'histoire ministériels, sauf exceptions, ont davantage adopté une politique environnementale d'accompagnement méthodologique, de soutien financier et de facilitation professionnelle que de production directe, qu'ils se sont largement appuyés sur le monde de l'Université et de la recherche à qui ils ont presque toujours et à juste titre confié la partie « production », qu'ils ont plutôt mis l'accent sur la libre disposition des sources (écrites et orales) et sur la diffusion des résultats de la recherche que sur la commande directe de textes rémunérés. Ils ont en général davantage soutenu une histoire des politiques publiques de l'État qu'une histoire de l'administration en tant que telle et lorsqu'ils ont choisi de s'y attaquer, ils ont davantage privilégié une histoire politique, économique et sociale de l'État qu'une histoire administrative au sens strict du terme. Enfin, créés à l'origine pour « faire de l'histoire », les comités ont parfois été rattrapés par la mémoire et par le mouvement de patrimonialisation du passé. Ce mouvement engendre-t-il le désengagement des historiens des

---

43 Pierre Fournier, *Quarante ans Place Fontenoy* (1923-2006), Rennes, PUR, 2006 ; Bruno Béthouart, *Le ministère du Travail et de la Sécurité sociale de la Libération au début de la Ve République*, Rennes, PUR, 2006 ; Alain Chatriot, Odile Join-Lambert, Vincent Viet, *Les politiques du travail (1906-2006) : acteurs, institutions, réseaux*, actes du colloque scientifique international du 18 et 19 mai 2006, Rennes, PUR, 2006 ; Isabelle Lespinet-Moret, *L'Office du Travail 1891-1914. La République et la réforme sociale*, Rennes, PUR, 2007. Jean-Louis Robert (dir.), *Inspecteurs et inspection du Travail sous la IIIe et la IVe République*, Paris, La Documentation française, mars 1998 ; Michel Cointepas, *Arthur Fontaine 1860-1931. Un réformateur, pacifiste et mécène au sommet de la Troisième République*, Rennes, PUR, coll. « Pour une histoire du travail », 2008. À ces publications, il faut ajouter les travaux de Jean-Luc Bodiguel et Jean-Pierre Le Crom, « L'administration du travail et la production du droit du travail, 1906-1960 » (http://hal.archives-ouvertes.fr/docs/00/19/45/96/PDF/Administration_et_droit_du_travail.pdf) ; « Le juridisme du ministère du Travail. Le corps des rédacteurs et l'organisation de la direction du travail » (http://www.travail-emploi-sante.gouv.fr/IMG/pdf/Rapport_Le_Crom_Bodiguel.pdf). Jean-Luc Bodiguel, « Une image de l'administration centrale. Les rédacteurs de l'administration centrale 1906-1960 » (http://www.travail-emploi-sante.gouv.fr/IMG/pdf/art5bodiguel.pdf). Voir pour une présentation synthétique du programme, *Les cahiers du Comité d'histoire*, n° 7, mars 2007 (http://www.travail-emploi-sante.gouv.fr/IMG/pdf/cahier_7_pour_impression-2.pdf). Enfin, un beau-livre, Boris Dänzer-Kantof., Véronique Lefebvre, Félix Torres (dir.) avec le concours de Michel Lucas, *Un siècle de réformes sociales. Une histoire du ministère du Travail, 1906-2006*, Paris, La Documentation française, 2006.

comités ou bien au contraire est-ce le désengagement des historiens, désormais sollicités ailleurs et dans d'autres instances, qui par leur reflux conduit à la domination de la mémoire ? Assiste-t-on à une confiscation de l'écriture de l'histoire par les témoins ou au contraire à une mise à distance de ces derniers par les historiens ? Il est douteux de penser qu'il puisse y avoir une règle unique. À cet égard, les comités d'histoire constituent d'intéressants micro-objets d'étude historiques, qui rendent compte des relations – des tensions ? –, toujours en recomposition, qu'entretiennent institutions, demande sociale et chercheurs, mémoire et histoire. L'avenir dira si cette forme d'encouragement à la recherche perdurera et si elle saura continuer de répondre tant aux besoins des institutions qu'à ceux de la recherche.

SECONDE PARTIE

DES HISTOIRES DES INSTITUTIONS EUROPÉENNES : QUELS RÉSULTATS ?

CHAPITRE 7

La Commission européenne

Regard sur les histoires de la Haute Autorité et de la Commission européenne

Marie-Thérèse BITSCH

Il me revient de parler de deux ouvrages, portant chacun sur l'histoire d'une institution européenne, dont je n'ai pas été le maître d'œuvre mais auxquels j'ai participé plus ou moins directement. Il s'agit, d'une part, de l'histoire de la Haute Autorité de la Communauté européenne du charbon et de l'acier (CECA) publiée par Dirk Spierenburg et Raymond Poidevin[1] et, d'autre part, du premier volume de l'histoire de la Commission européenne dirigée par Michel Dumoulin[2].

À première vue, ces deux ouvrages sont très différents. Le premier, paru en 1993 chez un éditeur privé (Bruylant), est un livre on ne peut plus austère : il comporte 900 pages de texte serré, sans illustration, à l'exception d'une photo en noir et blanc des initiateurs de la CECA, Jean Monnet et Robert Schuman, sortant du bâtiment du ministère français des Affaires étrangères. Le deuxième, publié par l'OPOCE en 2007, est un ouvrage de luxe : grand format, papier glacé, mise en page soignée, impression bicolore et belles illustrations, y compris une photo en page de couverture. Le premier est né de l'initiative personnelle d'un ancien membre de la Haute Autorité, Dirk Spierenburg, qui s'est cependant assuré préalablement du soutien de la Commission. Le deuxième est commandité par la Commission à la suite d'un appel d'offres. Par ailleurs, les deux ouvrages affichent des approches et des objectifs très différents. Le premier se veut un livre d'histoire : le mot « histoire »

---

1 Dirk Spierenburg, Raymond Poidevin, *Histoire de la Haute Autorité de la Communauté européenne du charbon et de l'acier. Une expérience supranationale*, Bruxelles, Bruylant, 1993.

2 Michel Dumoulin (dir.), *La Commission européenne, 1958-1972. Histoire et mémoires d'une institution*, Luxembourg, Office des publications officielles des Communautés européennes, 2007.

apparaît dans la première phrase de la préface écrite par Jacques Delors, président de la Commission, et dans la première phrase de l'avant-propos signé par les deux coauteurs. Le deuxième veut avant tout « rassembler et sauvegarder la mémoire collective » de la Commission comme l'indiquent, à la fois, la préface du président José Manuel Barroso et l'avant-propos de « quelques anciens » hauts fonctionnaires de cette institution « qu'ils ont vue naître et grandir ».

Pourtant ces deux ouvrages ont en commun un point important qui justifie la comparaison esquissée dans cette contribution : ils s'intéressent tous les deux à une institution-clé, celle qui se trouve au cœur du dispositif communautaire. La Haute Autorité de la CECA est la première institution supranationale, elle est le symbole même de l'intégration communautaire. Avec un nom plus modeste mais des ambitions comparables, la Commission occupe la même place centrale dans le système institutionnel défini par les traités de Rome créant la Communauté économique européenne (CEE) et Euratom. Puis, après la fusion des trois exécutifs (Haute Autorité, Commission CEE et Commission Euratom), elle hérite non seulement de l'esprit mais aussi des compétences de la Haute Autorité. Accessoirement, il convient de noter un autre point commun : chacun des deux livres couvre une quinzaine d'années de l'histoire des débuts de la construction européenne. La Haute Autorité, mise en place en août 1952, se maintient jusqu'à la fusion des exécutifs qui se réalise en juillet 1967. Le premier volume de l'histoire de la Commission concerne l'ère des Communautés européennes à six (1958-1972), de l'entrée en vigueur des traités de Rome jusqu'au premier élargissement.

Après ce parallélisme un peu rapide, et pour essayer d'éclairer les enjeux historiographiques et méthodologiques, cette contribution se propose de rappeler d'abord les circonstances de la « fabrication » de ces deux ouvrages, d'analyser ensuite la méthode de travail des deux équipes et, pour finir, d'évoquer brièvement les apports de ces travaux.

Les circonstances de l'élaboration des ouvrages

L'initiative de l'histoire de la Haute Autorité revient à l'ambassadeur Dirk Spierenburg, qui avait été le chef de la délégation des Pays-Bas à la conférence du plan Schuman, à Paris en 1950-1951[3], avant de devenir membre de la Haute Autorité pendant dix ans (1952-1962) et vice-président de cette institution pendant les cinq dernières années de son mandat (1957-1962). Spierenburg décide de lancer son projet en 1987. Il profite du colloque qui est organisé dans la capitale italienne pour le

---

[3] Il s'agit de la conférence au cours de laquelle les six États fondateurs de la Communauté négocient le traité CECA qui sera signé à Paris, le 18 avril 1951.

30e anniversaire de la signature des traités de Rome[4] et qui rassemble des historiens spécialistes de la construction européenne ainsi que des acteurs, hommes politiques et hauts fonctionnaires, pour solliciter un historien qui allait travailler avec lui. Pour Spierenburg, il s'agissait de trouver une alternative à la rédaction de *Mémoires* et d'obtenir la collaboration d'un universitaire, garant de la qualité scientifique de l'ouvrage. Non sans avoir hésité quelque peu avant de s'engager dans un chantier d'une telle ampleur, Raymond Poidevin, alors professeur à l'université de Strasbourg, accepte la proposition et les deux auteurs tiennent leur première réunion de travail le 18 mai 1987.

À cette date, l'histoire de la construction européenne commence à sortir du désert bibliographique auquel se sont confrontés les quelques universitaires qui s'efforçaient, dans les années 1970 et au début des années 1980, de développer des enseignements sur ce thème[5]. Ce vide, difficilement imaginable aujourd'hui étant donnée l'abondance des publications sur l'Europe depuis une vingtaine d'années, se comblait très lentement. En 1983, Pierre Gerbet fait paraître la première version de *La construction de l'Europe*, qui n'est pas fondée sur le dépouillement d'archives mais sur une immense connaissance personnelle du processus d'intégration observé par l'auteur depuis un quart de siècle et qui va devenir une « bible » pour tous les apprentis de l'histoire de l'intégration européenne[6]. Presque en même temps, le Groupe de liaison des historiens auprès des Communautés européennes, constitué en 1982, commence à organiser les premiers colloques scientifiques internationaux dont les contributions s'appuient – au moins partiellement – sur des documents d'archives, nationales ou européennes, qui commencent à être accessibles en vertu de la règle des trente ans, généralement admise à cette époque en Europe occidentale[7]. Parallèlement, des histo-

---

4 Les actes de ce colloque, organisé du 25 au 28 mars 1987 par le Groupe de liaison des historiens auprès des Communautés européennes, constituent le volume 3 des publications de ce Groupe : Enrico Serra (dir.), *La relance européenne et les traités de Rome*, Bruxelles, Bruylant, 1989.

5 Il fallait utiliser notamment les publications de journalistes ou de militants européens, souvent intéressantes mais en général dépourvues de références.

6 Pierre Gerbet, *La construction de l'Europe*, Paris, Imprimerie nationale, 1983. Il y aura par la suite plusieurs éditions de cet ouvrage, mis à jour et complété en 1994, 1999 et 2007.

7 Sur la composition et les activités du Groupe de liaison, voir dans ce volume la contribution de Wilfried Loth. Le premier colloque, organisé à Strasbourg en novembre 1984, donne lieu au premier volume de la collection du Groupe : Raymond Poidevin (dir.), *Histoire des débuts de la construction européenne (mars 1948-mai* 1950), Bruxelles, Bruylant 1986. Suivent un deuxième colloque à Aix-la-Chapelle, en mai 1986, publié par Klaus Schwabe (dir.), *Die Anfänge des Schuman-Plans (1950/1951)*, Baden-Baden, Nomos Verlag, 1988 et un troisième à Rome en mars 1987 (voir ci-dessus, note 4)

riens membres du Groupe de liaison publient les premières biographies de quelques « pères » de l'Europe[8] et, en 1986, paraît le premier numéro de la *Lettre d'information des historiens de l'Europe contemporaine / Historians of Contemporary Europe Newsletter* qui recense les travaux et publications sur la construction européenne[9]. En 1987, cette histoire en est donc à l'ère des pionniers. C'est un domaine qui reste encore largement à défricher.

L'histoire de la Haute Autorité pouvait se prêter à une étude pionnière, pour plusieurs raisons. D'une part, les archives étaient censées être accessibles aux chercheurs, au moins pour les premières années, jusqu'en 1957. D'autre part, comme l'institution n'existait plus en tant que telle depuis vingt ans (depuis la fusion des exécutifs), il semblait possible d'obtenir une ouverture des archives de la période suivante – au moins des archives communautaires – avant l'échéance des trente ans. Par ailleurs, de nombreux acteurs, membres et hauts fonctionnaires de la Haute Autorité, étaient encore parfaitement en mesure d'apporter leur témoignage sur le fonctionnement de cette institution et Dirk Spierenburg lui-même, qui avait personnellement participé à cette expérience, au plus haut niveau, depuis la négociation du traité CECA jusqu'au début des années 1960, avait une connaissance intime de nombreux dossiers. De plus, en 1987, la conjoncture politique semble favorable. La construction européenne est en pleine relance après l'arrivée de Jacques Delors à la présidence de la Commission et l'adoption de l'Acte unique. L'Europe a le vent en poupe, le climat est à l'optimisme et, du point de vue des institutions communautaires, il pouvait sembler intéressant d'encourager les recherches sur un organisme précurseur.

Le démarrage du chantier sur l'histoire de la Commission se fait en 2001-2002 dans des conditions très différentes. Entre-temps, l'histoire de la construction européenne a progressé à pas de géant. En vingt ans, depuis sa création, le Groupe de liaison a organisé neuf grands colloques scientifiques internationaux et, depuis 1995, il publie la *Revue d'histoire de l'intégration européenne / Journal of European Integration History*. Un autre réseau international est très actif dans ce domaine de recherche : lancé en 1989 par René Girault, professeur à la Sorbonne, il est dirigé ensuite par Robert Frank et travaille sur le thème des « Identi-

---

8 Gilbert Trausch, *Joseph Bech, un homme dans son siècle*, Luxembourg, Imprimerie Saint-Paul, 1978 ; Raymond Poidevin, *Robert Schuman, homme d'État (1886-1963)*, Paris, Imprimerie nationale, 1986 ; Hans Peter Schwarz, *Adenauer. Der Aufstieg (1876-1952)*, Stuttgart, Deutsche Verlags-Anstalt, 1986. Le deuxième volume de cette biographie : *Adenauer. Der Staastsmann (1952-1967)* paraît en 1991.

9 Publiée par le Groupe de liaison. La rédaction est assurée par Michel Dumoulin (université de Louvain-la-Neuve).

tés européennes » pris dans un sens très large. Un bilan est fait dans ce cadre en 1999 avant de définir un nouveau programme intitulé « Espaces et temps de l'Europe ». De nouveaux travaux biographiques sur les « pères » de l'Europe, notamment sur Jean Monnet ou Paul-Henri Spaak, voient le jour. Au cours des années 1990, une frénésie de recherches sur l'intégration européenne s'empare des universités, en partie – mais pas seulement – à cause de la création des chaires Jean Monnet. Les enseignements sur l'Europe se multiplient, des thèses sont lancées et soutenues. Les archives des États membres et – peut-être dans une moindre mesure – celles de la Communauté sont largement exploitées. En 2000, le 50e anniversaire de la déclaration Schuman donne lieu à de nombreuses manifestations scientifiques[10]. Les grandes lignes de la construction européenne sont établies et l'histoire des institutions n'est pas en reste : notamment dans le réseau sur les Identités européennes, un groupe de chercheurs aborde ce thème à l'occasion de plusieurs colloques[11]. Le moment peut donc sembler venu d'approfondir les connaissances en ciblant la recherche sur des sujets pointus et en développant de nouvelles approches.

La conjoncture politique est, elle aussi, très différente de celle de 1987. Comme l'écrit Jacqueline Lastenouse dans sa contribution à cet ouvrage, « le climat est morose à ce moment-là. La Commission vit mal la rupture […] que représente la démission de la Commission Santer en mars 1999 »[12]. Mais la mise en route de la Commission Prodi a suscité beaucoup d'espoir. Début 2000, des négociations sont ouvertes avec tous les États candidats à l'adhésion (à l'exception de la Turquie), notamment avec dix pays d'Europe centrale et orientale. Le traité de Nice signé en février 2001 ne réalise certes pas la grande réforme institutionnelle qui semble indispensable mais fixe les règles de fonctionnement de l'Europe à vingt-sept et ouvre ainsi la voie au grand élargisse-

---

[10] Il ne peut être question de faire ici l'inventaire de l'ensemble des publications sur l'intégration européenne parues entre 1987 et 2002. Un bilan historiographique a été fait à l'occasion du colloque de Rome de 2007, organisé par le Groupe de liaison en coopération avec des chercheurs du groupe sur les Identités européennes. Voir les actes de ce colloque (vol. 12 dans la série du Groupe de liaison) : Wilfried Loth (dir.), *Experiencing Europe. 50 Years of European Construction 1957-2007*, Baden-Baden, Nomos, 2009 ; même ouvrage en français : *L'expérience européenne. 50 ans de construction de l'Europe. 1957-2007. Des historiens en dialogue*, Bruxelles, Bruylant, 2010.

[11] Les travaux de ce groupe ont donné lieu à plusieurs publications, notamment : Marie-Thérèse Bitsch, Wilfried Loth, Raymond Poidevin (dir.), *Institutions européennes et identités européennes*, Bruxelles, Bruylant, 1998 ; Marie-Thérèse Bitsch (dir.), *Le couple France-Allemagne et les institutions européennes*, Bruxelles, Bruylant, 2001 ; Wilfried Loth (dir.), *La gouvernance supranationale dans la construction européenne*, Bruxelles, Bruylant, 2005.

[12] Voir plus loin la contribution de Jacqueline Lastenouse.

ment à l'Est. En même temps, l'Union européenne prépare la mise en circulation de l'euro prévue pour janvier 2002. Elle développe aussi les activités des piliers intergouvernementaux : après la crise au Kosovo, elle définit une Politique européenne de sécurité et de défense et, après les attentats de New-York du 11 septembre, elle accélère la mise en place d'un Espace de liberté, de justice et de sécurité. L'Union européenne est donc en train de changer de nature et de dimension et il n'est pas exclu que la Commission ait cherché à affirmer son identité et sa légitimité, en mobilisant la mémoire de l'institution. Mais les historiens n'ont pas besoin de stimulations ou de justificatifs politiques pour s'intéresser au passé, ce qui est leur vocation.

C'est donc dans ce contexte, marqué par un climat politique ambivalent et par un fort intérêt des historiens pour la construction européenne, qu'est lancée l'histoire de la Commission. Comme le rappelle Jacqueline Lastenouse, la décision de susciter une recherche sur sa propre histoire est prise par la Commission, à la fin de l'année 2000. L'appel d'offres est lancé en 2001 et c'est un consortium d'historiens constitué autour de Michel Dumoulin, professeur à l'université de Louvain-la-Neuve, qui emporte la mise. Avec cet appel d'offres, l'implication de la Commission est beaucoup plus nette que pour l'histoire de la Haute Autorité. D'une part, elle prévoit un soutien financier conséquent. D'autre part, elle oriente les travaux, dans la mesure où elle souhaite une « histoire interne », mettant en valeur les « mémoires » de la Commission et s'appuyant largement, sinon exclusivement, sur des témoignages d'anciens responsables, commissaires et fonctionnaires des années 1958-1972. Évidemment, ces « exigences » de la Commission ne sont pas perçues par les historiens comme une contrainte mais bien plutôt comme une opportunité d'avoir accès à de nouvelles sources, susceptibles de permettre une meilleure compréhension et de renouveler leur approche méthodologique de l'histoire de l'intégration européenne.

La méthode de travail des deux équipes

L'histoire de la Haute Autorité et l'histoire de la Commission sont toutes deux le fruit d'un travail collectif. Mais les deux équipes n'ont ni la même dimension, ni la même structure, ni le même fonctionnement.

Dans le premier cas, le noyau dur de l'équipe est constitué par le tandem Spierenburg – Poidevin, un diplomate et un universitaire, « en principe deux personnages antinomiques » à en croire Jacques Delors qui précise que la Commission était justement « séduite par l'idée originale d'associer un acteur direct et un historien »[13]. En fait, si les

---

[13] Voir Dirk Spierenburg, Raymond Poidevin, *op. cit.*, préface de Jacques Delors, p. VII.

deux hommes décident de travailler ensemble, c'est qu'ils pensent pouvoir être complémentaires et la confiance entre eux s'est établie très vite. Il semble que Dirk Spierenburg appréciait l'indépendance d'esprit et la rigueur intellectuelle de Raymond Poidevin. Ce dernier, qui avait pu se montrer méfiant à l'égard des sources orales, était convaincu de l'honnêteté foncière de Spierenburg et de l'intérêt de ses témoignages pour l'historien. En six ans, ils se sont rencontrés plus de trente fois, le plus souvent à Bruxelles, pour des réunions de travail souvent étalées sur deux journées consécutives. Ils se sont aussi beaucoup téléphoné (c'était avant l'ère de l'internet triomphant). Ce sont eux qui ont établi le synopsis de l'ouvrage, d'un commun accord, ils ont discuté longuement de chaque chapitre et ils ont gardé la maîtrise de la rédaction.

Les deux coauteurs ont obtenu la coopération de quelques jeunes historiens qui ont effectué des recherches dans des fonds d'archives sur quelques questions ponctuelles. Dans l'ensemble, cette expérience a été mitigée, les informations fournies n'étant pas toujours suffisamment vérifiées ou référencées ou interprétées de manière fiable en fonction du contexte. Il en sera tenu compte au moment de la préparation de l'histoire de la Commission. Parmi les jeunes historiens, un chercheur néerlandais, Jef Schram, a joué un rôle important, à la fois pour dépouiller des archives néerlandaises et britanniques et pour rédiger avec Spierenburg les chapitres techniques de l'ouvrage. Ceux-ci ont été écrits en anglais, puis traduits en français par une jeune Belge, Sophie Haupert.

Il revenait à Raymond Poidevin de rédiger, en français, les chapitres plus politiques. Il a aussi consulté personnellement beaucoup de sources d'archives, notamment celles de la Haute Autorité de la CECA aux Archives historiques des Communautés européennes à Bruxelles. Au cours de leurs séances de travail, les deux auteurs ont confronté systématiquement les informations provenant des documents écrits avec les « souvenirs » de Spierenburg. En cas de divergences, les sources écrites étaient censées l'emporter sur les sources orales. Mais, en cas d'incertitude, les deux auteurs se sont efforcés aussi de recouper leurs informations avec le témoignage d'autres acteurs, qu'il s'agisse de sources orales déjà existantes ou d'interviews réalisées spécialement en vue de leur ouvrage[14]. De plus, au coup par coup, sur des questions précises, d'autres témoins pouvaient être consultés, parmi lesquels Edmond Wellenstein, ancien secrétaire général de la Haute Autorité, semble avoir été particulièrement sollicité. Ainsi, la complémentarité entre sources écrites et sources orales et entre témoignages de multiples

---

[14] *Ibid.* Voir p. 878 la liste des 12 interviews réalisées spécialement en vue de l'ouvrage sur la Haute Autorité.

acteurs a été poussée beaucoup plus loin que l'inventaire des sources (aux pages 873 à 879 de l'ouvrage) ne pourrait le laisser penser. En ce sens, l'histoire de la Haute Autorité de la CECA constitue un jalon important pour la méthodologie de l'histoire de l'intégration européenne entre les Actes du colloque de Rome de 1987 où les études des historiens et les témoignages des acteurs sont juxtaposés et le premier volume de l'histoire de la Commission européenne où la mémoire de l'institution est supposée constituer la base essentielle du récit.

Pour faire face aux exigences de cette nouvelle méthodologie, l'équipe de l'histoire de la Commission européenne devait être beaucoup plus large et mieux structurée. Il convient d'ailleurs de parler plutôt « des équipes » (au pluriel) car plusieurs groupes ont coopéré selon des synergies assez complexes.

Au cœur du dispositif, le groupe plurinational des historiens confirmés comprend sept professeurs d'université[15]. Spécialisés dans l'histoire de l'intégration européenne, pratiquement tous titulaires d'une chaire Jean Monnet et membres du Groupe de liaison, ils ont aussi tous plus ou moins participé aux programmes de recherches sur les Identités européennes. Ils se connaissent bien et ils ont déjà eu l'occasion de travailler ensemble, parfois de manière très étroite. Il leur revient de réfléchir à la conception d'ensemble du chantier en partant du cahier des charges, de se répartir les interviews des acteurs en tenant compte des compétences linguistiques, de parfaire progressivement le synopsis initial, de faire éventuellement certaines recherches dans les archives et de rédiger les chapitres de l'ouvrage qui leur sont impartis. À leurs côtés, une dizaine de jeunes chercheurs[16], doctorants en histoire et bénéficiaires d'une bourse de la Commission, sont chargés de missions précises mais assez larges : dépouiller certains fonds d'archives et faire des photocopies pour les professeurs, participer aux interviews, les préparer et les transcrire, rédiger certains encarts, voire exceptionnellement une partie de chapitre. Les jeunes chercheurs sont encadrés par les professeurs et, avant d'être opérationnels, ils ont bénéficié d'une véritable formation dans le cadre de séminaires organisés pour eux par les professeurs. Au total, les historiens se sont rencontrés une dizaine de fois, à Bruxelles ou à Louvain-la-Neuve, chaque fois pour deux voire trois journées de travail. Des contacts fréquents par e-mail ont également été instaurés.

---

15 Autour de Michel Dumoulin (Louvain-la-Neuve), Marie-Thérèse Bitsch (Strasbourg), Gérard Bossuat (Cergy-Pontoise), Éric Bussière (Paris 4), Wilfried Loth (Essen), Jan van der Harst (Groningue), Antonio Varsori (Padova).

16 *La Commission européenne. 1958-1972*. Voir les noms des jeunes chercheurs, p. 619-620.

À côté des « académiques », des hauts fonctionnaires de la Commission ont joué un rôle important. Un « comité d'accompagnement », constitué d'anciens hauts fonctionnaires[17], a assisté à certaines réunions de l'équipe des historiens qu'il a accompagné dans sa réflexion et son travail d'élaboration de l'ouvrage et, surtout, il a établi une liste de personnalités susceptibles d'apporter leur témoignage. Environ 120 interviews d'acteurs ont pu ainsi être réalisées[18]. Ces sources orales créées massivement, ces « archives provoquées » pour reprendre l'expression de Michel Dumoulin, représentent l'élément le plus original de cette entreprise. Toutefois, ces abondantes archives orales n'ont pas exclu le recours aux sources écrites, lorsque les premières comportaient des lacunes. Comme toujours, les historiens ont dû confronter les informations de différentes provenances avant de rédiger leurs chapitres respectifs. Ces textes ont été ensuite soumis à un « comité de suivi » ainsi qu'à « un comité *ad hoc* » de hauts fonctionnaires qui ont assuré la relecture et, dans certains cas, suggéré des modifications. Michel Dumoulin introduit à ce propos la notion d'« interprétation négociée »[19], ce qui ne signifie pas que la Commission a imposé son point de vue, ni même qu'il y a eu compromis entre sensibilités divergentes. Mais, face à des sources, écrites ou orales, qui comportent des lacunes ou qui ne se recoupent pas exactement, l'historien cherche toujours à ajuster sa vision, à s'approcher au plus près d'une vérité, sachant que l'histoire n'est pas une réalité brute mais une construction intelligible et plus ou moins subjective, même si intellectuellement honnête.

Pour les deux ouvrages, le travail collectif a incontestablement facilité la confrontation de sources multiples, écrites et orales, qui souvent apportent des informations complémentaires : tout n'est pas dans les archives mais celles-ci restent irremplaçables de même que les témoignages qui apportent des éléments que l'écrit ne recèle pas. De plus, les deux expériences, la deuxième surtout, s'avèrent importantes pour la transmission du savoir (les connaissances sur l'histoire de l'intégration européenne), du savoir chercher (les méthodes d'investigation et de confrontation des sources) et du savoir travailler en équipe (coopération entre générations et entre historiens et acteurs).

Quelques remarques sur les apports de deux livres

Les deux études explorent de nombreux aspects de la vie de ces institutions et les deux s'intéressent aux mêmes genres de problèmes. Sans chercher à tous les énumérer ici, il est possible d'indiquer une dizaine de

[17] *Ibid.*, p. 28, note 3, liste des membres du comité d'accompagnement.

[18] *Ibid.*, p. 599-602, liste des entretiens.

[19] *Ibid.*, introduction de Michel Dumoulin, p. 27.

thèmes importants qui, dans les deux cas, ont retenu l'attention des historiens. Cependant, si les deux livres sont proches par les questions posées et le type d'informations apportées, ils se différencient aussi par quelques éléments.

Les deux ouvrages décrivent la mise en place de l'institution concernée (y compris les péripéties de la querelle du siège) ainsi que son organisation et son fonctionnement. Ils analysent le processus de prise de décision interne et montrent, tous deux, que le principe de collégialité affirmé dans les traités n'est pas toujours facile à mettre en œuvre. Les deux insistent aussi sur l'originalité de l'institution qui est – pour reprendre le titre du chapitre 9 de l'histoire de la Commission – « un nouveau type d'autorité publique »[20]. Ils mettent en évidence le rôle d'initiateur joué par les deux institutions, qui doivent faire preuve de créativité car il y a constamment des défis à relever. Cet aspect a déjà été souligné dans le compte rendu sur l'*Histoire de la Haute Autorité* paru dans le premier numéro de la *Revue d'histoire de l'intégration européenne* qui notait : « À la lecture de l'ouvrage, se dégage l'impression que la vie de la Haute Autorité est, dans un premier temps du moins, une invention de tous les jours[21]. » C'est exactement ce que dit aussi Michel Dumoulin dans l'histoire de la Commission lorsqu'il intitule son introduction : « Une invention de chaque jour »[22]. Les deux livres s'attachent aussi à présenter les hommes qui font vivre ces institutions ainsi que les organigrammes des administrations qui sont souvent remaniés et tous deux accordent une large place aux questions financières et budgétaires. Par ailleurs, ils expliquent bien le jeu interinstitutionnel au sein des Communautés, surtout les relations entre la Haute Autorité ou la Commission avec le Conseil – et donc aussi avec les États membres – relations qui sont parfois tendues, encore davantage dans le cadre de la CECA que de la CEE. Enfin, les deux ouvrages étudient longuement les politiques menées qui sont évidemment plus nombreuses et variées dans le cas de la Commission. En soulignant l'intérêt que les deux institutions accordent aux relations extérieures (avec les pays tiers, avec les organisations internationales), ils montrent que ni l'une ni l'autre des deux institutions n'a l'intention de se laisser enfermer dans un rôle purement économique ou technocratique. Cette énumération permet de voir que les deux livres restent centrés sur leur objet d'étude, c'est-à-dire sur l'institution qui constitue l'exécutif

20 *La Commission européenne. 1958-1972*, p. 189.

21 Marie-Thérèse Bitsch, « La première institution supranationale : du nouveau sur l'histoire de la Haute Autorité de la Communauté européenne du charbon et de l'acier », in *Revue d'histoire de l'intégration européenne*, 1995, vol. 1, n° 1, p. 132.

22 *La Commission européenne. 1958-1972*, p. 17.

communautaire. Ils ont évité l'écueil d'une dérive vers l'histoire générale de la construction européenne qui pouvait être une tentation.

Si les centres d'intérêt sont les mêmes, les deux ouvrages se distinguent surtout par la forme, le style, le ton, par l'équilibre interne entre les différents thèmes, sans parler des plans qui obéissent à des logiques légèrement différentes[23]. Les caractéristiques matérielles déjà évoquées dans l'introduction (format, qualité du papier et de l'impression, usage ou non de la couleur...) font de l'*Histoire de la Haute Autorité* un livre classique, « sérieux », qui n'est pas sans rappeler certaines thèses et de celle de *La Commission européenne* un ouvrage qui pourrait s'apparenter aux livres d'étrennes. Mais son côté attractif est lié aussi à des options concernant son contenu : la présence d'images et notamment de caricatures, qui parlent souvent autant qu'un texte, rend l'ouvrage plus concret, plus vivant, presque ludique et donc aussi plus accessible à un large public. De même, les encarts présentant par exemple des organigrammes ou des chronologies introduisent du rythme et facilitent la lecture. Par ailleurs, même si les deux sujets sont abordés dans les deux livres, l'ouvrage sur la Commission accorde une place particulièrement large aux hommes en leur consacrant plusieurs chapitres et de nombreuses photos, l'ouvrage sur la Haute Autorité comporte d'importants développements sur des questions techniques assez ardues (la production d'acier, le marché du charbon, les transports...). Enfin, la tonalité générale des deux livres n'est pas la même. Il semble que le premier, tout en rappelant aussi les succès de la Haute Autorité, ne minimise aucune de ses difficultés ni aucun de ses échecs (conflits avec les gouvernements et avec les cartels, impossibilité de régler des problèmes comme la crise charbonnière, déclin de l'institution dès l'entrée en vigueur des traités de Rome...). Le deuxième, même s'il parle aussi des tensions et des faiblesses, semble globalement moins critique. D'où viennent ces nuances ? D'une différence de recul historique par rapport à une institution qui a disparu et une autre qui est en train de s'affirmer ? De la nature des sources ? Sans doute, l'option prise de privilégier les témoignages des acteurs n'est pas sans influencer la perception d'ensemble de l'histoire interne de la Commission.

---

[23] Les deux ouvrages ont adopté un plan à la fois chronologique et thématique. L'*Histoire de la Haute Autorité* comporte six parties dont la première porte sur les négociations du traité CECA et les cinq suivantes sur les cinq présidences successives, avec à l'intérieur de chaque partie chronologique des chapitres thématiques. Le livre sur *La Commission européenne* est divisé en deux grandes parties. Dans la première, des chapitres présentant les étapes chronologiques alternent avec des chapitres consacrés aux acteurs. La deuxième comporte quatorze chapitres consacrés aux différentes politiques mises en œuvre par la Commission, avec à l'intérieur de chaque chapitre thématique une progression chronologique.

En guise de conclusion

Pour finir, une dernière comparaison au sujet du lancement des deux ouvrages peut être esquissée à l'intention des historiens qui écriront un jour l'histoire des *Histoires* des institutions européennes. L'*Histoire de la Haute Autorité* a été présentée le 29 juin 1993 au cours d'une cérémonie très sobre organisée dans un amphithéâtre d'un bâtiment du quartier européen de Bruxelles. Le président de la Commission, Jacques Delors, a fait un discours relativement long devant une salle bondée et, à la sortie, un exemplaire de l'ouvrage a été remis à chacune des personnes présentes. Pour le livre sur *La Commission européenne*, la liturgie a sensiblement changé. C'était le 2 octobre 2007, toujours à Bruxelles, toujours devant une assemblée nombreuse. Mais, après le discours du président José Manuel Barroso, il y en a plusieurs autres et la cérémonie s'est terminée par une réception mais pas de distribution de livres. Ces deux scénarios, avec ou sans livres offerts, amènent à poser la question de la diffusion et de l'audience de ces ouvrages, sans doute l'une des plus délicates à résoudre pour l'historien.

Entre mémoire et histoire

Michel DUMOULIN

Depuis le mois d'octobre 2009, un groupe de chercheurs baptisé Histcom 2 et composé d'historiens, politologues, économistes et juristes, est réuni dans le cadre d'un projet dont l'objectif, sur la base d'un marché passé avec la Commission européenne, est la « recherche et la collecte de témoignages afin d'écrire une histoire de la Commission européenne vue de l'intérieur pour la période 1973-1986 »[1]. Ce projet est coordonné par le Centre d'étude d'histoire de l'Europe contemporaine (CEHEC) de l'Université catholique de Louvain[2].

Ce projet comprend une première phase relative à la collecte d'environ 250 témoignages d'anciens fonctionnaires européens, à leur transcription et à leur validation, de même qu'à leur traduction, le cas échéant, vers l'anglais ou le français. Ces témoignages ont fait, en amont, l'objet d'un travail considérable visant à établir une liste de témoins potentiels la plus respectueuse possible des nationalités et, surtout, des fonctions occupées durant la période concernée. Sur la base d'une première liste dressée grâce aux organigrammes ainsi qu'à l'obligeance d'anciens fonctionnaires, attentifs, comme les chercheurs, au fait que les documents officiels ne rendent qu'imparfaitement compte des réalités du terrain, une première série d'interviews a été réalisée. Les contacts noués à la faveur de ces rencontres ont permis d'élargir progressivement le cercle des témoins potentiels, en veillant le plus possible à recueillir prioritairement des témoignages portant sur des secteurs d'activité de la Commission peu ou pas couverts par les témoignages précédents.

En plus de l'énorme travail de coordination qu'exige la conduite à bonne fin de ce travail de collecte, il faut relever deux difficultés. La principale est le refus que certains témoins potentiels opposent à la demande d'interview qui leur est adressée par Histcom 2, demande qu'accompagne une lettre circonstanciée de la secrétaire générale de la Commission. L'autre difficulté découle de tristes circonstances. Plusieurs témoins ayant marqué leur accord d'être interrogés sont malheu-

1 Appel d'offres SG/R/1-2009-01-PO.

2 Voir http://www.uclouvain.be/cehec.html.

reusement décédés avant d'avoir pu témoigner. D'autres n'ont pas eu, pour le même motif, la possibilité de revoir et avaliser la transcription de leurs propos, ce qui ne va pas sans poser un sérieux problème juridique au point de vue de l'utilisation de ceux-ci par les chercheurs. Au-delà, force est une fois encore de constater qu'il y a urgence à recueillir au plus vite la mémoire des témoins.

Les témoignages recueillis, à condition que leurs producteurs aient marqué leur accord formel, sont destinés à remplir deux objectifs.

Dans un premier temps, il s'agit de nourrir, ensemble avec les éléments d'information issus d'archives publiques et privées ainsi que de la littérature scientifique existante, la rédaction d'une histoire de la Commission européenne entre l'inauguration de la commission Ortoli en 1973 jusqu'à l'Acte unique en 1986. Dans un deuxième temps, ces témoignages sont destinés à être remis par la Commission européenne aux Archives historiques de l'Union européenne à Florence où ils iront enrichir un corpus d'archives orales d'ores et déjà accessible en ligne aux chercheurs ainsi qu'à un plus large public.

La deuxième phase du projet consiste dans la rédaction d'un ouvrage collectif qui, à condition d'avoir reçu l'aval de la Commission, elle-même soucieuse de s'entourer d'avis, conseils et commentaires recueillis auprès d'anciens fonctionnaires, sera publié en 2014.

Le projet en cours étant au milieu du gué, il n'y a pas lieu de s'étendre outre mesure sur son contenu, d'une part ; ses aspects organisationnels, d'autre part. Nonobstant ce souci, il importe de dire que le projet Histcom 2 a bénéficié de l'expérience accumulée au fil d'un premier projet intitulé Histcom 1 qui visait lui aussi à collecter des témoignages en vue d'écrire une histoire de la Commission entre 1958 et 1972.

C'est davantage à cette première expérience que ces pages sont consacrées. Elles cherchent à mettre en lumière ce qui constitua bel et bien une aventure dans la mesure où les protagonistes furent conduits à baliser le terrain au fur et à mesure de la progression d'un projet hésitant perpétuellement entre la réalisation d'un travail de mémoire et d'un travail d'histoire. C'est pourquoi, forte de l'expérience d'Histcom 1, la Commission européenne a d'emblée mis en place dans le cadre d'Histcom 2 un dispositif destiné à anticiper si possible un grand nombre de problèmes. Au plan de la collecte des témoignages, de la recherche documentaire, de la rédaction d'un manuscrit, de la recherche iconographique liée à celle-ci, le travail est coordonné par une équipe active au sein du CEHEC en étroite collaboration avec tous les membres d'Histcom 2 qui disposent notamment des ressources d'une plateforme technologique (Alfresco) qui accueille les importants matériaux documentaires qui y sont déposés progressivement. Les anciens fonctionnaires sont pour leur part constitués en un comité des anciens qui a désigné des représentants assurant l'interface avec Histcom 2 et la Commission. Au niveau de celle-ci, le secrétariat général assure la coordination d'ensemble grâce à la mise sur pied d'un comité de suivi qui associe, sous sa direction, le responsable scientifique du projet, les représentants du comité des anciens ainsi que d'autres interlocuteurs dont le rôle est déterminant pour la bonne fin du projet, à savoir et notamment le service des archives de la Commission et la médiathèque. Ajoutons que la dimension éditoriale du projet, y compris au point de vue de la diffusion du produit fini ont d'ores et déjà fait l'objet d'une réflexion.

Ce qui précède peut donner l'impression que les préoccupations de nature scientifique cèdent le pas à la dimension institutionnelle du projet. Il n'en est rien. Dans le cas d'espèce, celui-ci exige en effet un encadrement qui tient de la gageure attendu que, comme nous l'exposerons plus avant, elle réunit trois acteurs dont la culture d'entreprise n'est pas uniforme. Les anciens fonctionnaires, forts de leur expérience, ont un point de vue le plus souvent très tranché sur ce qu'a été, ce qu'est devenue et ce que devrait être la Commission. Celle-ci, de son côté, a fort naturellement évolué par rapport à la situation qui prévalait dans les années 1970 et 1980. Cela peut impliquer aujourd'hui, faute d'une culture de la mémoire, une incompréhension, voire une totale ignorance de passé qui creuse un fossé entre la Commission et certains parmi ses anciens. Les chercheurs, de leur côté, jaloux de leur liberté académique ne sont pas toujours enclins à entrer dans la voie d'un dialogue avec la Commission et ses anciens fonctionnaires.

Cela étant, l'exercice auquel nous nous livrons ici est difficile dans la mesure où nous sommes, à cette occasion, à la fois juge et partie. Le risque est donc grand de succomber à la tentation de livrer ce qui pourrait être assimilé à un chapitre des hypothétiques mémoires d'un historien en mal de confidences ! Non sans veiller à déjouer ce piège, il importe néanmoins de préciser une fois pour toutes que nous avons modestement engrangé au fil du temps une expérience en matière d'histoire d'institutions publiques et privées, voire en matière de projets de nature muséologique, qui a servi et continue de servir dans le cadre d'Histcom 2. Parmi ces expériences figure celle du projet Histcom 1. À cet égard, il importait d'apprécier la question de la publicité à donner ou, au contraire, de la discrétion à observer, en matière d'utilisation de documents somme toute récents relatifs aux deux expériences sous rubrique. L'objectif étant d'apporter un éclairage sur la conception et le déroulement d'une entreprise qui, en dépit de ses faiblesses, a permis d'engranger des résultats significatifs et a ouvert la voie à une seconde expérience mieux préparée, il nous paraît que tout peut être dit, sous réserve de ne pas dévoiler l'identité précise de certains protagonistes.

Ces précisions étant apportées, il convient de replacer Histcom 1 en perspective.

Petit retour en arrière

Le 30e anniversaire des traités de Rome donne lieu dans cette même ville, du 25 au 28 mars 1987, à l'organisation d'un colloque international au cours duquel, sous l'égide du Groupe de liaison des historiens auprès des Communautés, la plupart des chercheurs alors engagés dans des travaux portant sur l'histoire des débuts de la construction européenne présentent une communication. Mais ce colloque romain a aussi la particularité, cinq ans après le colloque de Luxembourg qui jette les bases d'une action visant à développer la dimension historienne des études européennes[3], de réunir un nombre considérable d'acteurs et de témoins de la relance de 1955 puis des négociations qui conduisirent à la signature des traités de 1957. Les interventions de ces protagonistes, fort heureusement reproduites dans le volume reprenant les actes du colloque, sont l'occasion de quelques controverses, pour utiliser un langage diplomatique, mettant en lumière le fossé qui pouvait exister entre les historiens produisant des documents provenant d'archives nationales et des acteurs ayant tendance à revisiter l'histoire en dépit, ou à cause, de ces mêmes documents dont ils avaient été jadis les auteurs[4].

L'existence de ces controverses n'a, dans l'absolu, rien de surprenant. L'histoire orale est alors en pleine expansion[5]. Dans ce contexte, la tension entre historiens et témoins est monnaie courante. Ce qui, par contre, constitue une nouveauté est le fait qu'historiens et témoins se livrent à une confrontation à propos de l'histoire des débuts de la construction européenne qui constitue encore un domaine de la recherche historique quasiment vierge. Il suffit de consulter l'orientation

---

3 Organisé par la Commission des Communautés européennes, plus particulièrement l'Information Universitaire (DG X), et le Centre universitaire de Luxembourg les 28 et 29 janvier 1982, ce colloque traite des archives publiques, privées et communautaires, de l'état de l'historiographie et des perspectives de recherche, et réunit des « témoins de l'histoire ». Voir « Les historiens et l'étude de l'Europe », in *Nouvelles universitaires européennes*, n° 121, avril 1982, p. 2-3.

4 Enrico Serra (dir.), *Il rilancio dell'Europa e i trattati di Roma. Actes du colloque de Rome, 25-28 mars 1987*, Bruxelles et Baden-Baden, Bruylant et Nomos Verlag, 1989.

5 Voir l'état des lieux que dresse Michel Trebitsch, « Du mythe à l'historiographie », in Danièle Voldman, « La bouche de la vérité. La recherche historique et les sources orales », *Les cahiers de l'IHTP*, n° 21, 1992, p. 13-32.

bibliographique proposée par Pierre Gerbet en annexe à son ouvrage pionnier consacré à *La Construction de l'Europe* publié en 1983[6] pour s'en rendre compte. L'écriture de l'histoire récente soucieuse de reconstituer les évènements et leurs enchaînements en cherchant à les expliquer est essentiellement l'apanage des politologues.

Cette situation évolue durant les années 1980 grâce à l'ouverture progressive des archives publiques dans plusieurs États. Mais le corollaire de cette ouverture est la naissance d'une historiographie dont les premiers temps sont caractérisés par une approche nationale très largement inspirée de l'histoire diplomatique du fait du recours aux archives des ministères des Affaires étrangères nationaux.

Si, comme l'illustre la production historiographique de plus en plus abondante qui fleurit à partir des années 1980, l'histoire de la construction européenne que certains qualifient d'intégration ou encore d'unification, devient bel et bien un champ de la recherche ainsi qu'une matière d'enseignement universitaire, il faut aussi constater que les institutions européennes échappent à l'attention des historiens. Les motifs de cette abstention sont multiples. L'histoire institutionnelle en général est passée de mode. Ensuite, l'ignorance assez généralisée, y compris dans les milieux universitaires, de la nature et du rôle des institutions européennes, contribue à nourrir une représentation du « Marché commun » à la fois floue et lointaine qui ne séduit pas les chercheurs potentiels. En outre, ceux-ci, pour le dire crûment, justifient souvent par des arguments de déontologie ce qui est en fait un manque d'empressement provoqué par la perspective d'avoir à affronter la complexité de la machine communautaire ainsi que la technicité des dossiers. Mais il y a lieu de dire aussi, à décharge, que les historiens n'ont guère accès, dans les années 1980, aux archives des institutions européennes et continuent donc d'exploiter celles de leurs États respectifs.

L'obstacle que constitue le manque d'accès aux archives des institutions est un des facteurs permettant de comprendre pourquoi, dans un environnement général séduit par l'histoire du temps présent, le recours aux témoignages oraux est encouragé. Avec le risque, évoqué plus haut, d'entendre dire l'histoire par des acteurs d'hier devenus non seulement des témoins mais aussi les gardiens d'une mémoire.

Tandis que l'Action Jean Monnet qui concerne aussi les historiens entre en application en 1990, le Groupe de liaison des historiens multiplie les colloques et édite bientôt le *Journal of European Integration History* (1995) qui assure le relais d'*Historiens de l'Europe contemporaine* (1984). Mais ce ne sont là que les manifestations les plus

---

6 Paris, Imprimerie nationale, collection « Notre siècle ».

visibles du développement significatif de la recherche en matière d'histoire de la construction européenne.

Vers la collecte de témoignages oraux

C'est dans le contexte qui vient d'être brièvement évoqué que dix ans après la commémoration de 1987, un nouveau colloque est organisé à Rome les 26 et 27 mars 1997 à l'occasion du 40e anniversaire des traités. Il est mis sur pied par la Commission européenne en collaboration avec le Conseil universitaire européen pour l'Action Jean Monnet dont le président, Émile Noël, décédé en août 1996, avait pris l'initiative. La philosophie de la rencontre est différente de celle de 1987. En effet, les quatre séances respectivement consacrées à la mise en place des traités dans les années 1960, les avancées et crises de la période 1970-1984, la relance des années 1984-1990 et l'après-Maastricht, sont introduites par un président et deux rapporteurs académiques « chargés de poser les bonnes questions aux témoins, c'est-à-dire celles susceptibles de provoquer des témoignages inédits sur des évènements de la période concernée »[7]. Deux présidents sur quatre sont des témoins (Pierre Pescatore et M. Léo Tindemans). Les rapporteurs sont essentiellement des juristes et des politologues.

Ce colloque qui offre par ailleurs l'occasion de procéder à l'interview individuelle de la quasi-totalité des 45 témoins présents par des historiens participant à la manifestation, sert aussi à lancer l'idée de poursuivre cet exercice de collecte de témoignages avec le concours des professeurs titulaires d'une chaire Jean Monnet en histoire de l'intégration européenne[8]. Ce projet verra le jour sous la forme d'une action baptisée « Voix sur l'Europe » dont la mise en œuvre, souhaitée dès l'automne de 1997[9], n'est finalement lancée qu'en décembre 1998 à l'occasion d'une réunion, à Bruxelles, des 39 responsables d'une chaire Jean Monnet en histoire[10].

---

7 « Rome 1957-1997 : un anniversaire particulièrement marquant à la veille d'une nouvelle étape décisive de la construction europénne », dans *Nouvelles universitaires européennes*, n° 200, juillet 1997, p. 10.

8 *Ibid.*, p. 13.

9 *Nouvelles universitaires européennes*, n° 202, novembre 1997, p. 28.

10 *Ibid.*, n° 203-204, janvier 1999, p. 13. Réalisée par les chaires d'histoire Jean Monnet au nom de la Commission des Communautés européennes (direction générale Information éducation culture) avec le soutien technique et financier de l'Institut universitaire européen (Archives historiques de l'Union européenne), la récolte se compose de 104 transcriptions d'entretiens avec des hommes politiques, des diplomates et des hauts fonctionnaires de huit États membres, engagés dans le processus d'intégration européenne. Voir http://www.eui.eu/HAEU/FR/VOE.asp (consulté le 12 février 2012).

L'action en question permet d'engranger des résultats significatifs durant l'année 1999, année au cours de laquelle M. Romano Prodi devient président de la Commission européenne (18 septembre 1999).

L'issue positive de l'action « Voix sur l'Europe » sert de levier, durant l'année 2000 et au début de l'année suivante, à une réflexion portant sur l'organisation du recueil systématique de témoignages non plus d'acteurs nationaux mais bien d'anciens fonctionnaires de la Commission, et sur leur utilisation.

Porté, au sein de la Commission, par Mme Jacqueline Lastenouse qui mêle à une exceptionnelle connaissance du monde académique une non moins impressionnante énergie, le projet, vivement encouragé par le président Prodi, entend répondre à plusieurs objectifs. Nous nous efforçons de les résumer ci-dessous sur la base du document destiné à servir de base de discussion lors de la réunion convoquée le 13 septembre 2001 afin d'arrêter les modalités de mise en œuvre du projet. Bien que cette réunion que devait présider M. Prodi ait été annulée à cause des évènements survenus deux jours plus tôt aux États-Unis, la note, malgré des circonstances qui conduiront la Commission à confier l'exécution du projet à un consortium d'universités selon d'autres modalités que celles qui avaient été envisagées à l'origine, constitue bel et bien la matrice de l'entreprise.

À propos des motivations, tout d'abord, la note expose que :

> C'est devenu un lieu commun de dire que les citoyens de l'Union perçoivent « Bruxelles » comme étant à l'origine d'un discours technocratique et désincarné, peu soucieux des réalités quotidiennes et peu enclin au dialogue.
>
> Dans le même temps, d'intenses débats ont lieu dans les pays de l'Union européenne et dans les pays candidats à propos de la structure et du fonctionnement des institutions dont celle-ci est dotée.
>
> Ce n'est toutefois un secret pour personne que ce débat ne mobilise pas beaucoup l'attention d'un large public.
>
> Parmi les constats le plus souvent posés pour expliquer la méconnaissance, voire le désintérêt de la part du public, celui concernant la pédagogie de la construction européenne est sans doute le plus pertinent.
>
> En effet, la construction européenne a une histoire. Celle-ci a fait, continue, et continuera de faire l'objet de recherches et de publications scientifiques de haut niveau. Mais celles-ci, d'une part, sont réservées à un public restreint, et, d'autre part, se sont fort peu penchées sur l'histoire interne des institutions, agents, partenaires et témoins de la construction européenne.
>
> Ce qui constitue, aux yeux du public, une « nébuleuse » ou encore « un monstre », est en fait un ensemble cohérent constitué d'êtres de chair et de sang.
>
> Parmi les institutions, la Commission européenne, gardienne des traités, joue un rôle essentiel. Ce rôle, à la condition expresse d'en rendre la vivante

> réalité, peut intéresser un vaste public et le familiariser avec la vie politique et administrative d'une institution qui se trouve au cœur de la construction européenne.
>
> Les motifs sont donc nombreux qui justifient que des historiens se penchent sur l'histoire de la Commission, son vécu interne, son identité, ses réalisations, ses espoirs et ses déboires [...][11].

Quant aux objectifs :

> Le projet vise à publier [...] un livre de culture générale assuré d'une large diffusion commerciale, consacré à l'histoire interne de la Commission depuis ses origines jusqu'à l'installation de la Commission Ortoli le 6 janvier 1973. Cet ouvrage, qui doit reposer sur l'exploitation de sources écrites entend d'abord et surtout se baser sur l'expérience et le témoignage des acteurs car, le temps passant, le recours aux témoignages oraux est urgent.
>
> La récolte de témoignages est conçue non seulement comme constituant un corpus permettant la rédaction du livre mais également comme un enrichissement significatif du patrimoine des sources relatives à la construction européenne que conservent et rendent accessibles les Archives historiques des Communautés européennes près l'Institut universitaire européen.
>
> La mise en route du projet, son développement et son aboutissement, sont susceptibles d'encourager la réalisation d'étapes ultérieures dans le respect de la chronologie des élargissements successifs. Surtout, mais ceci échappe à la compétence de l'historien, il est permis de penser que la dynamique impulsée peut, par le biais de la reconstitution de la mémoire historique de la Commission, servir le débat interne à celle-ci sur son présent, son avenir et son identité[12].

Dans l'esprit des auteurs de la note, la réalisation des objectifs passe par le respect de deux conditions. La première est évidente. Elle concerne le recueil de sources orales. La seconde relève du souci de marier rigueur en même temps que souplesse dans l'élaboration du travail scientifique. En termes de rigueur, il est indispensable, en amont, de tenir compte, notamment, de la littérature existante, de disposer de la suite précise des organigrammes, et, sur la base de l'obtention de l'accès aux archives internes de l'Institution, de pouvoir mieux préciser le contenu des questions à adresser aux témoins. Dans le même temps, le fait que le projet implique trois types de protagonistes – historiens, anciens fonctionnaires, fonctionnaires en exercice chargés de la bonne exécution du projet – exige de la part de ceux-ci une certaine souplesse sans laquelle la structure mise en place risque d'être régulièrement paralysée.

---

11 Documentation de l'auteur, note intitulée « Une histoire vécue de la Commission des Communautés européennes (1958-1973), datée du 13 septembre 2001, p. 1.

12 *Ibid.*, p. 2.

Une histoire vécue de la Commission des Communautés européennes

C'est finalement en octobre 2002 que la Commission lance un appel d'offres général[13] dont l'objet est, d'une part, le recueil de témoignages qui une fois mis en forme et avalisés par leurs auteurs permettront, d'autre part, la rédaction d'un texte sur « l'histoire interne de la Commission sur la période 1958-1973 », produit principal destiné à faire éventuellement l'objet d'une publication.

L'appel explicite la nature du travail. Il s'agit « de faire œuvre d'historien » avec la rigueur scientifique qui doit être de mise. Quant à la responsabilité scientifique du résultat de la recherche, elle est celle de son auteur qui devra travailler en toute indépendance. Mais ajoute la Commission ; l'auteur « devra toutefois pouvoir rendre compte à celle-ci de sa démarche et de la rigueur avec laquelle il aura exploité les sources historiques à sa disposition ».

L'objet du travail est l'histoire de la Commission et non pas de la construction européenne. L'auteur devra donc « centrer son travail d'historien sur la Commission elle-même, en tant qu'acteur de l'histoire de la Communauté ». Ce choix implique que l'histoire à rédiger « couvrira tous les aspects qui permettent de donner la vision historique la plus complète possible, tant en ce qui concerne l'institution elle-même (sa création, son développement…) qu'en ce qui concerne son action (ses réflexions, prises de positions, décisions propres ; son comportement en relation avec les autres acteurs de la construction européenne…) ».

Écrite d'un point de vue interne, cette histoire doit reposer dans une large mesure sur « le recueil d'informations (témoignages écrits ou oraux) auprès des individus qui ont développé, au sein de l'institution, les logiques de comportement de celle-ci ». C'est pourquoi le texte sera amené à « confronter les sources documentaires, notamment disponibles dans les archives historiques, et le témoignage des acteurs de la première génération de la construction européenne ».

Malgré la clarté apparente de la description de l'objet du marché, une erreur est commise au départ. Elle l'est en toute bonne foi en vertu de ce qui ressemble à s'y méprendre à l'application du principe de précaution. En effet, précise l'appel d'offres sous rubrique, le marché « est limité aux travaux préparatoires et à la rédaction du texte ; l'impression et la diffusion du texte sous forme de livre (ou sous toute autre forme que la Commission estimerait appropriée), ainsi que toutes illustrations ou photos ne sont pas couvertes par le présent marché ». En clair, le travail

---

[13] SG/G/1-2002-02-PO.

éditorial ne débutera qu'à partir du moment où le texte, objet du marché, sera avalisé par la Commission. Cette manière de procéder allait créer, au plan pratique, d'énormes difficultés à toutes les parties concernées.

Mais les difficultés ne furent pas seulement de nature pratique. Comme toute entreprise visant à écrire l'histoire d'une institution, celle qui nous occupe a suscité des tensions parfois extrêmement vives à la fois au point de vue du recueil des témoignages et à celui de la rédaction. Taire ces moments difficiles serait faire injure à celles et ceux qui au fil du déroulement de l'entreprise prirent conscience de son caractère périlleux et firent en sorte qu'elle débouche sur une interprétation négociée de l'histoire de la Commission.

Sans entrer dans le détail, passons en revue quelques-unes des questions qui se posèrent au fil des quatre ans et demi qui séparent la signature du premier contrat entre le consortium universitaire mieux connu sous le nom de Histcom et la Commission européenne en mars 2003, et la présentation officielle du livre intitulé *Histoire et mémoire d'une institution. La Commission européenne, 1958-1973* le 2 octobre 2007.

De qui parle-t-on ?

D'entrée de jeu, il faut souligner que la désignation de l'objet principal du recueil de témoignages et de la rédaction de son histoire par les mots Commission européenne constitue un anachronisme. Des témoins, rejoints par les historiens, soulèvent cette question dès le départ. Ils l'agiteront à maintes reprises par la suite. En effet, avant leur fusion, il y a bien trois exécutifs, à savoir la Commission de la Communauté économique européenne (CEE), la Haute Autorité de la Communauté européenne du charbon et de l'acier (CECA) et la Commission européenne de l'énergie atomique (CEEA). Après la fusion, il subsiste un seul Exécutif qui prend le nom de Commission des Communautés européennes.

Le problème ne relève pas simplement d'une question de vocabulaire. En effet, si l'ouvrage de Raymond Poidevin et Dirk Spierenburg consacré à l'histoire de la Haute Autorité constitue une base de référence nécessaire et suffisante dans le cadre des travaux de Histcom 1[14], il n'en va pas de même de ce qu'il est convenu d'appeler Euratom. Plusieurs témoins déplorent en effet que l'angle d'attaque du projet soit marqué par une forme de condescendance envers la CEEA répétant un travers déjà dénoncé dans le passé, à savoir « une attitude condescendante de la part des agents de la CEE envers ceux de la CEEA (et de la

[14] Voir la contribution de Marie-Thérèse Bitsch dans le présent ouvrage.

CECA, probablement) qui était fréquente ». Non sans ajouter : « Cette attitude s'accentua au moment de l'implémentation de la fusion des exécutifs. Or, si le sort d'Euratom fut de ne pas avoir pu décoller véritablement, cela ne doit pas conduire à en escamoter l'existence même. »

Sans qu'il soit question d'escamotage à proprement parler, l'absence en tant que telle de la Commission CEEA dans *Histoire et mémoire d'une institution* constitue bien une lacune qui n'a été que partiellement comblée à la faveur d'un chapitre consacré à la recherche et d'un encart documentaire assez conséquent. En d'autres termes, l'« escamotage » ne résulte pas de l'absence de témoignages relatifs à Euratom mais bien du caractère beaucoup trop partiel de l'utilisation qui en est faite. Ceci pour dire qu'un chantier de la recherche historique reste à ouvrir.

Quant au titre général de l'ouvrage, il a paru préférable, malgré son caractère anachronique, d'utiliser le nom de l'institution auquel le public est accoutumé depuis les années 1990.

Recueil de témoignages

Comme souvent, ce sont les problèmes rencontrés avec une petite minorité d'individus qui laissent des traces. Près de 120 témoignages sont recueillis dans le cadre d'Histcom 1. La disponibilité, la courtoisie et l'intelligence de l'écrasante majorité des témoins marquent les historiens et contribuent à créer un climat favorable. C'est pourquoi il est regrettable que ce climat ait à pâtir du comportement d'un nombre heureusement très restreint de témoins qui, pour citer un exemple surréaliste, prétendent qu'ils n'ont jamais tenu les propos qui, retranscrits sur la base d'un enregistrement, leur sont soumis pour approbation. D'autres, surpris par l'audace de leurs déclarations demandent d'épurer, rayer ou encore réécrire leur témoignage. Surtout, les propos tenus par un ancien sont lus par un ou plusieurs de ses collègues de jadis. Cette lecture croisée enclenche généralement une dynamique qui permet de voir revenir d'autres souvenirs à la surface grâce à une sorte d'émulation de la mémoire. Las, certains témoins, ici aussi fort heureusement peu nombreux, font pression sur celui qui n'avait pas, selon eux, à rapporter tel événement alors qu'ils l'ont eux-mêmes oublié, négligé ou délibérément tu.

Si, comme nous venons de le dire, le corpus de témoignages est généralement constitué dans un très bon climat, il n'est toutefois pas utilisé de la même manière par tous les historiens liés au projet. En effet, certains d'entre eux se limitent trop souvent, pour des raisons linguistiques, aux seuls témoignages d'anciens fonctionnaires dont ils savent lire la transcription. Il est indubitable que les effets de cette carence sont considérables même si, dans une phase de relecture générale et de lissage, nous nous sommes efforcé d'introduire des amendements dont la substance provenait de témoignages malheureusement négligés.

Contenu

Les réactions sur le contenu du manuscrit élaboré progressivement ont connu trois phases. Chacune d'elle témoigne, selon l'interprétation des anciens, « du souci de la Commission de s'assurer de la conformité historique »[15] de ce qu'écrivent… les historiens. D'où la dérive qui consiste à transformer les anciens acteurs et témoins en garants de cette conformité. Mais cette interprétation n'est pas unanime. Dans l'esprit de beaucoup de témoins, le projet vise en effet à écrire « l'histoire de la Commission (des CEE) racontée par ses anciens ». Cette interprétation qui témoigne d'une volonté d'appropriation de sa propre histoire est en soi éminemment positive et démontre l'existence d'une très forte identité. Mais elle recèle le danger d'une confiscation du discours. D'où les difficultés éprouvées par les anciens assumant l'interface avec leurs anciens collègues, le chef de file de ceux-ci et le secrétariat général de la Commission lorsqu'il s'agit d'apaiser les tensions nées d'un conflit des interprétations. En effet, chacun des trois protagonistes de l'entreprise est régulièrement pris entre les feux des deux autres.

À propos de chacune des trois phases identifiées, il est permis de dire ceci.

La première est marquée par les commentaires d'un cercle restreint de témoins à propos d'une première série de contributions. Non sans conseiller à la Commission de rappeler aux chercheurs qu'ils ont à exécuter une commande[16], ces anciens considèrent qu'il n'y a pas lieu d'utiliser la littérature scientifique existante, que le recours aux témoignages est primordial, que le style doit être celui d'un « ouvrage de vulgarisation et donc davantage anecdotique » et qu'il ne devrait compter que 350 pages environ. Plusieurs auteurs réagissent très mal. Ils dénoncent l'absence de respect de leur indépendance scientifique. L'un d'entre eux écrit : « Il y a de plus en plus de contrôle de la part d'une technostructure incompétente en terme de sciences historiques et ayant même été incapable initialement de définir le type de produit final qu'elle désirait […]. Ce contrôle commence à peser […]. Nos textes devront être publiés au moins pour la Communauté scientifique même si la Commission n'en veut plus[17]. » Bref, comme nous le dit à l'époque un directeur général avec lequel nous entretenions des liens amicaux :

[15] 12 janvier 2006.

[16] Documentation de l'auteur, note de dossier du 21 février 2005.

[17] 18 juin 2005.

« Certains ne font pas la différence entre la livraison d'un travail scientifique et celle de 50 machines à laver ! »

La deuxième phase se situe après le dépôt (novembre 2005) d'un manuscrit significativement remanié qui est considéré comme complet au plan rédactionnel. Elle concerne un nombre plus considérable d'anciens choisis en fonction des compétences qui avaient été les leurs[18]. Au cours de cette phase, les réactions sont individuelles. Elles appartiennent à deux catégories. La première est celle des censeurs/ plaideurs *pro domo* ; la seconde, celle des bâtisseurs.

C'est de la première catégorie que relèvent celles et ceux qui, non contents d'intervenir dans les textes en entendant voir exécuter les modifications et suppressions qu'ils exigent, récusent certains témoignages d'anciens collègues ou déplorent amèrement que leur propre rôle ne soit pas suffisamment mis en exergue. Au point qu'un ancien directeur général annonce qu'il entend publier sa propre version de l'histoire si la Commission ne renonce pas à inclure dans la publication un chapitre que l'auteur ne voudrait pas remanier dans le sens indiqué.

Ceci pour ne rien dire des critiques exprimées à propos d'un manuscrit jugé à la fois trop scientifique et pas assez littéraire. Comme nous l'écrit un témoin :

> In my opinion – shared by some of my colleagues – the project has perhaps been conceived with too much emphasis put upon the scientific, matter-of-fact-character of the research, disregarding the highly literary nature of historiography. Benedetto Croce has brought to evidence that one without the other is condemned to failure: a part of history is the story (History and histories, Geschichte und Geschichten). Carl Jakob Burckhardt paraphrased it this way: "Grosse Gestalten in der Welt der Taten stehen zum Dichter in unldsbarer Verbindung, denn ohne ihn verlischt des Bild der Tat". One of the greatest German historians, Theodor Mommsen, received the Nobel Price for Literature alter he published his Roman History. In fact, most of the great historians, from Herodot to Golo Mann, Schiller's Abfall der Niederlande, Jacob Burckhardt, Edward Gibbon, Huizinga and all the way to our contemporaries like Herbert Lüthy, Sebastian Haffner, Joachim Fest, were brilliant writers to begin with, *écrivains, hommes de lettres d'abord*, and then, of course, also devoted to the discipline of academia.
>
> With all due respect: there is little of that in the texts presented. The listed facts don't "tell a story", they float around like dead wood: "Pflichtübungen", as we say in German. Reading this, one would not think that all this is about "the one creative act the 20th century has brought to birth", as Mitterand one said, and that is utterly regrettable, if I may say so.

[18] Il faut relever que certains textes ont fait l'objet de communications intempestives à des lecteurs extérieurs appartenant à une fonction publique nationale, française en l'occurrence, ainsi qu'au milieu académique.

> Sorry for being so frank, but here we have to do with something to which my generation has been and still is profoundly devoted and without which neither the Community would have become what it is now (nor would this project have seen the light of the day)[19].

La catégorie des bâtisseurs, de son côté, se compose de ces témoins qui fondent leurs critiques, remarques, commentaires et suggestions sur des documents de première main, rédigent des notes, encouragent de nouvelles rencontres avec les historiens. Bref, apportent à ceux-ci des compléments d'information ainsi que de nouveaux éléments de compréhension de situations dont les seules archives, les disciples de Clio le savent, ne livrent pas toujours la clé.

Vient une troisième et dernière phase. Elle se situe en février 2006. La secrétaire générale de la Commission convoque à propos de la « Mémoire historique de la Commission des années 1958-1973 » et non pas, soulignons-le, de son histoire, les membres du comité de lecture qu'elle a désignés. À une exception près, un journaliste, il s'agit exclusivement d'anciens. Pas un seul n'a une formation d'historien. Deux représentants d'Histcom assistent à la réunion. Celle-ci a trois objectifs : recueillir l'aval du comité sur l'approche de l'histoire de la Commission qui est proposée, les remarques de fond et de forme à transmettre au coordinateur d'Histcom et un « avis général sur la teneur des textes [...] transmis pour s'assurer qu'ils ne comportent pas d'erreurs historiques flagrantes »[20].

L'exercice révèle l'existence d'un problème qui peut être interprété soit comme relevant de l'absence de pédagogie du projet soit du peu d'attention prêtée par une très large partie des membres du comité de lecture aux explications qui leur ont été données. En effet, aux yeux de nombreux anciens, les objectifs du projet, en février 2006, ne sont pas clairs. Cette confusion conduit à dénoncer, pour faire bref, non pas les erreurs factuelles que le texte contient mais bien les interprétations. Ce qui conduit à la volonté d'écarter tel témoignage d'un ancien collègue, à supprimer tel passage d'un exposé, quand ce n'est pas à celle d'imposer le principe selon lequel « si un chapitre devait ne pas répondre aux critères il faudra voir si on le garde ou pas ». Mais de quels critères s'agit-il, personne n'est à même de le dire ! Ce qui, en revanche, semble clair est qu'étant donné les carences et les erreurs des historiens, le manuscrit doit faire l'objet de l'adjonction d'un chapitre qualifié de « 0 » ou encore de « chapitre clé ». Rédigé par les anciens, il servira d'introduction afin de « recadrer » et « corriger » le travail des historiens qui est qualifié d'« ensemble d'essais mi-récit, mi-scientifique ». Aux historiens, le soin de rédiger un chapitre de conclusions plus acadé-

[19] 10 janvier 2006.

[20] Lettre d'invitation du 27 janvier 2006.

miques non sans que ces pages circulent « au sein du comité de lecture [afin] que chacun y apporte sa sensibilité ».

Non sans bénéficier de la précieuse collaboration de celles et ceux qui ont été qualifiés de témoins bâtisseurs, les historiens peaufinent leurs textes, laissant à celui qu'ils appellent leur chef de file le soin de la relecture et du lissage de l'ensemble des textes. Cette opération va de pair avec la mise en route du processus de la traduction de certaines contributions puisque, à terme, l'ouvrage doit être publié dans cinq versions linguistiques : allemand, anglais, français, italien et néerlandais. Mais cette décision est alors très récente puisqu'elle découle d'une autre décision qui ne l'est pas moins. Cette dernière concerne le principe même de la publication dans la perspective de la réunion à Berlin, le 25 mars 2007, à l'occasion des 50 ans du traité de Rome, des dirigeants des 27 pays membres de l'Union[21].

Cette décision implique, en plus de la nécessité de parer au plus pressé au point de vue de la récolte d'illustrations dont le principe n'apparaît ni dans l'appel d'offres de 2002 ni ultérieurement, une soudaine accélération du rythme de la relecture et des traductions, de la mise en page et de la correction des épreuves. À marche forcée, aussi bien du côté de la Commission qui a confié la réalisation technique à l'OPOCE que de celui de la coordination scientifique, le travail est mené à bonne fin dans les temps. À cet égard, il faut souligner qu'aussi bien du côté du secrétariat de la Commission que de celui des historiens, les partenaires ont été conduits à se frotter à des métiers qui ne sont pas les leurs. Exaltante, jusqu'à un certain point, sous l'angle de l'expérience humaine et technique qui découle de l'obligation d'être à la fois au four et au moulin, cette pratique fait courir le risque de commettre des erreurs.

Le rendez-vous manqué

À force d'avoir « le nez sur le guidon », le responsable du projet mais aussi une série de témoins/lecteurs tombent des nues le jour où le secrétariat général de la Commission est saisi de la plainte d'un chercheur étranger au projet contre un des membres d'Histcom 1 qu'il accuse de plagiat. Ce chercheur a bénéficié d'une des fuites mentionnées plus haut. Dans le cas d'espèce, elle est en quelque sorte la bienvenue puisqu'elle survient en amont de la sortie du livre. Mais dans le même temps, les machines ont tourné et la version française est prête pour la réunion de Berlin. Faute de parvenir à un terrain d'entente entre auteur et victime de ce qui peut être qualifié à tout le moins d'imbroglio inex-

---

21 Les 27 adoptent à cette occasion la « Déclaration de Berlin » qui rappelle les valeurs communes et les succès de la construction européenne, tout en projetant pour l'UE des « bases communes rénovées » d'ici aux prochaines élections européennes, en 2009.

tricable, la Commission renonce à la diffusion d'un ouvrage qui pose un problème dont il est aisé d'imaginer que certains saisiraient volontiers l'occasion de le monter en épingle. Dans la foulée de cette décision, la Commission décide d'écarter le texte litigieux, le chef de file veillant à son remplacement par un texte de sa main. C'est donc une nouvelle version qui est présentée à Bruxelles le 2 octobre 2007.

Une histoire utile ?

Non sans insister sur le fait que la diffusion du livre présenté en octobre 2007 ait été et reste particulièrement modeste, y compris auprès des anciens fonctionnaires qui avaient apporté leur témoignage et étaient en droit d'espérer recevoir un exemplaire en hommage, il faut noter ceci en guise de conclusion.

La mémoire et l'histoire ne se confondent pas. Elles peuvent néanmoins entretenir un dialogue fécond. Dans le cas d'espèce, l'instauration de ce dernier a été lente et difficile car, chose normale, les témoins ayant le plus souvent été des acteurs font part de *leur* vérité. Et entendent s'y tenir allant, assez rarement il est vrai, jusqu'à vouloir l'imposer une fois entamé le processus d'écriture historique. En effet, à partir du moment où l'ensemble des témoignages recueillis n'est pas destiné à constituer une anthologie de morceaux choisis, reflets d'autant de vérités individuelles, on entre dans le domaine de l'interprétation et dès lors des conflits qu'elle peut susciter entre historiens et témoins, mais aussi entre ceux-ci quand ce n'est pas entre ceux-là.

Historiens et témoins ne sont cependant pas les seuls concernés puisqu'il existe un troisième protagoniste qui est la Commission soucieuse de la réalisation d'un produit fini qui se révèle être ce que les acteurs du projet n'imaginent pas au départ, à savoir le fruit d'un étiage entre mémoire et histoire et non pas un amalgame des deux.

Une autre conclusion qui épouse davantage la forme d'un vœu concerne le recueil systématique de la mémoire de l'institution. Une cellule *ad hoc* – pourquoi pas opérationnelle au sein du Service des archives ? – pourrait être chargée de la collecte des témoignages des fonctionnaires admis à faire valoir leur droit à la retraite. Cette pratique ne serait pas uniquement développée « pour l'histoire ». Elle aurait une grande utilité, de nombreux témoignages vont dans ce sens, au point de vue de la meilleure connaissance de nombreux dossiers. Combien d'entre eux, en effet, n'ont-ils pas hier fait l'objet d'un traitement, y compris prospectif, qui, dans bien des cas, dispenserait aujourd'hui de tout reprendre à zéro. Dans cette optique, les historiens ont un rôle à jouer. Non pas en tant qu'auxiliaires serviles aussi bien d'une institution que d'acteurs/témoins mais bien en tant qu'arpenteurs de gouvernance.

Projet et attentes de la Commission européenne

Jacqueline LASTENOUSE

Les initiatives européennes se multiplient en effet, sous des formes diverses – comme le montre le programme de cette séance – mais elles restent trop souvent sans grande visibilité, y compris au sein des institutions européennes elles-mêmes – les informations à leur sujet ne circulent pas et aucune instance jusqu'à ce jour, européenne ou académique, n'en suit les développements. Cette journée vient donc à point.

Le projet de la Commission : faire écrire son histoire par des historiens

Le projet est né à la fin de l'année 2000, au tournant du siècle et après plus de 42 ans d'existence de l'institution. Les premières générations des acteurs et des fonctionnaires sont parties et la mémoire de la maison commence à se perdre. Collecter la mémoire des anciens devient une urgence – les années passant, la crainte d'avoir manqué à un devoir se fait évidente.

Le 9 mai de cette année 2000, une séance académique est organisée à Bruxelles à l'occasion des 50 ans de la déclaration Schuman ; de nombreuses personnalités européennes de la première heure y participent et livrent leurs témoignages. Quelques mois plus tard, le secrétaire général de la Commission, David O'Sullivan, se souvenant de l'impact de cette journée d'histoire, considère que le moment est venu pour la Commission de s'occuper de sa mémoire et de son histoire :

> J'étais convaincu, écrit-il le 15 avril 2011, de la nécessité d'avoir une Histoire de la Commission propre à elle, écrite du point de vue des acteurs qui en ont fait partie. Je me suis rendu compte que pour écrire cette Histoire, nous avions besoin du témoignage des nombreux acteurs dont la mémoire allait bientôt se perdre. Ce qui plaidait pour mettre le projet en œuvre le plus rapidement possible. Cet accès aux témoignages historiques était, à mon avis la principale valeur de cette histoire[1].

Le secrétaire général obtient rapidement l'accord du président Prodi et du Collège pour faire écrire une histoire de la Commission euro-

---

1 Courriel de David O'Sullivan à Jacqueline Lastenouse, 15 avril 2011.

péenne par des historiens et recueillir, dans cette perspective, les témoignages des anciens acteurs et fonctionnaires qui détiennent la mémoire de l'institution. Il prend, dans les premiers mois de 2001[2], la décision de lancer un ambitieux projet, qui va s'étendre dans le temps et s'appuiera sur une approche innovante d'écriture de l'histoire.

L'appel à candidatures établi, conformément aux règles administratives, précise qu'il s'agit de

> faire œuvre d'historien, d'écrire une Histoire de la Commission du point de vue interne, de rendre compte des logiques développées par la Commission et qui expliquent son évolution en tant qu'institution et son action… comment se sont développés ses modes de fonctionnement. […] Ce souci explique l'importance attachée au recueil d'informations (témoignages écrits ou oraux) auprès des individus qui ont développé en son sein ces logiques de comportements de l'institution.

L'appel à candidature précise aussi qu'il ne s'agit pas d'une histoire de la construction européenne et que le texte à rédiger devra « privilégier l'exploitation de témoignages vécus ». Les anciens dont il faudra recueillir les témoignages étant généralement retirés dans leur pays d'origine, la Commission souhaite qu'ils soient interviewés dans leur langue. L'appel à candidature précise également le profil du contractant – qui pourra être un groupement de prestataires, agissant sous la responsabilité d'une seule instance académique et administrative qui sera en charge de la bonne exécution du contrat. Il stipule que les soumissionnaires doivent apporter la preuve de leur capacité à mettre sur pied une équipe de chercheurs multiculturelle et plurilingue ayant une connaissance approfondie de la construction européenne et de la Commission.

Deux réponses parviennent à la Commission – dont seule la candidature du Consortium proposé par le professeur Michel Dumoulin de l'Université catholique de Louvain répond aux exigences du cahier des charges. Avec le Consortium, le projet de l'histoire de la Commission s'inscrit dans la continuité des relations que la Commission entretient depuis plus de 20 ans avec les historiens dans le cadre du Groupe de liaison des professeurs d'histoire de l'intégration européenne et celui des Chaires Jean Monnet.

La valeur des sources orales pour l'étude de l'histoire de la construction européenne avait été soulignée par Émile Noël – le secrétaire général de la Commission de 1958 à 1987 – lors du célèbre Colloque de

---

2 Sur la base d'un rapport de faisabilité établi à la demande de David O'Sullivan par Jacqueline Lastenouse, 12 mars 2001.

Rome de 1987[3], organisé par le Groupe de liaison pour les 30 ans des traités de Rome. Noël avait en quelque sorte « imposé » la participation de témoins et d'anciens acteurs politiques considérant que « tout témoignage n'a qu'une valeur relative mais il y a possibilité de recouper les témoignages et d'en tirer des conclusions qui peuvent être aussi valables que celles des documents » (page 624). Les Chaires Jean Monnet en histoire avaient quant à elles conduit un projet de collecte de mémoires orales « européennes » dans les années 1990 et acquis une expérience en la matière.

Décidé en 2001, le projet aboutit en 2007, à la publication d'un premier volume d'une histoire de la Commission européenne 1958-1972, dont le titre précise qu'il s'agit d'une « histoire et des mémoires de l'institution »[4].

Le projet de la Commission reste une expérience unique, tant par sa perspective de durée dans le temps – le volume 2 couvrant la période 1973-1986, est actuellement en cours de préparation – que par la méthode suivie de recours aux témoignages des anciens acteurs.

Ce premier volume a donc le mérite d'exister et d'avoir été le laboratoire des relations de la Commission – le commanditaire – avec le partenaire académique qui en était le réalisateur – le Consortium universitaire du professeur Dumoulin et de ses collègues historiens. Projet pilote à plusieurs égards, il devait en particulier trouver une forme de dialogue avec la Commission et les « anciens » au-delà des témoins interviewés. Un Comité des anciens et un Comité de suivi ont facilité les interfaces utiles au long du travail et au moment des relectures. La Commission voulait une histoire de son vécu tel que les acteurs, les hommes et les femmes l'avaient ressenti au sein des services et non pas une histoire de l'intégration européenne vue par la Commission. Le professeur Dumoulin est progressivement entré dans l'esprit et la vie de l'institution et s'est soucié de faire « parler » les témoins, tout en évitant l'anecdotique. La Commission a apprécié le bon dosage qu'il a réussi à trouver. Une collaboration stimulante s'est établie entre les deux partenaires. La formule « d'interprétation négociée » dont le professeur Dumoulin parle dans l'introduction du volume 1, se comprend également au regard de l'important apport du Service des archives historiques et des sources documentaires diverses qui ont exceptionnellement été mises à la disposition des chercheurs et des auteurs.

---

3 Colloque de Rome, 25 mars 1987 : Groupe de liaison des historiens auprès des Communautés européennes, *La relance européenne et les traités de Rome*, actes du colloque des 25-28 mars 1978, Bruxelles, Bruylant, 1989.

4 *La Commission européenne 1958-1972. Histoire et mémoires d'une institution*, Luxembourg, Office des Publications des Communautés européennes, 2007.

Les attentes de la Commission

Sauvegarder la mémoire de la Commission

Tel était l'objectif majeur du secrétaire général David O'Sullivan en 2000. Mais la constitution d'un fonds propre de sources orales nécessite une réflexion sur le long terme et un engagement dans le temps. Pour l'instant, la collecte des témoignages se poursuit au rythme des périodes couvertes par les ouvrages successifs créant un patrimoine unique déposé par des acteurs et des témoins des grandes décisions fondatrices des politiques et de la vie de la Commission de 1958 à 1986.

Le Fonds des archives orales de la Commission comptera bientôt près de 400 témoignages : 150 témoignages recueillis par le volume 1 et 250 par le volume 2. Il s'agit d'interviews de plusieurs heures chacune, conduites par des historiens et des chercheurs selon des règles scientifiques strictes et représentent en moyenne plus de 50 pages chacune. Les 150 témoignages du volume 1 font aujourd'hui partie des archives de la Commission et sont déposés auprès des archives historiques à l'Institut universitaire européen de Florence – où leur consultation restera néanmoins soumise à l'autorisation discrétionnaire des témoins.

Les développements des années 1990 correspondront à un changement important de dimension. Le rôle de la Commission s'élargit et le nombre des fonctionnaires va doubler, celui des services également. Ces changements vont nécessiter une collecte plus active de la mémoire. Une formule de collecte permanente par le biais d'un système institutionnalisé est-elle envisageable, comme cela se pratique dans les administrations et institutions nationales ? La création d'une « Cellule de la mémoire historique » au sein de la Commission pourrait remplir cette fonction et recueillir les témoignages des fonctionnaires qui partent à la retraite et empêcher la perte de la mémoire collective que la pratique de la mobilité des cadres risque également d'accélérer. La poursuite de l'œuvre des historiens dépend désormais de la manière dont la Commission envisage de sauvegarder sa mémoire.

Faire connaître son histoire

La Commission a toujours eu du mal à se faire connaître. Cette constatation est récurrente et a conduit l'institution à mettre en place des politiques d'Information et de communication dont l'ambiguïté a souvent été dénoncée. L'indépendance de l'historien est donc un atout majeur. En faisant écrire son histoire, la Commission met dans le domaine public un récit couvrant près de 30 ans de son histoire. Il s'agit d'un récit horizontal et inédit par les sources orales mobilisées et par l'abondance des sources d'archives consultées. Bien que le professeur

Dumoulin ait adopté, à la demande de David O'Sullivan, une rédaction dont la lecture soit aisée afin d'en faciliter la diffusion vers le grand public, le volume 1 – mais également le volume 2 – de l'histoire de la Commission se présentent avant tout, comme un ouvrage de référence, majeur – qui requiert sans doute de la part du lecteur quelque connaissance générale de la construction européenne.

Cet aspect académique inévitable a conduit la Commission à demander au Consortium de faire un effort particulier de présentation des textes, en multipliant les illustrations et les encarts reprenant des témoignages afin de donner un visage humain à une administration européenne mal connue.

La Commission se félicite de la bonne fin du projet et considère que le livre contribuera à mieux faire connaître son histoire et son identité : les valeurs qu'elle a défendues tout au long de son action, son éthique « communautaire » et son identité propre dans le contexte complexe des institutions européennes qui agissent à Bruxelles.

L'identité de la Commission se lit dans sa mémoire. Le président Barroso a tenu à le rappeler lors de la présentation le 2 octobre 2007, du premier volume de l'histoire de la Commission, en soulignant le combat que la Commission a dû mener pour s'imposer et pour conquérir son identité et sa légitimité. Ce combat permanent a aussi maintes fois été rappelé par Jacques Delors. Il constitue avec la défense de « l'intérêt communautaire » la pierre d'angle de l'éthique de la Commission. Il remarquait également que « cet ouvrage est une transmission symbolique de relais » ajoutant son espoir « qu'il passera aussi le relais aux jeunes générations et qu'il suscitera de nombreuses vocations européennes ».

Pour faire connaître son histoire, la Commission compte avec le temps et avec les écrits et travaux des historiens. Mais comment attirer davantage les jeunes chercheurs dans des domaines de recherche tels que celui-ci ? Quels échos le volume 1 a-t-il suscités ? Quel a été son écho auprès des historiens ? La *Revue d'histoire de l'intégration européenne* en a-t-elle parlé ?

La parution de l'ouvrage, en 2007, n'a pas suscité une demande massive et sa diffusion est restée confidentielle. Il faut en effet regretter l'absence d'une politique de diffusion dynamique de la part de l'OPOCE – l'Office des publications des Communautés européennes, de Luxembourg. L'ouvrage ne s'est pas trouvé en librairie ; sa parution ayant coïncidé avec l'abandon, l'année suivante, du système de vente au travers d'un réseau de librairies commerciales. En limitant la vente aux commandes par Internet adressées à l'OPOCE, la diffusion a perdu toute visibilité au plan local et explique, les chiffres calamiteux qu'elle a connus : sur les 11 018 exemplaires produits, toutes langues confondues, la vente représente à peine 1 410 exemplaires tandis que 3 600 exemplaires étaient diffusés à titre gratuit. Les stocks s'élèvent aujourd'hui à près de 6 000 exemplaires alors qu'au sein même des services de la Commission, des milliers de fonctionnaires ignorent souvent l'histoire de leur maison. Il faut aussi rappeler que la présentation de l'ouvrage par le président Barroso, le 2 octobre 2007 n'a guère contribué à faire circuler l'information malgré la présence, à cette séance, des secrétaires généraux du Parlement européen et du Comité économique et social.

Une action vigoureuse de promotion et de publicité ciblée s'est avérée indispensable pour l'avenir. Le Comité de suivi a d'ores et déjà décidé de mettre ce point à son agenda. La campagne d'annonce portera sur les deux volumes et sur l'édition de poche, envisagée pour le volume 2 et qui permettrait semble-t-il d'assurer une diffusion par les circuits commerciaux des libraires. Enfin, une politique ciblée sur les milieux d'étude et de recherche et en particulier les milieux des historiens doit être considérée, en particulier les réseaux des Chaires Jean Monnet et les associations d'historiens de l'histoire contemporaine à travers le monde.

Les perspectives d'avenir

1. La poursuite du projet repose sur un consensus implicite et les discussions sur le découpage dans le temps à retenir pour le volume 2 – la période allant de 1973 à la signature de l'Acte unique en 1986 – ont reporté à un futur volume 3, la période des années 1990 à 2000 ou 2002, celle des nouveaux traités fondateurs, de l'ouverture à l'Est et de l'adoption de l'euro. Considérant les délais de réalisation, ce volume 3 aboutirait à la fin de la décennie actuelle des années 2010.

2. La dimension des domaines à couvrir ne cessant de s'étendre, d'autres approches que l'approche chronologique actuelle devront sans doute être envisagées. Également d'autres formules de collecte de la mémoire, considérant la croissance de la courbe des départs à la retraite dans les prochaines années : 17 000 départs en 2010, 25 000 en 2020 et 38 000 en 2045.

3. La Commission souhaiterait connaître l'avis des historiens sur l'expérience du volume 1 qui a permis un début de collecte de sa mémoire dans la perspective directe de faire écrire l'histoire. Les conclusions de cette journée de réflexion apportent déjà des éléments d'analyse intéressants pour la Commission, à propos des initiatives existant dans les autres institutions européennes.

4. Enfin, la Commission espère que le projet de faire écrire son histoire stimule l'intérêt des historiens et des jeunes chercheurs pour la vie des institutions européennes et l'histoire de la construction européenne. L'expérience répond-elle à une attente de leur part ?

Le point de vue des Archives de la Commission européenne

Joceline COLLONVAL[1]

Le traité CECA, dont nous fêtons le 60e anniversaire, disposait en son article 16 que la « Haute Autorité prend toutes mesures d'ordre intérieur propres à assurer le fonctionnement de ses services ». Dès le 21 août 1952, un mémorandum sur l'articulation des tâches initiales de la Haute Autorité estimait que « les attributions pour l'ensemble du personnel ne peuvent être arrêtées qu'une fois définies les tâches à accomplir… Il en résulte qu'une partie seulement des services possède un caractère qui ne sera pas changé dans cette évolution. Il s'agit des services administratifs : caisse, comptabilité, *archives…* ».

En tant que successeur de ce service originel et de ses avatars successifs, le service des archives historiques de la Commission assume aujourd'hui deux tâches essentielles : la conservation de la mémoire de l'institution et l'ouverture progressive au public de ses documents.

En complément des contributions précédentes, je m'attacherai à mettre en évidence les modalités pratiques de réalisation de l'histoire institutionnelle de la Commission, du double point de vue de l'archiviste : gardien des actes et observateur des actions de l'institution et témoin des travaux des chercheurs sur celle-ci.

Ayant eu le privilège d'assister à la parution de l'histoire de la Haute Autorité de la CECA (1993), du premier volume de l'histoire de la Commission en 2007 et aujourd'hui à l'éclosion du deuxième volume sur la période 1973-1986, il m'apparaît possible de dégager des aspects récurrents dans l'implication du service d'archives et dans ses réponses aux sollicitations des auteurs, chercheurs. Pour appréhender ces aspects concrets, je propose donc une histoire vue des coulisses des archives axée autour de trois grands points : la concertation avec les archives, la méthodologie développée et la communication des sources. Ensuite, en contrepoint de l'histoire des institutions écrite par des spécialistes, je

1 Mme Collonval s'exprime à titre personnel et ses opinions n'engagent aucunement la Commission européenne.

parlerai très brièvement de l'histoire revisitée par les acteurs et de leurs relations avec les archives.

Une histoire écrite par des spécialistes

Concertation préalable avec le service d'archives

Comme pour l'histoire de la Haute Autorité – mais davantage pour l'histoire de la Commission –, le service des archives a été associé très tôt aux réflexions sur la faisabilité du projet en termes documentaires tant de la part du commanditaire, la Commission, que des auteurs-chercheurs ou de certains anciens.

Si un nombre non négligeable de travaux et de publications existe sur les différentes thématiques du projet, la recherche des sources primaires, à savoir les documents internes de l'administration, s'impose.

Recherche indispensable à la fois pour affiner les impressions, les assertions existantes sur le fonctionnement de l'institution mais également pour situer les témoignages oraux dans leur contexte, évaluer leur importance et confronter la perception avec la réalité des faits.

De fait, l'originalité de cette histoire de la Commission consistant à mener en parallèle la collecte des « archives orales » et écrites constitue parfois un délicat exercice au regard de la « vérité historique ».

Ainsi, dès avant le démarrage effectif du projet, un inventaire relativement sommaire des documents et dossiers a été établi pour garantir que les sources écrites permettaient, en général, de couvrir tous les champs d'exploration pouvant faire l'objet du volume.

Parmi les quelque 130 km d'archives et milliers de dossiers conservés par la Commission, une estimation a été réalisée afin de détecter les lacunes éventuelles dues aux déménagements, aux changements de structures et de missions des services ainsi qu'aux services soucieux de garder leurs « trésors » et d'offrir si possible, des solutions alternatives. En fait, si le service des archives historiques conserve les dossiers considérés comme essentiels par les producteurs afin de répondre aux besoins internes de la Commission, les questions et la curiosité des chercheurs se heurtent parfois à une gestion plus rigoureuse et sélective des sources.

Cette concertation en amont des travaux s'est révélée essentielle pour développer une méthodologie permettant de faire face aux nombreuses requêtes tant des auteurs que des anciens.

Développement d'une méthodologie

Cette méthodologie comporte l'identification de différents éléments (faits, processus, acteurs et dossiers) et le développement d'outils de recherche.

L'identification des événements

L'identification des événements et faits prend en compte à la fois l'évolution de la Communauté et du rôle de la Commission, les politiques suivies par les États membres, les actions menées de par le monde ainsi que les interactions entre les différentes parties. Faut-il rappeler ici le rôle complexe et multiple joué par la Commission en tant que gardienne des traités, organe de l'initiative communautaire, organe d'exécution et enfin représentante de la Communauté sur la scène internationale ? La période d'intégration européenne concernée par le deuxième volume est riche de trois élargissements successifs modifiant l'espace européen, du développement ou des premiers jalons de nouvelles politiques notamment par un recours à l'article 235 du traité CEE. La mise en place de politiques pour faire face à une crise pétrolière ou aux crises politiques, économiques ou financières à travers le monde, le comportement du couple franco-allemand et la réticence britannique en matière de contributions au budget communautaire.

Sans vouloir dresser un catalogue exhaustif de ces évolutions, cette énumération suffira à démontrer que le rôle de l'archiviste dans l'histoire de la Commission dépasse nettement le cadre de l'institution, organe central du paysage communautaire.

Identification des processus décisionnels

Afin de permettre aux chercheurs d'établir la genèse et la mise en œuvre des décisions, l'élaboration de grandes politiques et programmes d'action, le repérage des processus décisionnels allant de la simple consultation à la codécision actuelle s'avère indispensable.

De 1973 à 1986, l'influence des institutions et les rapports entre elles et donc, la place de la Commission dans le jeu interinstitutionnel ont sensiblement varié : accroissement des pouvoirs du Parlement européen élu au suffrage universel, création d'une Cour des comptes se substituant à une Commission de contrôle, essai d'une Coopération politique européenne (CPE) avec un Conseil européen et des « sommets » sous présidence tournante.

Ici encore, le rôle essentiel de la Commission dans les procédures décisionnelles se mesure à travers l'existence et la valeur (le poids) des documents conservés ; toute modification du parcours décisionnel entraînant la modification de l'importance ou de la structure des documents ainsi que l'apparition de nouveaux documents et flux de travail à l'intérieur même de l'institution.

Identification des acteurs

Outre le cadre événementiel et décisionnel, l'histoire d'une institution se préoccupe inévitablement des personnes qui la constituent à savoir les présidents et membres de la Commission assistés de leurs cabinets, les fonctionnaires et agents, mais également experts et membres de comités, tous acteurs et témoins de la vie de la Commission.

La Commission, héritière de la Haute Autorité, peut être considérée comme un organe relativement jeune au regard d'institutions parfois séculaires dans les États membres. Cette jeunesse est donc synonyme de modifications, de restructurations répétées afin de coller au plus près des missions, des politiques ou des types de gouvernance mis en avant par l'institution.

De ce fait, identifier les acteurs – chefs de file ou autres –, leur parcours administratif et le « poids » de leur signature sur certains documents dans cette mouvance administrative s'apparente dans certains cas à une enquête. La relative discrétion (voire le quasi-anonymat) entourant tel acteur ou la brièveté de sa carrière rend malaisée l'évaluation du rôle joué par celui-ci.

Comme indiqué, l'histoire de la Commission se base non seulement sur les sources écrites mais aussi sur la collecte de témoignages oraux. L'initiative prise par le Comité des anciens de fournir une liste d'acteurs susceptibles de faire l'objet d'interviews s'est heurtée aux limites de la mémoire du groupe.

Il s'est donc avéré nécessaire de recourir à des sources écrites qui, tout en respectant la vie privée des anciens fonctionnaires, permettaient à la fois d'alimenter le fichier des témoins et de situer l'acteur à travers les documents écrits.

Identification du matériel documentaire

Écrire l'histoire d'une institution consiste non seulement à faire parler les acteurs mais également à lire (ou relire) les traces laissées par ceux-ci dans le cadre de leurs activités. L'identification du matériel archivistique a donc consisté en un relevé systématique des séries telles que les procès-verbaux des réunions hebdomadaires (PV) de la Commission, les comptes rendus des chefs de cabinet (hebdo), documents cotés révélateurs du processus décisionnel ou de réflexions sur une politique…

En parallèle, l'identification et l'évaluation plus précise des dossiers et documents en provenance des services ont souligné davantage la complexité de ce projet. En effet, les inventaires et instruments de recherche, issus du travail spécifique de l'archiviste, se sont révélés incomplets à divers égards et pour diverses raisons : transfert tardif de dossiers des services vers les archives, descriptions très succinctes ou codées en provenance des producteurs, inventaires couvrant incomplètement les diverses thématiques par manque de ressources humaines et suite à la mise en œuvre de nouvelles normes archivistiques.

L'une des difficultés principales de cette identification réside – surtout pour la publication en cours – dans le fait que le service des archives de la Commission planifie ses travaux dans le cadre du délai de communicabilité des trente ans. Le volume s'inscrivant dans la période 1973-1986 devance, en quelque sorte, la création d'instruments de recherche permettant une identification rapide et la valorisation des sources.

Modalités d'accès et communication des sources

La Commission, à l'instar de la BEI, comme le soulignait le président Maystadt dans sa préface de l'histoire de la BEI, « a tenu à faciliter autant que possible l'accès aux sources historiques ainsi qu'aux acteurs du passé de manière à ce que les chercheurs puissent rassembler tout le matériel qu'ils jugeaient nécessaires à leur entreprise ».

Outre l'identification du cadre événementiel, structurel, humain et documentaire, une adaptation des modalités d'accès aux ressources documentaires a été mise en place par la Commission afin de dépasser les limites fixées par le règlement d'archives fixant le délai d'ouverture à trente ans et pour les dossiers non couverts par une exception à la consultation.

Ainsi, le matériel archivistique déjà inventorié ou non est, par décision de la Commission en accord avec les directions générales, disponible pour élaborer une histoire de l'institution comprenant tous les secteurs d'activités, procédures, acteurs même les plus méconnus.

Un dernier point non négligeable à envisager dans l'accès et surtout la communication des dossiers et documents aux auteurs réside dans l'utilisation des termes de part et d'autre ; la connaissance des sources entre l'archiviste témoin de pratiques et d'un temps révolus et les chercheurs relisant parfois le passé à la lumière du présent.

Dans certains cas, un véritable travail de traduction est indispensable pour rapprocher les termes de la demande avec ceux figurant dans le titre du dossier ancien (autre acception d'un terme, jargon communautaire…) ; dans d'autres cas, la tentation par les chercheurs de transposer dans le passé des pratiques, procédures, documents actuels se heurte à la réalité de l'organisation documentaire.

Une histoire écrite par ses acteurs

En mentionnant les nombreux travaux publiés, je voudrais également souligner que si l'histoire d'une institution peut être écrite par des spécialistes dans un cadre académique, elle peut se nourrir aussi du témoignage écrit et oral de ses anciens acteurs.

Je citerai pour exemple : *Mémoires d'Eurostat. Cinquante ans au service de l'Europe* d'Alberto De Michelis et Alain Chantraine, 2003 (anciens directeurs généraux). *La traduction à la Commission 1958-2010 – études sur la traduction et le multilinguisme (2010)* ainsi qu'une histoire des relations commerciales CEE-Japon pour les années 1980 et 1990 en fin de rédaction (rédigée par d'anciens et actuels fonctionnaires de ce service spécialisé avec les conseils de professeurs de la KUL et Munich).

Dans ces cas, un travail non négligeable a en effet été effectué : exploitation des archives personnelles, reconstitution partielle d'une mémoire, contacts rétablis entre acteurs de l'époque et consultation des archives de la Commission et des archives encore présentes dans les services.

Sans vouloir juger de la valeur, de la méthode ou de la pertinence des deux approches, force est de constater que ces histoires d'un service ou d'une direction générale répondent aussi à la préoccupation exprimée notamment par le comité des anciens pour les deux volumes de l'histoire de la Commission : une histoire vue de l'intérieur.

Cette dimension humaine transparaît aussi bien dans la dédicace de l'ouvrage sur Eurostat « À tous ceux qui ont construit Eurostat, directeurs généraux, directeurs… et commis… » que dans la publication du service de la traduction « l'histoire de la traduction à la Commission européenne est avant tout l'histoire des hommes et des femmes qui ont contribué par leur travail… Ils ont fait preuve de talent et de créativité pour transcrire les concepts communautaires nouveaux dans toutes les langues européennes… ».

Au terme de ce chapitre sur la vision par les archives de l'histoire de la Commission, je voudrais souligner le rôle multiple joué par l'archiviste dans l'écriture d'une histoire institutionnelle : outre son rôle officiel de passeur de mémoire, il est tour à tour appelé à devenir arbitre entre témoignages contradictoires, aiguilleur et permettez-moi cette création terminologique, « aiguillonneur » de mémoire.

Il me reste à souhaiter que cette histoire institutionnelle soit le prélude à de nouvelles recherches pour approfondir les mécanismes communautaires et une incitation à (re)découvrir le rôle véritable de la Commission dans la construction européenne.

CHAPITRE 8

Le Parlement européen

À propos de l'histoire du Parlement européen

Yves MÉNY

« Introduction » in *La construction d'un Parlement, 50 ans d'histoire du Parlement européen*, Institut universitaire européen de Florence, pour le Parlement européen. Luxembourg, Office des publications officielles des Communautés européennes, 2009, p. 13-31. Nous remercions le Parlement européen de nous avoir autorisés à reproduire ce texte.

Le 28 février 1958 dans la « Maison de l'Europe » à Strasbourg, l'Assemblée commune de la Communauté européenne du Charbon et de l'Acier tenait sa dernière séance. Quelques semaines plus tard, le 19 mars, se réunissait l'Assemblée Parlementaire européenne. Elle reprenait la tâche de l'Assemblée commune dans le cadre de la CECA, tout en fonctionnant comme institution parlementaire des deux nouvelles Communautés dont les traités étaient entrés en vigueur le 1er janvier 1958. Le règlement intérieur n'ayant été modifié ou complété que dans la mesure où les nouveaux traités le rendaient indispensable, et les mêmes formations politiques y poursuivant leurs activités, la transition ménageait avant tout la continuité de l'action parlementaire communautaire. C'est dire le point de départ fort modeste de cette assemblée qui, en 1962, devait se parer du titre imposant de « Parlement européen ». Rien d'étonnant à cela si l'on se souvient que ce n'est pas dans l'institution parlementaire que les Pères fondateurs avaient mis leurs espoirs, convaincus qu'ils étaient alors que l'Assemblée ne pourrait être que la caisse de résonance des nationalismes, et si l'on considère que la Communauté au sein de laquelle celle-ci agissait avait un caractère strictement économique[1]. L'Assemblée allait pourtant vite connaître un destin exceptionnel. D'une part, elle allait accroître sa représentativité et sa légitimité jusqu'à être désignée par le suffrage universel, devenant ainsi la première assemblée parlementaire internationale élue directement par les peuples issus des nations membres. D'autre part, avant même son élection directe, elle allait entamer, le plus souvent avec l'accord des États membres, parfois de sa propre autorité, une conquête lente mais continue de ses pouvoirs qui l'a rapprochée d'un organe parlementaire classique.

Les auteurs du présent ouvrage, historiens, politologues ou experts des questions communautaires originaires de plusieurs pays membres, retracent l'évolution complexe de l'institution parlementaire européenne de 1958 à nos jours. Ils analysent, sans en omettre les limites, la composition, les procédures, les stratégies et les transformations du Parlement européen, dissèquent les relations, parfois conflictuelles, souvent collaboratives que l'Assemblée entretient avec les autres organes du triangle institutionnel. Ils mettent enfin l'accent sur le rôle « missionnaire » que cette arène politique s'est assignée, tant dans le processus de constitutionnalisation de l'Union, qu'en faveur de la défense et la promotion des valeurs démocratiques ou de la constitution d'un embryon d'espace civique européen.

La parlementarisation progressive du régime de l'Union européenne est allée de pair avec la nécessité de combler le « déficit démocratique » – perçu principalement comme un « déficit parlementaire » – dont était réputée souffrir la Communauté, puis l'Union européenne, en raison du transfert progressif de compétences des États membres vers les organes supranationaux et de la perte concomitante des pouvoirs de contrôle politique des parlements nationaux.

La première partie de l'ouvrage montre que ce déficit tient également aux incertitudes liées à la représentativité du Parlement européen et, partant, à sa légitimité juridique et politique. Passant en revue l'organisation et l'impact des scrutins européens, les auteurs sont amenés à s'interroger : le Parlement européen est-il suffisamment représentatif des citoyens de l'Union ? Le long processus qui a conduit l'Assemblée de la « légitimité indirecte » à la « légitimité directe » conférée par le suffrage populaire n'a pas résolu la question. L'abandon précoce d'une procédure électorale uniforme, pourtant évoquée par le traité (art. 138, § 3) au profit de « règles fondamentales communes[2] », a nui à l'homogénéité et

1 P.J.G. Kapteyn, *L'Assemblée commune de la Communauté européenne du charbon et de l'acier*, Leyde, A.W. Sythoff, 1962, p. 8-10.

2 Jean-Louis Burban, *Le Parlement européen*, Paris, PUF, coll. « Que sais-je ? », n° 858, 1989, p. 26.

partant, à la représentativité des parlementaires européens. Élus presque totalement à la proportionnelle sur listes, très souvent nationales et bloquées, ce qui les éloigne mécaniquement des électeurs, les députés sont de ce fait peu encouragés à agir dans une logique européenne : s'ils veulent être réélus, c'est des partis nationaux qu'ils dépendent pour espérer être à nouveau placés sur les listes[3]. Au cours des campagnes pour les élections européennes, élections de « second ordre » comme les élections intermédiaires, le débat européen est généralement parasité ou instrumentalisé par les enjeux nationaux et réduit à la seule opposition entre pro et anti-européens. En dépit de la régionalisation croissante des élections européennes et de l'attention plus grande que les députés européens ont porté ces dernières années à leur circonscription, le fossé entre les élus et leurs électeurs n'a cessé de s'élargir, comme l'indique la baisse constante du taux de participation : lors de la consultation européenne de 1999, moins d'un électeur sur deux a pris part au scrutin et en 2004 le taux de participation a atteint 45,6 % en moyenne à l'échelle des vingt-cinq États membres[4].

D'autres facteurs vont-ils à l'encontre d'une représentativité fidèle de la société européenne ? Faut-il invoquer le caractère inachevé de la citoyenneté européenne, ou doit-on considérer que les citoyens européens, qui lors des premières consultations boudaient le Parlement de Strasbourg en raison de son rôle négligeable, ne se reconnaissent pas aujourd'hui dans un Parlement européen dont les pouvoirs ont crû de manière singulière, mais qu'ils perçoivent toujours comme une assemblée secondaire par rapport aux parlements nationaux ? Le Parlement européen pâtit incontestablement du caractère disproportionné de la représentativité des populations des divers États membres. Après avoir, au début des années 1970, constitué un frein à l'élection du PE au suffrage universel, le système de pondération, fixé dès les origines de la Communauté et maintenu à travers les traités sans grandes modifications, a résisté à toutes les tentatives visant à en réduire les disparités (projets Dehousse et Patjin). La nécessité de limiter le nombre maximum de députés confortant les arguments de ceux qui répugnent à modifier les sacro-saintes règles de l'égalité de traitement entre les « grands » et de la surreprésentation des « petits » États[5]. Enfin, la représentativité du PE souffre du fait que les fédérations de partis nationaux, comme le PPE-DE, le PSE et l'ADLE qui dominent l'Assemblée

---

[3] Nicolas Clinchamps, *Parlement européen et droit parlementaire. Essai sur la naissance du droit parlementaire de l'Union européenne*, Paris, LGDG, 2006, p. 89.

[4] Pascal Delwit, Philippe Poirier, *Parlement puissant, électeurs absents ? Les élections européennes de juin 2004*, Bruxelles, Université de Bruxelles, 2005, p. 11.

[5] Nicolas Clinchamps, *Parlement européen et droit parlementaire*, *op. cit.*, p. 4.

de Strasbourg, ont un impact encore très réduit sur l'opinion publique européenne[6].

Mis en concurrence avec d'autres « registres de légitimation » (Conseil, Commission) le Parlement européen a pourtant veillé, depuis le milieu des années quatre-vingt-dix, à s'ouvrir à la société civile. Il a engagé le dialogue avec les associations, les organisations non gouvernementales, les organisations de base, les syndicats et les églises, notamment dans le cadre des conférences intergouvernementales ou de la Convention sur l'avenir de l'Union qui devaient aboutir à la réforme des traités, projetant une Europe plus proche des citoyens. Mais cette logique de la « démocratie participative » n'est pas sans risque, car elle revient à contester aux Eurodéputés leur légitimité à s'exprimer au nom des citoyens qu'ils sont censés représenter. La nature « concurrentielle » du processus décisionnel européen a également induit les députés européens à réunir l'expertise des représentants d'intérêts publics ou privés, destinataires des politiques communautaires. Les réticences de certains députés européens envers les pratiques de lobbying ont toutefois conduit le PE à se montrer sélectif dans le choix des lobbyistes et à en limiter les dérives en les encadrant par une réglementation stricte (rapports Nordmann, Ford et Stubb) visant à en garantir la transparence.

L'évolution des pouvoirs du PE constitue un autre thème majeur de réflexion. Dans la deuxième partie de l'ouvrage, les auteurs mettent l'accent sur le caractère évolutif du droit parlementaire, amplifié par la démarche volontariste du Parlement européen, qui s'est soldée par une réussite certaine à étoffer ses attributions.

Si l'Assemblée parlementaire européenne (APE) s'est présentée incontestablement à l'origine comme l'héritière de l'Assemblée commune, elle s'en est distinguée très vite dans ses rapports avec les autres institutions et ses compétences en matière budgétaire.

Certes, les articles du traité de Rome ont été directement inspirés des articles correspondants du traité de Paris[7]. L'article 137 (1957) reproduit le libellé de l'article 20 (1951) qui stipule que « l'Assemblée, composée de représentants des peuples des États réunis dans la Communauté, exerce les pouvoirs de délibération et de contrôle qui lui sont attribués par le présent traité ». Concernant les pouvoirs de contrôle de l'Assemblée parlementaire, les articles 144 du traité CEE et 114 du traité Euratom confirment le droit, conféré initialement à l'Assemblée de

---

6 Pascal Delwit, Erol Kulahci, Cédric de Van Valle (dir.) *Les fédérations européennes de partis. Organisation et influence*, Bruxelles, Université de Bruxelles, 2001, p. 27.

7 Sur les origines de l'APE, on verra : *Vers un Parlement unique. L'influence de l'Assemblée commune de la CECA sur les traités de Rome, Recueils de documents*, Parlement européen, CARDOC, 2007.

la CECA, de censurer la Commission et de la contraindre à la démission. Les traités CEE et Euratom étendent cependant ce droit de censure au-delà du simple examen du rapport annuel de la Commission pour couvrir implicitement l'ensemble de sa gestion. Mais ce n'est que très progressivement que l'institution parlementaire a développé un droit de regard sur les activités du Conseil à partir de l'article 140 du traité CEE. Quant au contrôle que l'Assemblée exerce sur le budget communautaire, il est renforcé par les articles 203 du traité CEE et 177 Euratom qui font de celle-ci l'autorité budgétaire coresponsable de la CEE[8].

Jusqu'au début des années 1970, l'accroissement des pouvoirs de contrôle se fait de manière « souterraine », hors de toute révision des traités et se limite aux moyens d'information : institutionnalisation des questions écrites ou orales au Conseil et non plus seulement à la Commission, procédure Westertep introduisant l'obligation d'information du PE pour les accords commerciaux conclus avec des États tiers, engagement par la Commission et le Conseil de tenir l'Assemblée régulièrement informée des suites données à ses résolutions.

C'est en revanche par modification des traités (traité de Luxembourg, Acte de Bruxelles) que le PE a obtenu entre 1970 et 1975 un pouvoir essentiel, le pouvoir budgétaire, conséquence logique de l'attribution à la Communauté de ressources propres. Parlement européen et Conseil se sont alors partagé le pouvoir budgétaire en fonction du type de dépenses, obligatoires ou non. L'Acte de Bruxelles (1975) a conféré au PE le droit de rejeter globalement le budget à la majorité des deux tiers de ses membres. En dépit de ce solide garde-fou en faveur du Conseil, le 15 décembre 1979, le nouveau Parlement européen élu au suffrage universel a utilisé pour la première fois cette prérogative en rejetant le budget à l'écrasante majorité des quatre cinquièmes[9]. Au cours des années quatre-vingt, le Parlement et le Conseil n'ont cessé d'entrer en conflit à propos de la classification des dépenses budgétaires et de l'application du taux maximal d'augmentation des dépenses, conflit dont le PE est sorti victorieux en plusieurs occasions. En augmentant par exemple les crédits du Fonds régional ou du Fonds social européen, le PE rencontrait les attentes de l'opinion, inquiète du chômage grandissant, et bénéficiait de la complicité de certains États membres bénéficiaires des fonds structurels, comme l'Italie et l'Irlande. Depuis 1988, les tensions ont diminué progressivement avec l'introduction des « perspectives financières » – qui vont dans le sens d'une limitation des dépenses agricoles et de la discipline financière – et

8 David Judge, David Ernshaw, *The European Parliament*, Londres, Palgrave Macmillan, 2003, p. 34.

9 Jean-Louis Burban, « Les députés de l'an II », in *Revue du Marché commun*, septembre 1980.

surtout avec l'accroissement des pouvoirs législatifs du PE. Depuis cette date, le combat du PE en matière budgétaire s'est déplacé vers le contrôle de l'exécution des dépenses, en attendant qu'il se voie un jour attribuer le vote des recettes.

De son élection au suffrage universel direct en juin 1979 jusqu'à 2008, profitant du surcroît de prestige conféré par le suffrage populaire, l'Assemblée n'a cessé d'étendre ses moyens de contrôle sur l'Exécutif européen. Puisant dans les traditions parlementaires nationales les techniques éprouvées (Question time de la Chambre des Communes, droit de pétition et commissions temporaires d'enquête du continent), elle s'est vue progressivement attribuer le droit d'investiture de la Commission après les traités de Maastricht, Amsterdam, Nice et Lisbonne. Des accords interinstitutionnels ont encore accru ces compétences de manière informelle. Souvent pris à l'initiative de l'institution parlementaire, ces « accords-cadres » ou « codes de conduite » précisent les compétences des institutions sur certains points, formalisent leur coopération ou concernent le statut ou les modalités d'exercice de certains organes de contrôle tels que le Médiateur, le droit de pétition ou le droit d'enquête[10].

La nécessaire amélioration du fonctionnement démocratique de l'Union inscrit aujourd'hui le PE dans une dynamique favorable et en fait une assemblée très offensive, notamment à l'égard de la Commission. N'étant pas soumis à la menace d'une dissolution, les députés européens ont opté pour une stratégie d'affirmation, dont l'épisode le plus marquant a été la démission collective de la Commission Santer au printemps 1999, sans que le Parlement européen ait eu besoin de recourir formellement à « l'arme atomique » que constitue la censure. Plus récemment, en 2004, « l'affaire Buttiglione » a confirmé le nouveau rapport de forces en faveur de l'Assemblée, puisque « les députés ont fait plier le président de la Commission et le Conseil de l'Union européen, en imposant le remplacement du commissaire pressenti pour les questions liées à l'espace de liberté, de sécurité et de justice »[11].

Parallèlement au renforcement et à l'extension de la fonction de contrôle du Parlement européen, les parlements nationaux (PN) ont développé un contrôle spécifique sur l'action européenne de leurs gouvernements respectifs et une meilleure coopération avec le Parlement européen (PE). Au niveau européen, les PN sont indispensables en

---

10 Joël Rideau, *Droit institutionnel de l'Union et des Communautés européennes*, Paris, LGDG, 3e édition, 1999, p. 690-692.

11 Thierry Chopin, François-Xavier Priollaud, « La modernisation de la Ve République et les "affaires européennes" : le parlementarisme rationalisé est-il euro-compatible ? », in *Fondation Robert Schuman, European issues*, n° 74, 8 octobre 2007, p. 4-5.

vertu du principe de subsidiarité[12]. Ils transposent les normes communautaires dans le droit interne et sont « les interlocuteurs normaux des politiques intergouvernementales[13] ». Passant en revue les organes parlementaires spécialisés dans les affaires européennes existants dans les États membres, l'ouvrage fait état de l'évolution de leurs attributions depuis les années quatre-vingt-dix. Quelle que soit leur compétence, purement informative ou juridiquement contraignante, ces « commissions » ou « délégations » constituent aujourd'hui des instruments d'influence politique non négligeables[14]. Les gouvernements des États membres eux-mêmes ont favorisé cette évolution : faisant suite à l'adoption du vote à la majorité qualifiée au Conseil par l'Acte unique, qui aggravait la marginalisation des parlements nationaux, les traités de Maastricht et d'Amsterdam ont reconnu la vocation de ces derniers à participer, même de façon indirecte, au fonctionnement de l'Union[15]. Le traité de Lisbonne renforce leurs prérogatives en matière de contrôle de la subsidiarité et les associe à la mise en place de l'espace de liberté, de sécurité et de justice. Toutefois, si les parlements nationaux sont devenus acteurs du processus décisionnel communautaire et non plus seulement spectateurs, l'Europe des assemblées n'est pas pour autant devenue une réalité. Depuis les premières « Assises » PE-PN tenues à Rome les 29 et 30 novembre 1990, la coopération interparlementaire n'a cessé de se développer, mais elle reste éclatée et encore marginale. La Conférence des présidents des PN/PE (1981) souffre de la diversité des statuts politiques des présidents des assemblées ; la COSAC (1989), organe de coopération entre les commissions des PN spécialisées dans les affaires européennes et celles du PE, constitue un forum d'échanges mieux structuré, mais ses contributions « ne lient pas les PN et ne préjugent pas de leurs positions »[16]. En réalité, bien qu'admise en principe, la coopération interparlementaire pâtit des divergences de vues et d'intérêts qui se manifestent immanquablement entre un Parlement européen animé par

---

12 Invoqué pour la première fois par le traité de Maastricht, le principe de subsidiarité stipule que l'Union européenne n'intervient « que si et dans la mesure où les objectifs de l'action envisagée ne peuvent pas être réalisés de manière suffisante par les États membres et peuvent donc, en raison des dimensions ou des effets de l'action envisagée, être mieux réalisés au niveau communautaire ».

13 Hubert Haenel, *Les parlements nationaux, un appui pour l'Europe ?*, note de la Fondation Robert Schuman.

14 Voir Andreas Maurer, Wilfried Wessels (dir.), *National Parliaments after Amsterdam. From Slow Adapters to National Players ?*, Baden-Baden, Nomos, 2001.

15 Berthold Rittberger, « Constructing Parliamentary Democracy in the European Union : How Did It Happen ? », in Beate Kohler-Koch, Berthold Rittberger, *Debating the Democratic Legitimacy of the European union*, New-York, Rowman and Littlefield Publishers, 2007, p. 116-117.

16 Hubert Haenel, *Les parlements nationaux, un appui pour l'Europe ?*, *op. cit.*

une logique supranationale, dont la montée en puissance est continue, et des parlements nationaux motivés par la défense de l'intérêt national, qui se voient progressivement dessaisis d'une partie de leurs compétences « régaliennes ». Ces divergences de vues se sont notamment manifestées en 1995-1996, par le rejet de l'idée, avancée par l'Assemblée nationale française, de créer une seconde chambre au niveau de l'Union, chargée tout particulièrement de se prononcer sur l'application du principe de subsidiarité, au motif que cette nouvelle assemblée ferait double emploi avec l'actuel Parlement, puis en 2002-2003 à la Convention, avec l'abandon de la proposition, chère au président Giscard d'Estaing, d'instituer un « Congrès des peuples d'Europe » rassemblant des membres du Parlement européen et des parlements nationaux pour examiner l'État de l'Union et nommer ou confirmer les personnalités appelées à exercer certaines hautes fonctions de l'Union[17].

Il a fallu attendre les années quatre-vingt et quatre-vingt-dix pour que le Parlement européen acquière une partie substantielle du pouvoir législatif. À l'instar de l'Assemblée commune, l'Assemblée parlementaire européenne n'était investie, en 1958, que d'une compétence consultative. Toutefois, en ajoutant le terme de « délibération », le traité de Rome admettait déjà un renforcement marginal des pouvoirs de la nouvelle assemblée qui allait s'avérer décisif avec le temps. Avant même son élection directe, le PE a accru, au fil des ans, son influence législative en adoptant les méthodes de travail d'un parlement classique et forcé, par la qualité de son travail parlementaire, le respect du Conseil[18], au point « qu'approximativement 15 à 40 %, en fonction des textes, des amendements du Parlement aboutissaient dans le texte définitif de règlement ou de directive retenu par le Conseil »[19]. Ce n'est cependant qu'avec l'Acte unique européen – négocié au milieu des années 1980 sur la base du projet Spinelli et du rapport Dooge et finalement entré en vigueur le 1er juillet 1987 – que le PE a reçu de jure une part du pouvoir législatif. En déterminant des domaines pour lesquels le Parlement et le Conseil partageaient le pouvoir législatif à travers une « procédure de coopération » et en accordant au Parlement, par la « procédure de l'avis conforme », le droit de ratifier les accords

---

17 Peter Norman, *The Accidental Constitution. The Story of the European convention*, Bruxelles, Eurocomment, 2003, p. 150.

18 S'appuyant sur une interprétation audacieuse de la jurisprudence « Isoglucose » le PE a ainsi introduit l'idée qu'il suffisait, dans la mesure où la consultation du Parlement était essentielle pour la validité de tout règlement ou directive, que le Parlement retienne son avis, interrompe sa procédure de consultation et attende que la Commission ait marqué son accord sur les amendements, pour influencer davantage les propositions faites au Conseil.

19 Jean-Louis Burban, *Le Parlement européen*, *op. cit.*, p. 78.

d'adhésion ainsi que les accords d'association de la Communauté avec les pays tiers, l'Acte unique a institué des procédures qui, en dépit de leur complexité (système de double lecture), allaient se révéler à l'usage opérationnelles et profitables pour l'Assemblée. Le traité de Maastricht, entré en vigueur le 1er novembre 1993, a renforcé le pouvoir législatif du Parlement européen qui s'est vu accorder un pouvoir de « codécision » avec le Conseil des ministres. Il requiert, dans les domaines prévus par le traité, l'accord des deux parties pour qu'une législation soit adoptée. Un Comité de conciliation, composé de façon paritaire, est chargé de trouver un compromis en cas de désaccord persistant.

Au contraire de nombreux parlements nationaux, le Parlement européen ne s'est jamais considéré comme partie d'un système constitutionnel abouti, mais plutôt comme le promoteur d'une architecture institutionnelle évolutive exigeant des changements. L'implication du Parlement européen en faveur d'une constitutionnalisation de la Communauté/Union européenne a été constante.

Bien que le droit de modifier les traités revienne en dernier ressort aux seuls États membres, ceux-ci avaient, dès la première session de l'Assemblée commune en 1952, reconnu la vocation du Parlement à formuler des propositions de modifications constitutionnelles, lorsque, sur proposition d'Alcide De Gasperi et Robert Schuman, le Conseil avait invité celle-ci – rebaptisée dans cet objectif « Assemblée *ad hoc* » – à élaborer un projet de traité en vue de la création d'une Communauté politique européenne. Bien que le projet ait échoué en raison du refus de l'Assemblée française de ratifier le traité de Communauté européenne de Défense (août 1954), la plupart des propositions qu'il contenait ont été reprises dans les projets ultérieurs.

L'initiative la plus célèbre du Parlement européen en la matière a été la proposition de remplacer les traités CCE et Euratom par un nouveau traité d'Union européenne. Formulé à l'initiative du député fédéraliste Altiero Spinelli et adopté par l'Assemblée le 14 février 1984 à une large majorité, le projet innovait tant par la méthode d'élaboration (création d'une commission ad hoc et de l'intergroupe du « club du Crocodile » au sein du PE pour rédiger et promouvoir le projet) que par le contenu (nouveau traité et non simple révision des traités existants, dépassement de l'opposition entre coopération et intégration, introduction du principe de subsidiarité et de la procédure de codécision législative, extension des politiques communes, entrée en vigueur du traité après ratification d'une majorité de pays membres représentant les deux tiers de la population de la Communauté) de ses dispositions. Le président français François Mitterrand ayant assuré le projet de son appui, le Comité Dooge, établi par les chefs d'État et de gouvernement (sur le modèle de l'ancien comité Spaak) pour préparer une conférence intergouvernementale, en avait repris les principales dispositions. Mais durant les négociations qui avaient suivi le Conseil européen de Milan (juin 1985), l'implication du Parlement européen était restée limitée. Bien que considérant les résultats de la CIG insuffisants – Dans un célèbre discours à Strasbourg, Altiero Spinelli, reprenant l'image d'Hemingway dans Le vieil homme et la mer, les avait alors comparés au « gros poisson dont les requins n'avaient laissé que l'arête » – les Eurodéputés les avaient approuvés en janvier 1986. Il en était sorti l'Acte unique, qui allait entraîner de nouvelles pressions en faveur d'une intégration plus poussée et ouvrir la voie aux négociations des traités de Maastricht, Amsterdam et Nice[20]. Instruits par l'exemple et soucieux d'élargir l'assise démocratique du mode d'élaboration des traités de révision, encore marquée par la logique intergouvernementale, les eurodéputés ont été les premiers à réclamer une Convention, expérimentée pour l'élaboration de la Charte des droits fondamentaux (1999-2000) puis pour le projet de Constitution européenne (2003-2004). Ils ont vigoureusement appuyé la présidence belge du Conseil dans la préparation de la déclaration de Laeken[21]. Dans son témoignage sur la préparation du traité constitutionnel, Andrew Duff affirme : « *It was the parliamentary ingredient which saved the Convention*[22]. » De fait, durant la Convention, et nonobstant leur faible contingent (16 sur un total de 105 conventionnels), les Eurodéputés ont été particulièrement actifs et influents. Leur participation assidue aux séances de travail, les contacts privilégiés qu'ils entretenaient avec la société civile et les médias, l'avantage de « jouer à domicile » et de compter nombre des leurs parmi les autres Conventionnels (la moitié des membres du Praesidium, Giscard d'Estaing compris, appartenaient ou avaient appartenu au Parlement européen) ont, comme l'organisation de « composantes » ou « caucus » politiques à l'intérieur de la Convention, majoré leur influence[23]. Davantage rompus aux coalitions transversales et aux majorités transnationales que leurs collègues nationaux, les députés européens se sont montrés aptes à dégager des compromis dans les questions qui divisaient les délégations nationales, particulièrement exposées dans le forum ouvert

---

20 Jean-Marie Palayret, « Spinelli, entre cellule carbonara et conseiller des princes. Impulsions et limites de la relance européenne dans le projet Spinelli d'union politique des années 1980 », in Gérard Bossuat (dir.), *Inventer l'Europe. Histoire nouvelle des groupes d'influence et des acteurs de l'unité européenne*, PIE Peter Lang, Bruxelles, 2003, p. 356-382.

21 Peter Norman, *The Accidental Constitution. The Story of the European Convention*, *op. cit.*, p. 49-50.

22 Andrew Duff, *The Struggle for Europe's Constitution*, Londres, The Federal Trust, 2007, p. 27.

23 Peter Norman, *The Accidental Constitution. The Story of the European convention*, *op. cit.*, p. 149-150.

de la Convention. En juin-juillet 2003, c'est l'alliance entre Giscard d'Estaing, des parlementaires nationaux intégrationnistes et les leaders des groupes politiques du Parlement européen qui a permis à la présidence d'articuler le projet final[24]. Moyennant quoi, les eurodéputés ont atteints les principaux objectifs qu'ils s'étaient fixés. La normalisation de la procédure de codécision législative, l'abolition effective des trois piliers du traité de Maastricht, l'élargissement de la compétence budgétaire, la Charte des droits fondamentaux : tous ces points qui devaient intégrer la Constitution figuraient comme prioritaires dans les résolutions émises par le PE depuis plusieurs années[25].

La troisième partie de l'ouvrage est entièrement consacrée aux « valeurs ». Symbole de la démocratie en Europe, le Parlement européen s'est érigé, depuis le début des communautés, en un forum incontesté pour la défense et la promotion des droits de l'homme. Miroir de l'opinion publique, caisse de résonance des mouvements de défense des droits humains, le Parlement européen qui dispose dans ce domaine d'un pouvoir normatif limité mais d'un pouvoir de sanction effectif, joue un rôle capital dans la définition de la politique de l'Union. Pour mener son combat, il mobilise un certain nombre d'organes. La sous-commission Droits de l'homme (DROI), sous-commission de la commission des Affaires étrangères, assume la gestion des dossiers relatifs aux droits de l'homme, en relation avec d'autres commissions parlementaires (comme les commissions des Affaires étrangères, du Développement, des Libertés civiles, des Droits de la femme ou de la Sécurité et défense) ainsi qu'avec les délégations du Parlement européen ou les parlements des pays tiers »[26]. Par ailleurs la commission des Pétitions et le Médiateur européen mettent régulièrement l'accent sur la défense des droits de l'homme.

Le Parlement a depuis longtemps fait pression pour que les droits de l'homme figurent parmi les sources directes du droit communautaire. Sa démarche a oscillé entre l'adhésion à la Convention européenne des droits de l'homme et la création d'un catalogue communautaire de droits fondamentaux figurant dans les traités. Dès 1953, l'Assemblée ad hoc, chargée de rédiger un projet de traité créant une Communauté politique européenne, proposait d'y intégrer les dispositions de la Convention européenne des Droits de l'homme. En 1975, dans sa résolution sur l'Union européenne (rapport Tindemans), le Parlement européen exprimait la nécessité de doter l'Union future d'une Charte des droits fonda-

24 Andrew Duff, *The Struggle for Europe's Constitution*, *op. cit.*, p. 26-27.

25 *Ibid.*, p. 28.

26 « La défense des droits de l'homme et de la démocratie », fiche technique de la DG Information du PE, n° 6.1.2.

mentaux. En 1984, lors du projet de traité sur l'Union européenne (projet Spinelli), celui-ci prévoyait que « l'Union [adoptait] sa propre déclaration des droits fondamentaux », dont le respect était censé s'imposer aux institutions communautaires, ce qui sera fait en 1989[27]. Le combat du PE pour les valeurs a trouvé un aboutissement provisoire dans l'article 6 du TUE, selon lequel l'Union est fondée sur les principes de la liberté, de la démocratie, du respect des droits de l'homme et des libertés fondamentales ainsi que de l'État de droit. Enfin, lors de la CIG 2000 le Parlement a pris une part active à l'élaboration de la Charte des droits fondamentaux de l'UE (proclamée le 7 décembre 2000) dont il n'a cessé depuis lors de réclamer l'incorporation aux traités. Le traité de Lisbonne, en conférant une valeur contraignante à la Charte, a satisfait partiellement les exigences parlementaires. En parallèle le Parlement continue de plaider en faveur d'une adhésion de l'Union à la Convention européenne des droits de l'homme en vue « d'établir avec le Conseil de l'Europe une coopération étroite et d'éviter [...] d'éventuels conflits entre la Cour de justice des Communautés européennes et la Cour européenne des droits de l'homme »[28]. L'Assemblée a contribué, dans des domaines précis, comme les droits de la femme, les droits des minorités, la lutte contre la montée du racisme et de l'antisémitisme, la lutte contre l'homophobie, à impulser la réflexion et à insérer dans la législation européenne les préoccupations relatives aux droits de l'homme. Dans les questions relevant de la protection de la vie privée, du droit à l'information, le Parlement s'est fait l'avocat des citoyens européens contre le manque de transparence institutionnelle et contre les atteintes résultant de l'utilisation des nouvelles technologies, notamment de l'Internet.

Le Parlement est aussi partie prenante du contrôle du respect des droits fondamentaux par les États membres. L'article 7 UE qui impose une suspension du droit de vote de l'État « coupable de violations graves et répétées des droits fondamentaux ou des principes démocratiques essentiels » requiert l'avis conforme des eurodéputés dans la première phase relative à la constatation du manquement. Le PE s'immisce dans le suivi conduisant à une éventuelle sanction, son règlement intérieur l'autorisant à adopter des recommandations à l'intention du Conseil[29]. Les pétitions ou les rapports du Médiateur permettent à l'Assemblée de mettre en lumière les violations des droits des citoyens européens par un État membre ou une Institution commu-

---

27 Résolution du 12 avril 1989 (Rapport de Gucht) JO.C 120/51.

28 Résolution du PE n° C5-0058-99 du 16 mars 2000 sur l'élaboration d'une Charte des droits fondamentaux de l'Union européenne.

29 Nicolas Clinchamps, *Parlement européen et droit parlementaire*, *op. cit.*, p. 682.

nautaire. Enfin, le PE a participé activement à la mise en place d'une Agence des droits fondamentaux en 2007.

Enfin, le Parlement a toujours été très actif pour défendre la dignité et les droits de l'homme dans le monde entier.

En Europe, l'Assemblée parlementaire a dénoncé, dès le début des Communautés, les atteintes aux droits fondamentaux et exprimé son constant soutien aux combattants de la liberté tant dans les pays sous le joug soviétique (soutien aux accords d'Helsinki en 1975, débats sur la situation en Tchécoslovaquie après l'écrasement du « printemps de Prague » et en Pologne dès la création de « Solidarité ») que dans les dictatures militaires du sud de l'Europe (rapport Birkelbach imposant en mars 1962 le rejet la demande d'adhésion à la CEE de l'Espagne franquiste ; gel de l'accord d'association avec la Grèce suite au coup d'État des colonels en mai 1967) Ces pays, libérés des régimes autoritaires, se sont engagés dans un processus d'adhésion à l'UE. Le Parlement, qui est appelé à délivrer un avis conforme sur les traités d'adhésion, dispose d'un droit de regard sur les progrès réalisés par les pays candidats en matière de démocratisation, de respect des droits de l'homme et des minorités pour rejoindre le niveau communautaire.

Hors d'Europe, le Parlement européen conduit, à côté des actions de la Commission et du Conseil, une véritable « diplomatie parlementaire » pour promouvoir la démocratie et l'État de droit, dans le cadre des relations particulières que l'Union entretient avec certaines régions : Afrique, Amérique latine, région méditerranéenne. C'est sur son insistance que depuis la Convention de Lomé IV (1989), les accords d'association incluent des clauses concernant le respect des droits de l'homme. Depuis les années soixante-dix, l'Union a engagé un dialogue avec tous ses partenaires, lieu où se négocient les politiques qui seront menées en commun par l'Union et les pays tiers : les questions des droits de l'homme et de la démocratie sont un des thèmes abordés dans ces dialogues. Ils revêtent une importance spécifique dans les négociations que l'UE conduit avec des pays comme la Chine, l'Iran ou la Russie. Sans y être officiellement associée, la sous-commission Droits de l'homme du PE pèse sur la teneur de ces consultations, en organisant des auditions publiques d'opposants et d'ONG. Le Parlement peut également utiliser ses pouvoirs budgétaires : l'instrument financier par excellence est l'initiative européenne pour la démocratie et les droits de l'homme (IEDDH) qui offre un soutien financier direct aux ONG œuvrant dans le domaine des droits de l'homme et du soutien à la démocratie, indépendamment de l'aval des autorités des pays tiers où elles opèrent, mais le PE peut également agir en faveur de la dimension droits de l'homme dans les programmes relatifs aux relations extérieures comme MEDA ou TACIS.

Dans son « activisme » pour la défense et la promotion des droits de l'homme et de la démocratie, le PE utilise divers instruments. Les plus courants sont constitués par les résolutions, les déclarations publiques et les délégations. Souvent adoptées suivant la procédure d'urgence (art. 115 du règlement du PE), les résolutions émises par le PE (ou les déclarations publiques signées par un nombre requis de députés) concernent principalement la situation générale des droits de l'homme dans une région ou un pays. Elles font généralement appel à l'action du Conseil et de la Commission, ainsi qu'aux autorités du pays concerné, pour leur rappeler leurs engagements internationaux en matière de droits de l'homme. Les délégations parlementaires sont acceptées dans tous les pays tiers et sont perçues comme représentant toute l'UE. La venue d'une délégation suscite des attentes, qui sont parfois déçues sur le terrain. Le Parlement dispose d'autres instruments spécialisés dans le domaine des droits de l'homme : le prix Sakharov récompense chaque année une personnalité ou une œuvre[30] pour son combat en faveur de la défense des libertés fondamentales et assure au lauréat protection, soutien financier et visibilité internationale ; le Rapport annuel sur les droits de l'homme dans le monde définit les priorités du PE en la matière et facilite le dialogue intra et extra UE[31].

Bien que les résolutions adoptées soient dépourvues de tout effet juridique et pâtissent d'un suivi insuffisant, l'action du PE n'en contribue pas moins à affirmer et à consolider le droit international et à définir la position de l'Union en la matière. Les rapports éveillent l'attention de l'opinion sur des questions comme le droit des minorités, l'esclavage moderne, les droits de la femme et de l'enfant ou la liberté d'expression. Les réactions des pays tiers épinglés sont, en dépit des objections qu'ils peuvent émettre, constructives dans la majorité des cas[32].

Rétrospectivement, l'histoire des conquêtes parlementaires est impressionnante. En une vingtaine d'années le Parlement européen a acquis des pouvoirs que certains parlements nationaux n'avaient arrachés qu'au fil des siècles[33]. Le rôle accru de l'Assemblée de Strasbourg,

---

30 Trois des récipiendaires, Nelson Mandela (1988), Aung San Suu Kyi (1990) et Kofi Annan et le personnel des Nations Unies, ont aussi reçu le prix Nobel de la paix.

31 Sous commission droits de l'homme du PE : « Impact des résolutions et des autres activités du Parlement européen dans le secteur des droits de l'homme – en dehors de l'UE », étude EIUC du 10 juillet 2006.

32 *Ibid.*, ainsi que European Inter-university Centre for Human Rights and Democratisation, *Beyond Activism. The Impact of Resolutions and Other Activities of the European Parliament in the Field of Human Rights outside the European Union*, octobre 2006, p. 87-99.

33 Paul Magnette, « La difficile parlementarisation de l'Union européenne », in Pascal Delwit, Philippe Poirier (dir.), *Parlement puissant, électeurs absents*, *op. cit.*, p. 296.

tel qu'il s'est dessiné dans les traités par le passage à un système proto-parlementaire, pose aujourd'hui un défi majeur aux États membres dans leur leadership politique. Sur le plan politique, les eurodéputés ont déjà acquis une autorité qui va au-delà de leurs prérogatives. Ces dernières années, c'est dans l'enceinte du Parlement européen que de nombreux blocages survenus entre les capitales ont pu être surmontés. Cela a été le cas de la directive Bolkenstein portant sur la libération des services ou du système REACH d'enregistrement des substances chimiques.

À l'instar des présidences précédentes, la présidence française qui a débuté le 1er juillet 2008 a pris un soin particulier à associer les dirigeants du PE et de ses groupes parlementaires aux préparatifs de son semestre[34]. La France manifeste ainsi un degré d'implication du PE nouveau pour elle et rejoint sur cette ligne les autres grands pays de l'UE, et surtout l'Allemagne, qui, depuis le Chancelier Kohl, a placé le Parlement au cœur de sa stratégie d'influence en Europe.

La progression paraît si spectaculaire que certains, tel le ministre allemand des Affaires étrangères Joschka Fischer devant l'université Humboldt (2000), prédisent qu'elle conduira à la « pleine parlementarisation de l'Union ». De fait, si l'on se concentre sur les pouvoirs formels, tels qu'ils sont renforcés par le traité de Lisbonne en cours de ratification, on peut avoir l'impression que les bases de cette parlementarisation sont jetées. Sur le plan institutionnel, le traité de Lisbonne prévoit que les gouvernements, « tenant compte » des équilibres politiques au sein de l'Assemblée, proposeront un candidat à la présidence de la Commission, qui sera « élu » par les parlementaires. Le traité renforce aussi les prérogatives des parlementaires en matière budgétaire : l'Assemblée devra se prononcer sur le cadre pluriannuel et sera sur un pied d'égalité avec le Conseil pour décider des dépenses, les recettes restant du ressort des États membres. Surtout, avec l'extension de la procédure de codécision, le PE sera placé par le traité de Lisbonne en position de véritable colégislateur avec le Conseil.

En réalité, le risque tant redouté par certains d'un régime d'assemblée au niveau européen est faible. Tant les critères organiques (représentation, procédure parlementaire) que les critères fonctionnels (sources, attributions) du droit parlementaire sont encore en gestation.

Concernant les critères organiques, dès l'origine, les députés se sont organisés sur un mode classique, imitant les pratiques des parlements nationaux. L'administration du PE (personnel et services) est directement inspirée du droit parlementaire interne. L'essentiel du travail se déroule dans le cadre des groupes politiques et des commissions parlementaires.

---

34 *Le Monde*, 11 juillet 2008.

Selon l'article 29 du Règlement intérieur du PE, dans sa version de 1999, tout groupe politique doit être composé de plusieurs États membres. Les groupes constitués d'un parti unique sont interdits. Une modification introduite en mai 2008 stipule que tout groupe politique doit être composé d'au moins un cinquième des États membres (7 États) et compter un minimum de vingt députés. Les statuts empêchent ainsi l'organisation de groupes sur la base de la nationalité et combattent la prolifération des petits groupes. L'influence du système D'Hondt sur la distribution des mandats, du personnel et des budgets entre les différents groupes privilégie les grandes entités et encourage donc la formation de grands groupes parlementaires. Mais la structuration partisane de l'Assemblée reste plus fluide que celle de la plupart des parlements nationaux : sujette aux évolutions électorales nationales, la représentation européenne varie encore largement d'un scrutin à l'autre et la cohésion des familles partisanes est plus faible que chez leurs homologues nationaux[35].

La priorité au travail législatif que le Parlement européen s'est assignée, en vue de donner son plein effet à la procédure de coopération puis de codécision, a impliqué dans la pratique un renforcement du rôle des commissions parlementaires et de leurs méthodes de travail. L'importance accordée à la première lecture dans le cadre de ces procédures accroît le poids des commissions dans le processus décisionnel, celles-ci étant chargées d'examiner les propositions de règlement et de directives communautaires et de sélectionner tous les amendements avant la séance plénière. Inégales en taille et en responsabilité – la commission des Affaires étrangères couvre un domaine dans lequel le PE n'a qu'un pouvoir formel, mais a toujours compté parmi ses membres des personnalités influentes et célèbres, la commission des Budgets a une position forte dans un domaine où le PE détient un pouvoir réel depuis 1970-1975 alors que l'arrivée de la codécision a renforcé la position des commissions législatives, comme la commission de l'Environnement ou celle des Transports – les commissions du Parlement européen (12 avant l'élection directe, 20 en 2007) sont saisies tantôt au fond tantôt pour avis. Chaque membre du Parlement est en principe membre à part entière d'une commission et membre suppléant dans une autre, l'augmentation des responsabilités législatives de l'institution allant de pair avec une spécialisation des eurodéputés de plus en plus marquée. À la différence des parlements nationaux, l'absence de majorité gouvernementale implique que l'issue des débats n'est pas ici déterminée par l'exécutif mais résulte de la confrontation et du dialogue entre les positions des différents groupes politiques. Le choix des

35 Simon Hix, Christopher Lord, *Political Parties in the European Union*, Londres-Basingstoke, Macmillan, 1997.

membres du bureau (président et vice-présidents) et la composition politique de chaque commission sont ainsi déterminés par accord préalable entre les groupes en fonction du nombre de leurs députés (système D'Hondt). Depuis l'élection directe, certaines commissions, telles la Commission sociale, la Commission de l'environnement ou celle des droits de la femme, ont permis à des « outsiders », journalistes et lobbyistes, d'assister à leurs réunions. Ce mouvement d'ouverture au public s'est étendu aujourd'hui à l'ensemble des commissions, sauf exception comme dans le cas de la COCOBU, lorsqu'elle traite des affaires de fraude. Le Parlement européen utilise de plus en plus la technique des commissions d'enquête et les commissions permanentes ont multiplié les « hearings », auditions publiques d'experts[36].

Apparues au début des années soixante-dix, les délégations parlementaires se sont imposées comme un moyen privilégié d'établir des contacts avec les parlements des États tiers. Elles assurent l'information interparlementaire et facilitent le contrôle sur les relations extérieures de la Communauté. Leur composition doit refléter la force des groupes politiques et, à un moindre degré, des États membres.

La principale originalité de l'Assemblée de Strasbourg provient du multilinguisme, qui entraîne une stricte rationalisation des procédures, et engendre une certaine apathie des débats. Par contre, le président du Parlement européen jouit d'une stature politique sans commune mesure avec celle de ses homologues nationaux. Depuis 1988, il assiste aux réunions des Conseils européens (il présente les vues du Parlement à l'ouverture de la réunion). Il rencontre mensuellement les présidents de la Commission et du Conseil des ministres (trialogues). Il signe le budget de l'Union et cosigne avec le président du Conseil en exercice l'ensemble de la législation adoptée dans le cadre de la procédure de codécision[37].

Si le Parlement a su se donner les moyens de fonctionner comme une assemblée ordinaire, les difficultés sont plus grandes au regard de la représentation. Les hypothèques qui continuent de peser sur cette dernière, confirmées par le niveau élevé de l'abstention lors des élections européennes de juin 2004, pourraient à long terme affaiblir le Parlement. Longtemps on a pu invoquer la faiblesse du talking shop de Strasbourg, mais son renforcement constant au cours des vingt dernières années rend cette explication peu convaincante[38]. Si le Parlement est devenu un

---

36 Simon Hix, Christopher Lord, *Political Parties in the European Union*, Londres-Basingstoke, Macmillan, 1997.

37 Richard Corbett, Francis Jacob, Michel Sjackleton, *The European Parliament*, 7e édition, Londres, John Harper Publishing, 2007, p. 114-115 et 321.

38 Certains analystes vont jusqu'à considérer le Parlement européen comme « l'une des plus puissantes chambres élues au monde », voir Berthold Rittberger, « Constructing

puissant colégislateur dans toutes les matières liées au marché unique, il reste à l'écart des domaines qui préoccupent les citoyens : l'emploi, la protection sociale, la fiscalité, la sécurité, la défense. Les scrutins européens mettent les partis nationaux dans l'embarras en les obligeant à choisir de mener campagne sur un programme européen forcément parcellaire ou sur des effets d'annonce ignorant le découpage subtil des compétences de la gouvernance à plusieurs niveaux. Déterminant la composition d'une chambre qui aboutit, par le jeu des groupes politiques et du règlement, à la domination quasi-permanente d'une « grande coalition centriste » privilégiant le consensus, et n'ayant pas d'incidence directe sur la composition de l'Exécutif européen, les consultations européennes ont du mal à mobiliser l'opinion. Les électeurs, qui éprouvent déjà des difficultés à percevoir les enjeux à trancher, comprennent qu'elles ne changeront qu'à la marge le cours des politiques européennes[39]. De plus, si son élection au suffrage direct depuis 1979 fait du Parlement la seule institution européenne dotée de la légitimité populaire directe, à y regarder de plus près, il n'est pas le représentant d'un « peuple européen », mais des peuples des États membres. Cette réticence des auteurs des traités à conférer à la représentation un caractère englobant la société européenne a une double conséquence : les États restent le lieu d'exercice privilégié de la politique ; le fossé entre les représentants et les citoyens européens persiste, accentué par l'inexistence de découpage électoral européen dans un certain nombre d'États membres[40]. Le traité de Lisbonne, qui stipule (art. 8 A §2) « les citoyens sont directement représentés au niveau de l'Union, au Parlement européen », pourrait, s'il entre en application, représenter une avancée notable en ce domaine.

Concernant les critères fonctionnels (sources et les attributions) le mouvement pro-constitutionnel – relayé par le Parlement européen qui cherche depuis longtemps à constitutionnaliser les traités – paraît trouver son aboutissement dans le traité de Lisbonne. Beaucoup d'analystes observent cependant que la mue des pouvoirs du PE, opérée par ce traité, trouve ses limites. En effet, si le traité prolonge la parlementarisation du régime de l'Union en consacrant l'élection du président de la Commission par le Parlement européen, il confirme aussi le leadership intergouvernemental en établissant une présidence permanente du

---

Parliamentary Democracy in the European Union : How Did It Happen ? », in Beate Kohler-Koch, Berthold Rittberger, *Debating the Democratic Legitimacy of the European Union*, *op. cit.*, p. 112.

39 Paul Magnette, « La difficile parlementarisation de l'Union européenne », in Pascal Delwit, Philippe Poirier (dir.), *Parlement puissant, électeurs absents*, *op. cit.*, p. 297-299.

40 Nicolas Clinchamps, *Parlement européen et droit parlementaire*, *op. cit.*, p. 686.

Conseil européen. Bien que le privilège de nomination des gouvernements paraisse écorné, le poste de président de la Commission ne fait toujours pas l'objet d'une compétition ouverte et la mise en place des Commissions Santer en 1995, Prodi en 1999 et Barroso en 2004, a révélé que, en dépit de leurs menaces et de leurs injonctions, les parlementaires ne sont pas en mesure de s'opposer au choix des gouvernements[41]. Le Conseil, organe décideur par excellence, ne peut être inquiété par le Parlement qu'au moyen de contrôles indirects (les recours juridictionnels) ou ponctuels (le contrôle budgétaire) Par ailleurs, le traité de Lisbonne continue de conférer au Conseil des pouvoirs importants, non seulement en matière de politique étrangère et de sécurité où il reste l'organe dominant, mais aussi dans le vaste champ couvert par l'Union économique et monétaire et par la « coordination ouverte » des politiques sociales et d'emploi. L'influence des eurodéputés reste encore marginale lorsqu'il s'agit de peser sur les sujets qui restent des compétences exclusives de la Commission, comme la politique de la concurrence, ou dans le champ de l'unanimité au Conseil : la fiscalité, la politique étrangère et la sécurité commune.

Le Parlement s'emploie également à mieux définir sa place dans l'architecture institutionnelle de l'Union, laquelle ne cesse de se complexifier.

Soucieux de sa légitimité, il a parfois tenté d'endiguer le développement d'instances concurrentes de représentation (Comité économique et social, Comité des régions) qui ont exigé, au fil des ans, d'avoir voix au chapitre communautaire. Ce réflexe d'autodéfense est sans doute naturel si l'on considère que l'Union est un système en gestation et que certains ne désespèrent pas de la transformer en un ensemble fédéral où le Parlement européen jouerait un rôle majeur, à l'instar du Congrès américain ou du Bundestag allemand. L'attitude du Parlement européen dans sa tactique de rapprochement maîtrisé avec les parlements nationaux pose, à terme, la question de son évolution bicamérale. En corollaire à la constitutionnalisation, certains analystes et politiques pensent en effet que l'évolution implicitement fédérale revendiquée par l'Assemblée de Strasbourg devrait conduire à créer un Parlement bicaméral tenant compte des différentes strates de représentation. À côté de

---

41 La Commission Prodi comprenait une moitié des membres proches du PSE alors que ce parti avait perdu les élections de juin 1999. en juin 2004, les gouvernements ont hésité entre un candidat issu d'un petit groupe (le libéral Guy Verhofstadt) et un autre issu d'un courant marginal du Parti populaire démocrate-chrétien (le conservateur britannique Chris Patten).

la chambre basse correspondant à l'actuel Parlement, la chambre haute représenterait non seulement les États mais aussi les régions[42].

Face à la crise de la démocratie représentative, la Commission, dans son *Livre Blanc sur la Gouvernance européenne* publié à l'été 2001, prend en considération le rôle renforcé des acteurs non étatiques, en associant la société civile – par le biais de la participation directe et ouverte des intérêts organisés et des associations civiques (conférences citoyennes) – aux processus délibératifs. Cette démarche s'inscrit très clairement dans l'objectif de rendre le processus décisionnel plus ouvert et plus transparent, tout en insistant sur la nécessité de « démocratiser l'expertise » dans un contexte scientifique et technique de plus en plus lourd. Lors des travaux de la Convention, le PE a défendu l'idée d'une initiative citoyenne. En 2004, le principe de « démocratie participative » a été introduit dans le traité constitutionnel (art. I-47) et le traité de Lisbonne prévoit à cette fin un instrument d'action concret : le droit d'initiative populaire[43].

Le Parlement européen prend aujourd'hui des décisions qui affectent quotidiennement la vie des citoyens, ce que les élections européennes font insuffisamment ressortir. Il est nécessaire qu'il soit mieux connu des peuples. Or, la détermination dont le Parlement a fait preuve au cours des dernières décennies pour rendre le système européen plus accessible et visible n'a pas encore entraîné, contrairement aux prévisions des fédéralistes, l'émergence d'un espace public européen. Les fédérations européennes de partis se sont bien construites dans presque toutes les familles politiques et les élections européennes ont encouragé leur organisation. Mais elles restent des fédérations lâches de partis nationaux qui interviennent peu dans les campagnes électorales européennes et semblent se structurer plus autour des Conseils européens[44] que dans le giron de l'Assemblée[45]. Bien que le PE ait

---

42 Cette architecture irait dans le sens de la démocratie participative esquissée par la Commission dans son *Livre Blanc sur la gouvernance européenne*, COM (2001) 428 final, Bruxelles, 25 juillet 2001, p. 16-20, in Nicolas Clinchamps, *Parlement européen et droit parlementaire*, *op. cit.*, p. 691.

43 Paul Magnette, « European Governance and Civil Participation : Beyond Elitist Citizenship ? », in *Political Studies*, n° 51/1, 2003, p. 139-156.

44 La tenue de « pré-sommets » regroupant les chefs de gouvernements, les leaders de partis, les membres de la Commission et le président du groupe du PE appartenant à la même famille politique en est la manifestation. Ces réunions peuvent avoir un impact important, comme ce fut le cas en octobre 1990, lorsque les leaders du PPE se mirent d'accord pour imposer l'adoption d'un calendrier strict pour la réalisation d'une Union monétaire au futur Conseil européen de Rome. Il en résulta le « guet-apens » (*ambush*) tendu à Margaret Thatcher, qui se retrouva isolée au Sommet face aux autres chefs d'État et de gouvernement qui approuvèrent le calendrier pour l'UEM.

consacré beaucoup d'efforts à communiquer avec la presse, la radio et la télévision afin de mieux publiciser ses débats[46], la couverture des activités du PE par les rédactions des médias nationaux et transnationaux reste marginale, et elles trouvent elles aussi plus de matière dans les Sommets de chefs d'État et de gouvernement que dans l'hémicycle[47]. Le traitement de cette actualité, considérée comme « une actu lente, molle, soft, parfois technocratique » selon le responsable éditorial du Monde[48] décourage l'audience. Selon les sondages Eurobaromètre, le manque d'information sur l'institution parlementaire reste l'une des causes non négligeables de l'abstention lors des élections européennes.

La multiplication des lieux de travail (Strasbourg, Bruxelles et Luxembourg) ajoute à la confusion : elle désoriente l'opinion publique qui perd le contact avec cette « institution nomade »[49]. Enfin, on peut se demander si le dédain manifesté par certains dirigeants politiques à l'égard de l'institution (considérée comme un « second choix » d'où un fort taux de renouvellement) ne contribue pas à brouiller l'image de l'institution et à alimenter un antiparlementarisme latent.

À cet égard, tout ne relève pas des pouvoirs publics ou des institutions. La création de véritables partis politiques européens et leur visibilité relèvent avant tout des responsables politiques. Tout ce qui contribue à encourager ce processus doit être fait (institutionnalisation des partis

---

45 Pascal Delwit, Erol Kulahci, Cédric de Van Valle (dir.) *Les fédérations européennes de partis. Organisation et influence, op. cit.*

46 Des salles de presse et studios TV et radio entièrement équipés ont été mis à la disposition des 1200 journalistes accrédités aussi bien à Bruxelles qu'à Strasbourg, une conférence de presse est organisée chaque vendredi avant la session à Strasbourg pour informer les journalistes du travail du Parlement la semaine suivante, les équipes de télévision sont autorisées à filmer les séances plénières et certaines réunions en commission.

47 François Heyndericks, *L'Europe des médias*, Bruxelles, Université de Bruxelles, 1998 ainsi que Klaus Eder, Hans-Jörg Trenz, « Prerequisites of Transnational Democracy and Mechanisms for Sustaining It. The case of the European Union » in Beate Kohler-Koch, Berthold Rittberger, *Debating the Democratic Legitimacy of the European union, op. cit.*, p. 167-173.

48 Cité dans Olivier Costa, Paul Magnette, *Une Europe des élites ? Réflexions sur la fracture démocratique de l'Union européenne*, Bruxelles, Université de Bruxelles, 2007, p. 57.

49 Comme l'expliquait Emanuele Gazzo, directeur de l'Agence Europe : « Il faut un siège unique où l'Europe puisse travailler et avec lequel elle puisse s'identifier. C'est aussi nécessaire pour permettre aux médias de travailler. » Intervention d'Emanuelle Gazzo au Colloque *Le Parlement européen dans l'évolution institutionnelle*, publié par Jean-Victor Louis, Denis Waelbroeck (dir.), éditions de l'Université de Bruxelles, 1988, p. 170-171.

européens, place et statut des députés européens, enseignement à l'école) y compris grâce à une meilleure médiatisation des enjeux européens.

Au final, si le Parlement européen est incontestablement l'institution montante du système juridique de l'Union européenne et s'il semble voué à un bel avenir, on aura garde de minorer ce pronostic en constatant, avec le politiste Paul Magnette : « Le Parlement européen est devenu un acteur non négligeable du jeu politique de l'Union, mais il n'a pas ravi aux forums intergouvernementaux leur rôle de centre de gravité[50]. » Des voix s'élèvent pour mettre davantage en évidence les structures originales de l'Union et chercher des formes de démocratisation adaptées. Telle est l'ambition de ceux qui, dans les milieux universitaires défendent une conception qui se veut plus novatrice, articulée autour de la notion de « gouvernance démocratique ».

Doit-on dès lors incliner à considérer l'Union européenne, pour reprendre l'expression de Bernard Manin, comme « le lieu d'élaboration d'un nouveau principe du gouvernement représentatif »[51] ? Nonobstant la complexité du système d'intermédiation des intérêts et le résultat décevant des tentatives de régulation de l'accès de ces acteurs aux processus décisionnels, la démarche expérimentale de la construction européenne devra amener à réfléchir à des solutions nouvelles pour que le conflit efficacité/démocratie se transforme en spirale vertueuse (la démocratie efficace) réconciliant délibération et expertise[52]. Le PE quant à lui, a d'ores et déjà engagé le débat sur l'équilibre à trouver entre démocratie représentative, participative et délibérative.

---

50 Pour un rappel de la littérature sur la question, voir l'ouvrage de Paul Magnette, *Le régime politique de l'Union européenne*, Paris, Presses de Sciences Po, 2003, p. 240 et suivantes ; Céline Belot, Fabienne Greffet « Une Europe en quête d'électeurs. Retour sur les différentes lectures de l'abstention aux élections européennes à l'occasion du scrutin de juin 2004 », in Pascal Delwit, Philippe Poirier (dir.), *Parlement puissant, électeurs absents*, *op. cit.*, p. 200.

51 Bernard Manin, *Les principes du gouvernement représentatif*, Paris, Flammarion, 1995.

52 Sur cette problématique, voir Sabine Saurugger, « Démocratiser l'expertise ? Acteurs non étatiques et fabrication d'un savoir légitime », in Olivier Costa, Paul Magnette, *Une Europe des élites ?*, *op. cit.*, p. 225-239.

Témoignage de François Scheer, directeur de cabinet de Simone Veil, présidente du Parlement européen (1979-1981)

Intervenant dans ce débat sur l'histoire des institutions européennes pour apporter mon témoignage sur le Parlement européen, je dois à la vérité de rappeler que si l'Europe a tenu une grande place dans ma carrière diplomatique, la part qu'y a prise l'institution parlementaire est restée fort modeste. Sans doute ai-je fréquemment croisé cette institution tout au long de mes années européennes, mais je n'ai vécu son quotidien au cœur de la place que durant les 20 mois passés auprès de Simone Veil, de septembre 1979 à mai 1981. Ma qualité de « grand témoin » doit donc être considérée avec circonspection, car mon témoignage ne pourra faire abstraction du regard extérieur que j'ai eu maintes fois l'occasion de porter, avant et après mon passage au Parlement, sur son rôle dans la dramaturgie européenne et son fonctionnement.

Et d'abord comment me suis-je trouvé projeté dans cet univers parlementaire auquel je n'étais nullement destiné et préparé ? En tant que représentant permanent adjoint de la France auprès des Communautés européennes, je voyais alors l'Europe à travers le prisme du Conseil, dans les débats duquel les représentants français, ministres ou fonctionnaires, manifestaient communément pour les travaux de l'« Assemblée parlementaire » (ainsi désignait-on officiellement en ce temps-là à Paris l'institution strasbourgeoise) un intérêt très relatif (c'est un euphémisme !). Qu'allais-je donc faire dans cette galère ?

De fait, quand bien même la France avait-elle mis tout son poids dans la décision prise par les neuf de faire élire au suffrage universel l'institution parlementaire, puis dans l'élection par cette nouvelle Assemblée de Simone Veil au fauteuil présidentiel, un reste de méfiance avait conduit les amis politiques de la nouvelle présidente à la presser de rompre avec la coutume qui voulait que le président appelât un haut fonctionnaire de l'Assemblée à diriger son cabinet. La prudence commandait selon eux de confier cette responsabilité à un agent du Quai d'Orsay, rompu aux affaires de l'Europe et ayant si possible déjà occupé un poste d'ambassadeur. Et c'est ainsi que je fus enjoint par le Ministre des Affaires étrangères de quitter à mon corps défendant Bruxelles et le Comité des représentants permanents pour rejoindre au débotté Luxembourg, où le cabinet présidentiel avait son siège avec l'ensemble de l'administration du Parlement. Cabinet de taille modeste, fort éloigné quant à ses pouvoirs du modèle français : épaulé par un maître des requêtes au Conseil d'État, envoyé comme moi en mission pour renforcer l'identité française et non parlementaire de cet organe, je fus invité à compléter mon effectif par deux collaborateurs, l'un allemand et l'autre irlandaise, désignés par les deux principaux groupes politiques de l'assemblée.

Si je m'attarde sur cet épisode en soi de peu d'intérêt de ma carrière européenne, c'est qu'il me paraît, à 30 ans de distance, assez bien illustrer le caractère très ambivalent de la politique européenne de la France. Que notre pays ait été avec son partenaire allemand la cheville ouvrière de la construction européenne durant près de 40 ans ne fait aucun doute, jusque et y compris dans la relance de l'intégration chaque fois que le chantier européen était menacé de stagnation. Alors que depuis l'élargissement de 1973, la mécanique de l'intégration marquait le pas, l'élection au suffrage universel du Parlement européen était censée donner l'image du mouvement… à condition toutefois, vue de Paris, qu'elle ne vînt pas modifier le subtil (dés)équilibre que la progressive mise en œuvre des traités avait insensiblement installé entre les institutions des Communautés, et dans lequel le Conseil affirmait de fait dans les années 1970 sa prééminence, encore confortée par l'invention en 1974, à l'initiative de la France, d'une réunion informelle des chefs d'État et de gouvernement, baptisée Conseil européen. Dans ce contexte, il n'était pas indifférent que l'on se préoccupât à Paris de mettre en place, dès l'inauguration du nouveau Parlement, quelques garde-fous, susceptibles, pensait-on, d'en calmer les ardeurs.

Dans le récit de sa vie, Simone Veil laisse entendre que sa présidence se déroula sans difficultés majeures. La réalité fut tout autre, du moins dans les premières semaines, car il apparut d'emblée, comme il était prévisible, que cette Assemblée, largement dominée par les représentants de pays aux fortes traditions parlementaires, beaucoup mieux organisés que les députés français, entendait bien tirer parti de sa nouvelle légitimité pour marquer son territoire face aux prétentions des institutions bruxelloises, et que l'on attendait de la présidence, toute française qu'elle fût, qu'elle prenne en compte sans réserve cette volonté de rééquilibrage des pouvoirs dans le triangle institutionnel défini par les traités fondateurs. Les convictions européennes de Simone Veil et son indépendance d'esprit lui permirent de prendre rapidement la mesure du problème et, plutôt que de tenter de freiner le mouvement au risque de perdre toute autorité dans la conduite des travaux de l'assemblée, de se faire elle-même l'interprète des préoccupations exprimées par la grande majorité de ses collègues parlementaires. En ne laissant à aucun des 12 vice-présidents le soin de présider les interminables séances que le Parlement consacra à la révision de son règlement intérieur, Simone Veil gagna l'estime et la confiance de ses collègues.

Par la suite, elle y mit le prix, étant présente à Strasbourg, lors des sessions mensuelles du Parlement, du premier au dernier jour, alors même que les bancs de l'assemblée se vidaient au fur et à mesure que la session allait à son terme, les députés français n'étant pas les derniers à fuir l'hémicycle strasbourgeois, alors que leurs collègues britanniques occupaient le ring jusqu'au coup de gong final. Dans le même temps, Simone Veil, tout en veillant à ce qu'à aucun moment, le principe des sessions strasbourgeoises ne soit remis en cause par une assemblée soucieuse dans sa grande majorité de siéger au plus près de l'exécutif européen, ne manqua jamais de déplorer le nomadisme auquel était astreinte l'institution qu'elle présidait. Nomadisme dont j'ai pu personnellement mesurer les contraintes et les charges, lorsque je voyais s'aligner dans les couloirs du Parlement à Luxembourg, les veilles de sessions, les kilomètres de cantines prêtes à gagner Strasbourg en imposants convois routiers. Ajouterai-je que Simone Veil avait d'autant plus de mérite à défendre la cause de Strasbourg qu'elle n'était guère soutenue dans ce combat par les parlementaires français, peu enclins à relayer la position constamment réaffirmée du gouvernement français sur ce sujet sensible.

Présidant en marge des sessions et parfois hors session les réunions du Bureau du Parlement, collège aux ordres du jour toujours fort chargés, et théâtre de débats parfois tendus, notamment avec les représentants des différents groupes politiques de l'assemblée, Simone Veil eut tout loisir de mesurer la complexité des structures administratives du Parlement, fortement marquées par l'intervention du politique dans l'ordinaire de la gestion du personnel. Celui-ci comprend en effet, aux côtés des agents recrutés par concours selon la norme de toutes les institutions européennes, des agents qui, engagés au départ par les différents groupes de l'assemblée, se voient ensuite offrir une possibilité d'intégration directe dans le corps des fonctionnaires de l'assemblée. Cette double origine du personnel ajoutait encore à la difficulté de l'exercice auquel se livrait le Bureau lorsqu'il avait à arrêter un train de promotions en respectant un subtil équilibre entre les nationalités, les couleurs politiques, les modes de recrutement et – pourquoi pas ? – les mérites des impétrants.

Rétrospectivement, pour avoir suivi aux côtés de Simone Veil la plupart de ces débats largement consacrés à l'organisation des travaux de l'assemblée dans ses différentes formation, il m'apparaît que ce nouveau Parlement a su rapidement prendre la mesure des responsabilités nouvelles que, par la force des choses, son élection au suffrage universel lui conférait, quand bien même les deux branches de l'exécutif bruxellois, autant que la lettre des traités alors en vigueur, y feraient obstacle. Il est vrai que le quotidien des débats dont l'hémicycle strasbourgeois était encore le théâtre à l'époque pouvait parfois laisser planer un doute sur la maturité d'une assemblée toujours prompte à voter des résolutions sur toutes sortes de causes aussi dignes d'intérêt qu'à l'avance perdues ou situées à des années lumières des préoccupations immédiates des citoyens qui l'avaient élue. C'est pourtant ce Parlement qui deux années de suite, à peine installé, refusa de voter le budget de la Communauté européenne, obligeant celle-ci à vivre de douzièmes provisoires jusqu'à résolution du conflit par des négociations entre les trois institutions. Le gouvernement français n'avait pas été le dernier dans cette circonstance à s'offusquer de cette résistance parlementaire, et son Premier Ministre à s'en ouvrir directement auprès de la présidente du Parlement européen. Celle-ci tint bon, et pour le budget de 1981, la solution n'intervint qu'après l'élection présidentielle française de mai 1981.

Ces épisodes budgétaires auront certainement fait date dans l'histoire des rapports institutionnels de l'Europe communautaire. Tout comme il m'est apparu qu'en étant la seule institution européenne dont les débats étaient publics, le Parlement contribuait de façon non négligeable à la nécessaire démocratisation de la vie des instances européennes. Durant les 20 mois de ma présence dans les couloirs du Parlement à Strasbourg, j'ai pu constater que les tribunes réservées au public ne désemplissaient pas. Autre signe de la montée en puissance, médiatiquement parlant à tout le moins, de l'assemblée : les manifestations d'agriculteurs, jusque-là généralement réservées aux sièges bruxellois des institutions.

Nul doute que la personnalité de Simone Veil n'aura pas compté pour peu dans cette médiatisation bienvenue de l'institution parlementaire européenne. À cet égard, les nombreux déplacements de la présidente du Parlement dans les capitales européennes et au-delà (jusqu'en Chine) auront contribué à faire entendre à travers le monde une voix de l'Europe que l'on ne pouvait confondre avec celle des dirigeants nationaux de la même Europe. Trop rares ont été dans l'histoire européenne des 60 dernières années de telles occasions pour ne pas rappeler celle-ci, qui aura d'une certaine façon marqué l'histoire du Parlement européen.

Tout au long de ces mois passés au Parlement européen, ai-je jamais eu le sentiment de vivre des moments historiques de l'aventure européenne ? Certainement non, pas plus que dans le quotidien de ma participation aux travaux des autres institutions et organes européens. Rien d'étrange à cela : la construction de l'unité européenne est une entreprise d'une telle ampleur que l'histoire y est rarement faite de moments exceptionnels et ne peut donc être embrassée que dans la durée. Rétrospectivement, je puis dire aujourd'hui, 30 ans après, qu'avoir été témoin des premiers pas du Parlement européen issu du suffrage universel n'était sans doute pas anodin (je ne l'aurais pas dit à l'époque) et m'a en tout cas conduit à avoir dans la suite de mes activités européennes, particulièrement dans les travaux du Conseil, un regard différent sur la part que prend le Parlement à l'édification de l'Europe. Comment pourrait-il d'ailleurs en être autrement dès lors que les ambitions qui se faisaient jour dans l'assemblée élue en 1979 ont reçu force de loi dans les traités signés depuis lors ?

Mais j'irai plus loin : la France a une longue pratique des constructions institutionnelles. Plus qu'aucun de ses partenaires de l'Union, elle a depuis deux siècles multiplié les aventures constitutionnelles, dont elle a fait selon les circonstances bon ou mauvais usage. Elle en a surtout tiré la conclusion implicite qu'aucune structure institutionnelle, si savante soit-elle, ne permet jamais de régler tous les problèmes qu'affronte une nation. Encore moins un agrégat de nations qu'aucune tradition constitutionnelle ne rapproche, sinon dans le cas de notre Europe, un penchant confirmé pour la démocratie. La France a certainement eu raison d'exiger, dans la perspective des élargissements post-guerre froide, un aménagement de l'équilibre institutionnel tel que l'avaient conçu les pères fondateurs. Mais le traité de Lisbonne ne sera jamais qu'un pis-aller, qui indique aux Vingt-Sept une direction en leur laissant toute liberté d'en faire le meilleur usage… ou le contraire. Aucune des deux options n'est à l'heure présente plus probable l'une que l'autre.

Il reste néanmoins que depuis une vingtaine d'années, quelle que soit l'architecture institutionnelle que les États membres se sont ingéniés à adapter au goût du jour, sinon dans le sens de l'histoire, la pratique intergouvernementale n'a cessé de l'emporter sur la démarche communautaire. Et la France n'a pas été la dernière à privilégier cette approche, fidèle en cela à cette ambivalence que je rappelais en introduction de mon témoignage. Je ne dis pas que dans l'état présent de la construction européenne, cette approche n'ait pas quelque justification. Mais elle ne saurait pour autant l'emporter, même à titre transitoire, sans un sérieux contre-pouvoir qui préserve la vocation démocratique de l'Europe unie. Là est aujourd'hui le rôle historique que le Parlement européen est seul à pouvoir tenir, la Commission ayant rendu les armes face à un Conseil omnipotent.

CHAPITRE 9

Le Conseil

Histoire et rapport à l'histoire du Conseil et de son secrétariat général

Michel MANGENOT

Comment écrire l'histoire du Conseil des ministres, devenu par le traité de Maastricht le Conseil de l'Union européenne ? Il présente en effet une singularité vis-à-vis des autres institutions présentées dans cet ouvrage. Unique d'un point de vue juridique (le traité n'évoque que le Conseil, au singulier), il est composé de multiples enceintes (groupes de travail, comités dont le Coreper) et de nombreuses formations sectorielles. Quel peut être le rapport à l'histoire et à la mémoire d'une telle multi-institution ? Dans cette situation, comment le Conseil pourrait-il écrire sur lui-même ? Car on ne rencontre jamais le Conseil. Ainsi, son rapport à l'histoire se pose différemment selon la forme qu'il adopte[1]. Le Conseil, est-ce ses États pris séparément ou la somme de ses États ? Le Conseil, est-ce sa présidence[2] ? Ou enfin le Conseil, est-ce sa structure permanente : son secrétariat général, dont une des fonctions est justement d'être la « mémoire de l'institution » ? Mais celui-ci entend rester discret, c'est même sa culture propre. La situation s'est d'ailleurs complexifiée depuis l'entrée en vigueur du traité de Lisbonne le 1er décembre 2009, puisqu'il n'existe plus, désormais, un seul Conseil (de l'UE) mais deux, avec l'autonomisation et la reconnaissance juridique du Conseil européen.

---

1 C'est pourquoi Helen Wallace parle d'une institution caméléon.

2 Sur la présidence, nous renvoyons le lecteur à nos travaux récents : *Présider l'Union européenne. Présidences(s) du Conseil et système de gouvernement* (dir. avec Ana Mar Fernández Pasarín), *Politique européenne*, n° 35, 2011, et *Le système présidentiel de l'Union européenne après Lisbonne* (dir. avec Véronique Charléty), préface de Herman Van Rompuy, Strasbourg, École nationale d'administration (ENA), collection « Professionnels de l'Europe », 2012.

Relatons ici une expérience personnelle concernant l'histoire du secrétariat général du Conseil, sans rentrer dans ses considérations internes mais afin de nous interroger plus généralement sur le mode assez spécifique selon nous, des relations entre histoire et mémoire. La situation apparaît en effet très différente de celle de la Commission, dont l'histoire est un élément de communication externe. Cette expérience vient nous rappeler les usages variés de l'histoire au sein d'une institution.

En novembre 2006, le secrétariat général, en la personne de son directeur général « Presse, Communication, Protocole » (DG F), M. Hans Brunmayr, sous l'autorité de Pierre de Boissieu[3], secrétaire général adjoint, nous commande une étude. Il s'agit plus précisément d'une contribution sur le « Secrétariat général : Origine et histoire – Précédents et équivalents – Organisation et transformation du rôle – Perspectives d'évolution suite au traité constitutionnel ». Cette étude a été rendue le 31 octobre 2007, six semaines avant la signature du traité de Lisbonne. Il s'agit d'une commande personnelle et directe, suite à des contacts réguliers, depuis 2002, avec plusieurs membres du secrétariat général rencontrés dans le cadre de nos recherches ; nous avions en effet choisi d'étudier cet organe qui échappait à presque toute analyse universitaire. Cet objet était au début de notre investigation un « mystère », car il apparaissait comme un organe supranational au cœur du temple des États. L'expression proposée par le responsable de l'époque des publications du SGC, Jorge Tavares da Silva, chargé du projet, était assez heureuse : il s'agissait d'« un portrait de l'institution ».

Cette expression est très révélatrice : comme d'un individu, il s'agissait de faire le portrait d'une institution, un portrait historique en l'occurrence. Mais le terme d'institution pose problème pour le secrétariat : il n'en est pas une. C'est davantage une administration, traversée d'une culture de gouvernement, au service d'institutions : le Conseil, auquel s'ajoute désormais le Conseil européen. Le parallèle qui s'imposait à nous était avec Matignon : plus précisément avec le secrétariat général du gouvernement (SGG), créé bien après la fonction de président du Conseil. On pourrait le comparer également au « Cabinet Secretary » du Cabinet Office britannique.

Comme pour le secrétariat général du gouvernement français, il est impossible de faire une histoire de sa contribution aux politiques publiques européennes, comme cela peut être le cas pour la Commission européenne ou la Banque européenne d'investissement. Car il est avant tout, de façon multisectorielle, le greffier, le courtier du Conseil, puis un assistant et enfin le conseiller du Conseil et de sa présidence. Sauf dans les années 1993-2009 pour la gestion des 2e et 3e piliers où, surtout en

3 Devenu secrétaire général du Conseil, du 1er décembre 2009 au 26 juin 2011.

matière de PESC, il a été un véritable initiateur de politiques publiques, à l'image du rôle de la Commission dans le premier pilier.

C'est ainsi principalement l'histoire politique d'une administration dont il s'est agi, pour reprendre cette catégorie de Marc Olivier Baruch appliquée à l'administration française[4]. Dans notre cas, une histoire d'une administration improbable car non prévue par le traité de Paris, et dès son origine combattue par la Haute Autorité, avec un conflit originel entre Monnet et le jeune secrétaire du Conseil, le diplomate luxembourgeois Christian Calmes. C'est donc l'institutionnalisation et la légitimisation d'un organe qu'il fallait analyser, bénéficiant progressivement du pouvoir, lui aussi grandissant, de la présidence, mais agissant dans son ombre. Nous nous sommes concentrés sur certains moments clés, certaines conjonctures, sa genèse très importante pour comprendre sa trajectoire, puis sur 1980, avec le changement de profil de secrétaire général marqué par l'arrivée de M. Ersboll.

Cette commande d'histoire interne s'insérait dans un projet de publication plus large : un ouvrage devant s'intituler *Talent de bien faire*, reprenant ainsi la devise d'Henri le Navigateur, et composé de trois parties. Première partie : le Conseil, en trois sous-parties : Conseil, présidence, secrétariat, une sorte de triangle renouvelé ou de trilogie. Seconde partie : les membres du Conseil. Troisième partie : le siège du Conseil.

Ce livre n'a pas été publié pour des raisons internes au Conseil, qu'il ne m'appartient pas ici d'exposer mais qui ne concernaient en rien sa première partie[5]. Interrogeons-nous sur cette non-publication qui, rappelons-le, reste toujours de la prérogative de l'institution commanditaire. La leçon plus générale de cette expérience peut être posée de la sorte : le Conseil est-il légitime pour écrire sur lui-même ? En dehors des brochures de présentation, de règlements intérieurs, de traités ou de codes juridiques, la seule expérience de publication historique du Conseil est celle concernant l'idée d'Europe. Celui-ci est publié dans un premier temps sous forme de livre de prestige par la présidence autrichienne et présenté dans sa version allemande lors d'une conférence sur le futur de l'Europe intitulée « The Sound of Europe », les 27 et 28 janvier 2006, à Salzbourg, ville où naquit Mozart 250 ans plus tôt. La référence historique apparaît centrale mais ne relève en rien de l'univers des institutions européennes. L'ouvrage est publié ensuite en juin 2006 en version

---

4 Marc Olivier Baruch, Vincent Duclert (dir.), *Serviteurs de l'État : une histoire politique de l'administration française, 1875-1945*, Paris, La Découverte, 2000.

5 Notre contribution, dont nous avons récupéré les droits en 2009, sera publiée prochainement, indépendamment et à titre personnel, dans une version largement complétée et actualisée, après le 60e anniversaire du Conseil et de son secrétariat général, en septembre 2012.

anglaise et en française sous le titre *L'Europe, épure d'un dessein.* Sous l'égide de la présidence autrichienne, son avant-propos est signé par son Chancelier, Wolfgang Schüssel, alors que la postface revient alors au secrétaire général, Javier Solana.

Son principe est de présenter des auteurs ayant contribué, d'un point de vue intellectuel, aux débats sur l'organisation de l'Europe depuis le XIVe siècle, par des extraits de ces auteurs et une analyse du contexte et de la portée de leurs écrits[6]. Si le premier est Dante, les quatre derniers sont Salvador de Madariaga, Altiero Spinelli, Ernst Jünger et Luigi Einaudi. Certains auteurs présentent des schémas institutionnels d'une étonnante actualité : citons par exemple Emil Ludwig (1881-1948) qui, dans son projet de constitution, évoque un « Conseil de l'Union » comme troisième organe des États-Unis d'Europe à côté du Parlement et du Sénat. Ce Conseil, issu des deux autres chambres, choisirait chaque année parmi ses membres « un *primus inter pares*, nommé président, mais qui ne possède aucun pouvoir, qui n'est là que pour présider et représenter » (article XXVII, p. 277). Il ressemble furieusement au Conseil européen du traité de Lisbonne.

Assez curieusement, Jean Monnet est présent en fin d'ouvrage, avec un court portrait, comme pour les autres auteurs, et un commentaire intitulé « Hommage », mais sans extrait de texte. Comme si le père de la déclaration Schuman n'avait pas alimenté la réflexion européenne en termes d'organisations. Cette « anomalie » est corrigée en 2009 dans la version commerciale de l'ouvrage intitulé *L'Europe, donner corps à une idée*, édité toujours par le Conseil mais diffusé sur le marché francophone par Bruylant. En effet, cette version de 2009 s'élargit, en plus des auteurs « classiques », aux trois pères fondateurs : Robert Schuman et son *Pour l'Europe* (2e édition, 1962), Jean Monnet et ses *États-Unis d'Europe ont commencé* (1955), et Paul-Henri Spaak avec son discours devant l'Assemblée commune de la CECA de mars 1956. Seconde différence, les extraits des traités CECA, CEE, UE et du traité établissant une Constitution pour l'Europe, qui étaient annexés à l'ouvrage *L'épure d'un dessein*, ont disparu de cette version.

Voici comment le projet est synthétisé dans sa quatrième de couverture :

> L'Europe a été au fil des siècles un mythe, un espace géographique, une idée, une source d'identité et bien d'autres choses encore. Elle a pris récemment la forme plus concrète d'une union d'États membres travaillant de concert dans un cadre juridique et politique unique, en quête d'un destin

6 Par un comité éditorial composé essentiellement de membres du secrétariat général et de quelques personnalités choisies, quatre philosophes et historiens des idées et un éditeur, allemands ou autrichiens.

commun. La conscience de la nécessité de mobiliser les forces politiques de l'Europe au sein d'un cadre quelconque, qu'il s'agisse d'un traité, d'une charte fondatrice ou d'une constitution, existe depuis longtemps. Elle est apparue pour la première fois chez Dante et, depuis lors, la quête s'est poursuivie à travers les siècles jusqu'au lendemain de la seconde guerre mondiale, lorsqu'ont pris corps les traités fondateurs de la Communauté européenne, puis de l'Union européenne. Durant cette période, des penseurs issus d'horizons très divers ont réfléchi au moyen d'amener la paix et la réconciliation sur le continent européen et ont écrit à ce sujet. Le présent ouvrage est destiné à présenter une partie très méconnue de l'histoire européenne, celle des tentatives successives entreprises pour concrétiser ce projet ambitieux. Ce faisant, il montre que l'objectif d'une Europe en paix avec elle-même plonge ses racines loin dans l'histoire et que de nombreuses idées avancées au cours des ans pour atteindre ce but portaient en elles le germe de l'Union européenne telle qu'elle existe aujourd'hui.

Mais au-delà de ces légères inflexions, pourquoi ce qui est possible pour l'histoire d'une idée depuis le Moyen-Âge, ne l'a pas été pour l'institution qu'est le Conseil ? Est-ce simplement l'effet d'un éloignement historique ? En dehors des textes des pères de l'Europe, l'extrait le plus contemporain date en effet de 1948, avant donc la création du Conseil et de son secrétariat. Ce retour aux sources les plus anciennes de la genèse de l'Europe, permet au Conseil de s'extraire de tout enjeu de mémoire. On peut tenter d'interpréter ce lien si complexe entre histoire et mémoire. Si pour beaucoup d'institutions européennes, la mémoire justifie un retour sur son histoire, on pourrait considérer ici qu'il s'agit d'un chemin inversé. Le secrétariat général du Conseil semble craindre une « histoire officielle » par peur de mauvaises interprétations de celle-ci par ses tutelles que sont les institutions dont il est le « serviteur ». L'histoire négociée, dont parle précédemment Michel Dumoulin, prend ici une dimension très large par la multiplication des « parties ». Le secrétariat semble, jusqu'il y a peu, entretenir assez curieusement un rapport très désincarné à l'histoire, car il est justement censé incarner, selon une expression consacrée, « la mémoire » du Conseil qui n'en dispose pas puisque sa présidence change tous les six mois ; à l'exception du Conseil européen, depuis l'entrée en vigueur du traité de Lisbonne, qui est doté d'une présidence stable. Cette mémoire, le secrétariat entend la garder pour lui au service de son efficacité institutionnelle au sein du système politique européen. Sa politique de réforme, depuis 2002, lui donne l'occasion de s'interroger sur lui-même pour la première fois, depuis sa naissance en 1952. En reprenant le mot de Foucault, on pourrait considérer qu'il développe un « souci de soi » mais celui-ci vise en fait à consolider ou réactiver une des singularités qu'est son « esprit de corps »[7]. Cette interrogation demeure à usage interne. Le secrétariat reste dans une culture de la discrétion. Ainsi, dans cette configuration, l'histoire institutionnelle n'est pas légitimante. Si elle peut être un outil de connaissance, voire de management interne, elle n'a pas vocation à se donner à voir, à être explicitée ou publicisée.

On se trouve bien placé devant un schéma inverse de celui de la Commission, qui très tôt a cherché à attirer les chercheurs[8], par exemple avec son Unité information universitaire qu'a animée Jacqueline Lastenouse. Du fait d'une certaine amnésie historique de ses acteurs accaparés par la mémoire de leurs dossiers ou de leurs politiques, c'est ici le chercheur qui se trouve en situation de convaincre ses interlocuteurs institutionnels de l'intérêt de l'histoire interne. À la différence de la Commission et des autres institutions européennes, cette histoire interne du secrétariat général du Conseil n'a pas été menée à bien car elle ne correspondait pas à un enjeu de mémoire ou plus précisément car sa propre mémoire n'était pas ressentie comme un enjeu pour l'institution. C'est en effet la rencontre entre mémoire et histoire qui produit ces histoires institutionnelles.

Suivant une métaphore utilisée récemment[9], on pourrait replacer la singularité institutionnelle du secrétariat général, au service du Conseil et du Conseil européen, ses deux « maîtres » en quelque sorte. Reprenant la métaphore chrétienne de la Trinité, si le Conseil européen est le Père (du point de vue de son ascendant, même s'il est plus récent que le Conseil des ministres), le Conseil de l'Union est alors le Fils (même s'il pourrait être le Père d'un point de vue historique), alors le secrétariat général du Conseil est le Saint-Esprit. En théologie, le Saint-Esprit est différent du Père et du Fils et à la fois Amour du Père et du Fils. Il n'y a pas trois dieux mais un seul Dieu en trois personnes. Sans rentrer dans le débat de savoir de qui procède l'Esprit Saint (du seul Père ou également du Fils), convenons qu'il n'est pas aisé de faire l'histoire du Saint-Esprit.

---

7 Repris explicitement dans sa « Déclaration de mission » à partir de 2007.

8 Haas a fréquenté les couloirs de la Commission dès le début des années 1960 : voir Jonathan White, « Theory Guiding Practice : the Neofunctionalists and the Hallstein EEC Commission », *Journal of European Integration History*, n° 9(1), 2003.

9 Michel Mangenot, « La présidence du Conseil : sociologie d'une institution de l'Union européenne », in *Politique européenne*, n° 35, 2001, numéro thématique *Présider l'Union européenne. Présidences(s) du Conseil et système de gouvernement*, dir. A. M. Fernández Pasarín et Michel Mangenot.

Les sources documentaires et les Archives au secrétariat général du Conseil

Cesira D'ANIELLO[1]

Organisation du secrétariat général du Conseil dans la gestion des sources documentaires

Le Conseil de l'Union européenne a chargé le secrétariat général du Conseil[2] de l'assister dans la gestion de ses documents et de ses archives. Les modalités de cette assistance sont décrites dans différents instruments juridiques – règlement 1049/2001 du Parlement européen et du Conseil relatif à l'accès du public aux documents[3], règlement 1700/2003 concernant l'ouverture au public des archives historiques[4], et règlement intérieur du Conseil[5] – et varient selon la nature des domaines concernés : accès aux documents, transparence législative, archives.

Afin d'accomplir au mieux cette tâche, le SGC a regroupé au sein d'une même entité administrative, la direction « Transparence », toutes les activités visant à rendre disponibles les documents officiels du Conseil ainsi que des sources secondaires y afférant, gérées par la Bibliothèque.

La direction Transparence est organisée comme suit :
– L'unité « Accès aux documents et transparence législative » est responsable de l'accès aux documents (en application du règlement 1049/2001) et de la transparence législative (en application de l'article 15 du TFUE). Sa tâche quotidienne consiste à assurer la mise à disposition d'un nombre aussi important que possible de documents du Conseil à travers le Registre public des documents du Conseil[6] ; de

1 Mme D'Aniello s'exprime à titre personnel et ses opinions n'engagent aucunement le secrétariat général du Conseil.

2 Dorénavant, SGC.

3 JO L 145 du 31 mai 2001, p. 43.

4 JO L 243 du 22 septembre 2003, p. 1.

5 JO L 325 du 11 décembre 2009, p. 36.

6 http://register.consilium.europa.eu.

répondre aux demandes d'accès aux documents provenant du public dans les délais prévus par le règlement 1049/2001 ; d'assurer l'affichage immédiat des votes du Conseil sur les actes législatifs et de rendre disponibles les documents y relatifs au fur et à mesure que chaque procédure législative s'achève.
– L'unité « Archives » est responsable du traitement et de la conservation des archives historiques et courantes du Conseil.
– La bibliothèque a pour rôle principal de faciliter l'accès aux sources d'information secondaires relatives au Conseil, au Conseil européen et au SGC, telles que bases de données, œuvres académiques, articles.

Avant de décrire les activités en cours dans les domaines de la gestion des sources documentaires et des archives, il convient de rappeler que l'acteur « Conseil » est complexe et que cette complexité a des conséquences sur l'organisation et la gestion des documents. En particulier, il convient de bien distinguer les acteurs suivants :

Le Conseil de l'Union européenne est l'institution chargée du processus décisionnel et législatif (pour ce dernier, avec le Parlement européen en tant que colégislateur). Le SGC est formellement chargé de la gestion de tous les documents du Conseil, de ses archives et de la première phase de réponse aux demandes de documents émanant du public[7]. De par ces fonctions, il joue littéralement le rôle de « secrétariat » du Conseil – « greffier, courtier, assistant, conseiller » comme précisé dans le chapitre de Michel Mangenot.

Le Conseil européen, dont les débuts remontent à la conférence au sommet de Paris en 1961 et qui s'est réuni régulièrement sous ce même nom depuis 1975, ne devient une institution à part entière qu'avec le traité de Lisbonne, qui désigne formellement le SGC comme son secrétariat[8].

Le SGC, qui assiste donc ces deux institutions dans les tâches décrites ci-dessus, n'est pas une institution au sens du traité sur l'Union européenne. Dans le domaine de la gestion des sources documentaires et des archives, comme dans tout autre domaine, son rôle se limite à l'exécution conceptuelle et matérielle des tâches qui lui sont confiées.

Les remarques qui suivent ont trait au rôle du SGC.

La gestion des sources documentaires et les archives au SGC

Le contexte actuel offre plusieurs opportunités de réflexion et d'action dans le domaine de la gestion des sources documentaires et des

7 Règlement 1049/2001, règlement intérieur du Conseil et règlement 1700/2003.
8 Art. 235, § 4 TFUE et règlement intérieur du Conseil européen.

archives ainsi que dans la politique pour la mise à disposition des matériels concernés.

En premier lieu, l'institutionnalisation du Conseil européen nous incite à recueillir et concentrer les sources disponibles en matière d'histoire et de mémoire des « prédécesseurs » de cette nouvelle institution – les sommets des années 1960 et 1970 et les Conseils européens depuis lors. Plus que de sauvegarder la mémoire du Conseil européen, il s'agit de la retrouver !

En second lieu, nous assistons à d'importants développements en matière de transparence qui ne cessent d'amener les institutions, *nolens volens*, à des contacts plus fréquents et plus substantiels avec ceux qui souhaitent en connaître les processus décisionnels et les actes législatifs qui en résultent, parfois pour les mettre en cause. Parmi ces développements, il convient de souligner les nouvelles dispositions du traité[9], la jurisprudence du Tribunal et de la Cour[10], les positions et les demandes exprimées par le Parlement européen[11].

En troisième lieu, le SGC doit faire face à une augmentation non négligeable des demandes de la part de citoyens, et en particulier de chercheurs. Ce regain d'intérêt a des causes multiples. Citons, par exemple, le besoin de mieux cerner la crise financière actuelle, de mieux comprendre le Conseil européen, perçu toujours davantage comme le moteur de l'intégration européenne, et de mieux explorer les dynamiques de l'interaction des États membres au sein du Conseil. Répondre à ces demandes exige l'organisation cohérente des sources courantes et des sources historiques, donc l'établissement de ponts entre l'accès aux documents « jeunes » et celui aux documents d'archives. Le SGC y travaille activement.

Dans un tel contexte, que doit faire le SGC au-delà de sa routine quotidienne de gestionnaire de documents et d'archiviste institutionnel ?

Activités en cours ou envisagées

En ligne avec son mandat et ses fonctions institutionnelles, le SGC se doit tout d'abord de manier des critères d'excellence dans la constitution (*casu quo* la reconstitution) et l'organisation des sources documentaires qui lui sont confiées. À cette fin, le SGC dispose de l'expertise, de l'expérience et de la mémoire institutionnelle de ses fonctionnaires,

---

9 Art. 1 TUE et art. 15 TFUE.

10 Un aperçu de la jurisprudence relative à l'accès aux documents est disponible dans le *Rapport annuel du Conseil sur l'accès aux documents*.

11 Voir en particulier le site de la Commission LIBE du Parlement européen : http://www.europarl.europa.eu/committees/fr/LIBE/home.html.

actuels et anciens. À l'évidence, les fonctionnaires du SGC, observateurs directs et informés de l'interaction entre les États membres depuis désormais 60 ans, sont les mieux placés pour organiser ces sources documentaires, souvent difficiles de compréhension, selon des critères logiques et reflétant le processus décisionnel du Conseil, afin de fournir une réelle plus-value aux chercheurs et plus généralement au public.

Le SGC poursuit cet objectif, aussi bien sur le plan technique qu'au niveau du contenu.

Sur le plan technique, le SGC vise à :
– faciliter la recherche par sujet et mots-clés en anglais comme en français ;
– établir un maximum de connexions entre des dossiers appartenant à différents domaines d'action de l'UE, pourtant liés par des aspects de substance ou de procédure ;
– compléter au plus vite sa transition vers un système fiable d'archivage électronique.

Sur le plan des contenus, le SGC vise à :
– répertorier les sources concernant le Conseil européen depuis ses débuts en 1975 (et, le cas échéant, selon la disponibilité de sources, depuis les sommets des chefs d'État et/ou de gouvernement des années 1960 et 1970) ;
– constituer des archives photographiques du Conseil européen ;
– démarrer le traitement des archives de la Coopération politique européenne (CPE, 1969-1993) ;
– récupérer les archives personnelles de certains hauts fonctionnaires, là où celles-ci éclairent, en tant que témoignages directs, les mécanismes, les procédures et les interactions entre les différents acteurs
– recenser les sources disponibles auprès des États membres.

Dans le domaine de la transparence législative, le SGC est en train de dresser la série historique des votes au Conseil, par État membre ainsi que par domaine d'activité, depuis l'introduction de la publicité des votes avec l'entrée en vigueur du traité d'Amsterdam le 1er mai 1999.

En ce qui concerne les sources non-documentaires, le SGC constitue actuellement auprès de sa Bibliothèque une collection aussi complète que possible des œuvres écrites à ce jour sur le Conseil européen, le Conseil et, accessoirement, le SGC. Cette collection vise à répertorier un maximum d'œuvres, y compris de thèses, en provenance de tous les États membres et dans toutes les langues de l'UE. La Bibliothèque est en train de solliciter universités et bibliothèques nationales dans ce sens.

Conclusion

Les activités brièvement décrites ci-dessus représentent un défi administratif et culturel pour le SGC.

Le SGC se doit de répondre à la demande croissante de comprendre les deux institutions qu'il assiste, tout en préservant la culture de la discrétion qui reste essentielle au maintien d'un climat de confiance et au déroulement efficace des négociations parmi les États membres.

Le SGC se doit également de mieux prendre en compte les besoins des utilisateurs, afin de contribuer à une meilleure compréhension des dynamiques qui existent au sein du Conseil et du Conseil européen.

Finalement, le SGC se doit de préserver la mémoire historique de ces dynamiques, devenues énormément plus riches et complexes avec les élargissements successifs, cela afin d'assurer la transmission des valeurs essentielles que ces dynamiques recèlent : la volonté de réconcilier des positions divergentes, la recherche du compromis tant sur les objectifs que les détails, la conviction que l'intérêt collectif prime sur l'intérêt national.

CHAPITRE 10

Le Comité économique et social européen : cinquante ans de démocratie participative

Catherine Sophie DIMITROULIAS

Cette contribution porte sur l'expérience de direction scientifique du projet de recherche commandité dans le cadre du cinquantenaire du Comité économique et social européen (CESE), organe consultatif de l'Union européenne composé de représentants des organisations d'employeurs, de syndicats et de la « société civile organisée » au niveau européen. Ce projet dont l'ambition était de produire la première étude intégrale sur l'histoire du CESE depuis ses origines, a été réalisé durant les années 2007 et 2008, en coopération avec les Archives de l'Union européenne administrées par la Bibliothèque de l'Institut universitaire européen de Florence et avec la société éditoriale Eunited. Il a abouti à la publication officielle *Le Comité économique et social européen, 50 ans de démocratie participative (1958-2008)*, Bruxelles, CESE, mai 2008 (série CESE-2008-01 FR-EN-DE), en trois langues officielles de l'Union. Celle-ci a été présentée par le président du Comité Dimitris Dimitriadis, en présence du président de la Commission Jacques Delors lors d'une cérémonie spéciale dans le cadre de la session plénière extraordinaire commémorative de la session inaugurale du CESE, le 28 mai 2008.

Cette publication est composée de trois « livres ». Un « Livre préliminaire » sous forme d'essai intitulé *Une histoire d'avenir. Le Comité économique et social européen, la société civile et l'Europe*, brosse la toile de fond de l'ensemble de l'ouvrage. Il éclaire la matière originale sélectionnée et exposée dans les deux livres suivants qui couvrent respectivement la période historique de 1957 à 2000, *Les temps des origines, les temps modernes* (« Livre I »), et la période contemporaine de 2000 à 2008 (« Livre II »). Ceux-ci sont fondés, d'une part, sur les archives historiques et contemporaines du CESE et plus généralement celles des institutions de l'Union, des organisations patronales et syndicales européennes et d'autres organisations non gouvernementales, tel le

Mouvement européen international ; ils sont fondés, d'autres part, sur les témoignages oraux et les contributions écrites recueillis sur la base d'une enquête sur questionnaire dans le cadre de laquelle ont été réalisés cinquante entretiens semi-directifs auprès des membres anciens et nouveaux du CESE et de son secrétariat, comme de personnalités extérieures représentatives des institutions européennes, nationales et internationales, de la société civile et de la presse.

La question qui se pose d'emblée est quelle est la position du chercheur face aux enjeux politiques de l'historiographie institutionnelle officielle, en ce qu'elle est une construction sans cesse remaniée qui relève d'un usage intéressé de l'histoire de la construction européenne et qu'elle a pour fonction de légitimer l'institution commanditaire, d'appuyer sa stratégie politique dans le cadre de controverses et de luttes politiques du présent où l'histoire joue un rôle essentiel.

S'il est évident que l'on ne peut participer à une telle entreprise que si l'on est animé d'un certain engagement européen, de la « grande idée » de l'Europe, il reste à savoir quels sont ces enjeux.

Une entreprise de légitimation politique par l'histoire

Sur le plan politique, le projet en question relevait de la stratégie de communication interne et externe du CESE distinguée par sa créativité. Il s'agissait au prime abord de produire un beau livre anniversaire, à caractère à la fois vulgarisateur et savant, afin de restituer et de mettre en valeur la mémoire vivante et la réflexion d'actualité des composantes du CESE sur leur propre histoire et celle du projet européen. Ce support de communication s'adressait aussi bien aux membres, notamment nouveaux du CESE, qu'aux acteurs institutionnels et civils européens et au grand public. L'entreprise préfigurait la tendance plus générale des institutions européennes d'écrire leur histoire à l'occasion du cinquantenaire du traité de Rome, puisque ce fut le deuxième ouvrage paru, à la suite de celui de la Commission européenne.

L'objectif du projet n'était autre que d'établir et de justifier sur la longue durée le rôle du CESE dans le système politique de l'Union en ce qu'il se définit comme étant « par excellence le lieu de représentation et de débat de la société civile organisée et un interlocuteur privilégié entre celle-ci et les institutions de l'Union[1] », comme « l'intermédiaire » et le « pont entre l'Europe et la société civile organisée » selon le moto de sa communication actuelle depuis les années 2000[2].

---

1 Voir version codifiée du règlement intérieur en date du 24 octobre 2006, CESE 1103/2006 rev. 2.

2 Voir le site internet du CESE : http://eesc.europa.eu.

Cette définition a été d'ailleurs constitutionnellement consacrée par le Traité sur le fonctionnement de l'Union européenne (TFUE) dont les dispositions institutionnelles concernant les organes consultatifs de l'UE stipulent que : « Le Comité économique et social est composé de représentants des organisations d'employeurs, de salariés et d'autres acteurs représentatifs de la société civile, en particulier dans les domaines socio-économique, civique, professionnel et culturel[3]. » Comme le relève le titre de l'ouvrage, la démocratie participative en tant que réalité et impératif normatif était le mot-clef et l'axe de cette histoire, une ressource rhétorique majeure pour le CESE en tant qu'organe consultatif de l'Union. L'enjeu politique était fort dans la mesure où il touchait à la question épineuse de la définition de la société civile organisée et de sa représentation. Autrement dit, à la question de savoir qu'est-ce que la société civile et qui la représente, en droit et en fait, dans l'ordre politique européen ?

Sur le plan procédural, le projet a fait l'objet d'un encadrement institutionnel important sous la responsabilité de la Coordination de la communication du CESE qui en a assuré la coordination administrative et celle d'un comité ad hoc composé de quinze membres du cabinet de la présidence et du secrétariat général du CESE qui en a assuré la coordination scientifique et politique. Réuni mensuellement tout au long de sa réalisation, ce comité a évalué les rapports d'étape et d'orientation de la recherche ainsi que l'ouvrage finalisé présenté en janvier 2008 et a donné son accord pour sa publication. L'ouvrage a été soumis à l'évaluation des membres des trois groupes composant le CESE (Employeurs, Syndicats, Intérêts divers), des directeurs et chefs du secrétariat général du CESE et de chercheurs externes. Il a été publié suite à l'accord final du secrétaire général, Patrick Venturini et du président du CESE, Dimitris Dimitriadis.

Une perspective civile fondée sur l'observation participante

Au vu de la thématique, de la finalité politique et de la cible prioritaire de ce projet, les organisations de la « société civile », sa direction scientifique présupposait une connaissance de l'intérieur des réalités de cet univers complexe et mouvant et des enjeux propres aux dispositifs

---

3 Voir Article I-32 al. 3 du traité constitutionnel devenu Article 300 par. 2, de la Sixième Partie « *Dispositions institutionnelles et financières* », Titre I, Chapitre 3 : « *Les organes consultatifs de l'Union* », Section 1 « *Le Comité économique et social* », du Traité sur le fonctionnement de l'Union européenne (TFUE), versions consolidées du traité sur l'Union européenne et du traité sur le fonctionnement de l'Union européenne, Charte des droits fondamentaux de l'Union européenne (JO C 83, 30 mars 2010), http://eurlex.europa.eu/LexUriServ/LexUriServ.do?uri=OJ:C:2007:306:0042:0133:FR:PDF.

juridiques et aux procédures consultatives à l'échelle des institutions européennes. Le Comité scientifique m'a confié cette tâche en une double qualité ; d'une part, celle de politologue – juriste rattachée au Laboratoire d'anthropologie des institutions et organisations sociales (LAIOS/CNRS) et disposant d'une « expertise européenne » préalable au sein de la Direction des études du Parlement européen et de la Délégation pour l'Union européenne de l'Assemblée nationale française ; d'autre part, celle de dirigeante associative au sein du mouvement des femmes et élue à ce titre au conseil d'administration de la Plateforme des Organisations non gouvernementales Euromed, ainsi que au Conseil de l'Europe (CoE) au sein du Bureau exécutif de la Conférence des Organisations internationales non gouvernementales (OING)[4] assemblée de la société civile qui en constitue le 4e pilier institutionnel, où j'étais en charge notamment des questions juridiques dont la procédure d'octroi et de retrait du statut participatif.

Ces mandats électifs me plaçaient dans une position à la fois « d'extériorité respectée » et d'affinité politique, dans la mesure où mon regard et mon questionnement sur l'histoire du CESE était motivé d'un engagement militant et bénévole et me permettaient une liberté de jugement, une acceptation « naturelle » de ma personne et une aidc très active de la part des membres et administrateurs du CESE mobilisés dans le cadre du projet. De par leur représentativité large, ils apportaient à la direction du projet une caution de légitimité. Cette collaboration relevait d'un « mariage de raison » autour d'un objectif et intérêt partagé qui consistait à la promotion politique des principes de la démocratie sociale et participative et du dialogue civil, d'un pluralisme institutionnel étendu et ouvert aux nouveaux acteurs civils. Dans cette perspective « civile », l'histoire de cette ancienne et vénérable institution se révèle en effet aujourd'hui d'un intérêt particulier pour les acteurs sociétaux, responsables associatifs, ou simples citoyen(ne)s.

Sur le plan méthodologique, l'observation participante directe des activités de consultation des organisations de la société civile par le CESE menée sur une longue durée dans le cadre de ces mandats, permettait une compréhension à la fois des structures du Comité, de son fonctionnement, des rapports hiérarchiques, des clivages internes, des idées et schèmes de pensée comme des enjeux politiques de sa stratégie du moins ceux contemporains. Ayant participé en tant que porte-parole de deux fédérations féministes européennes, l'Association des femmes de l'Europe méridionale et l'Association européenne des femmes juristes[5], tout au long du processus constituant pour la réforme des traités

---

4 Voir http://fr.euromedplatform.org/ et http://www.coe.int/T/NGO.

5 Voir http://www.afem-europa.org et http://www.ewla.org.

européens au « Dialogue institué entre la Convention sur l'Avenir de l'Europe et la société civile » entre février 2002 et juin 2003 et par la suite durant les Conférences intergouvernementales de 2003/2004 et 2007 aux « Rencontres d'information et de dialogue » et aux Conférences européennes organisées par le CESE, je pouvais faire l'économie d'une enquête d'exploration sur les enjeux de cette période, pour me pencher directement sur les temps des origines.

À cet égard, les difficultés n'ont pas manqué, qui tenaient à plusieurs facteurs : le « temps institutionnel » du projet accéléré vers l'avenir étant incompatible avec le temps lent et les exigences d'une recherche historique approfondie ; la lenteur des procédures administratives ; l'incertitude liée au moment constituant, le traité de Lisbonne n'ayant pas encore été ratifié au moment de la recherche ; la difficulté propre à l'étude d'impact de la fonction consultative ; l'abondance des archives officielles, historiques et contemporaines[6], contrastant avec la rareté et la discontinuité des sources secondaires[7] sur le CESE, y compris dans la

---

6 Voir Archives historiques de l'Union européenne, Florence (AHUE) ; Archives historiques du Comité économique et social européen, Bruxelles (ACESE), notamment : *Guide des archives historiques du Comité économique et social des Communautés européennes*, Bruxelles, CES, 1990 ; *Tableaux des travaux du Comité économique et social. Avis et rapports des sections, avis, comptes rendus, rapports d'information, études et colloques du CES, CESE, Secrétariat, Courrier/Archives*, Bruxelles, CES, 1995 ; *Textes constitutifs, règlement intérieur, instruction du Bureau*, Bruxelles, CES, 1986 ; *Archives. Liste électronique des avis d'initiative adoptés depuis 1980 ; Documents sélectionnés du Comité économique et social ;* documents officiels contemporains sur le site internet du CESE ; documents du service de presse du Comité économique et social européen, notamment : *The EECS 2006 in Press Releases. A compilation, EECS, Press Service* ; Archives historiques de la Commission européenne, Bruxelles (AHCE), notamment : Commission européenne, *Relevé d'avis. Tableaux des travaux du Comité économique et social européen*, Luxembourg, EUR-OP, 2002 ; Archives du Conseil de l'Union européenne, Bruxelles (ACUE) ; voir aussi Archives d'acteurs européens : Fondation Jean Monnet pour l'Europe, Lausanne (FJME) ; Archives du Mouvement européen international, Bruxelles (MEI) ; Institut syndical européen, Bruxelles.

7 Voir notamment les ouvrages généraux : N. Bernard, Cl. Laval, A. Nys, *Le Comité économique et social*, Bruxelles, Institut d'études européennes, Université libre de Bruxelles, 1972 ; Ch. Jeffery, « Social and Regional Interests », in J. Peterson, M. Shackleton, *The Institutions of the EU*, Oxford, Oxford University Press, 2002, 2e édition, p. 312-330 ; J. Greenwood, *Representing Interests in the European Union*, Londres, Macmillan, 1997 ; E. Kirchner, K. Schwaiger, *The Role of Interest Groups in the EC*, Gower Publications, 1981 ; J. Meynaud, D. Sidjanski, *Les groupes de pression dans la Communauté européenne*, Bruxelles, 1971 ; N. Nugent, *The Government and Politics of the European Union*, Basingstoke, Palgrave Macmillan, 2006 ; R. Serra Cristóbal, *El Comité Economico y social de las Comunidades europeas*, Madrid, McGraw-Hill, 1996 ; S. Smismans, *Law, Legitimacy and European Government : Functional Participation in Social Regulation*, Oxford, Oxford University Press, 2004 ; G. Zellentin, *Der Wirtschafts-und Sozialausschuss derEWG und Euratom*, Leyde, 1962 ; G. Zellentin, *Formen der Willensbildung in*

doctrine[8] ; la rareté des sources premières écrites[9], ou encore « l'amnésie historique » des acteurs.

---

den Europäischen Organisationen, Kölner Schriften zur Politischen Wissenschaft, Athenäum Verlag, 1965, p. 105-131 ; A. Varsori, *Il Comitato Economico & Sociale nella costruzione europea*, Ricerche, Marsilio Eitori, s.p.a. in Venezia, 2000 ; J. Vandamme (dir.), *Fonction consultative professionnelle et dialogue social dans la Communauté européenne*, Groupe d'études politiques européennes (GEPE), Tran European Policy Studies Association (TEPSA), Bruxelles, Presses interuniversitaires européennes, 1993 ; E. Vogel Polsky, J. Vogel, *L'Europe sociale 1993. Illusion, alibi ou réalité*, Bruxelles, Éditions de l'Université, 1991 ; F. Whyte, *La CEE : une communauté au tournant*, Paris, Les Éditions ouvrières, collection « Portes ouvertes », 1990. Voir aussi les articles ci-après : P. Boreham, H. Compston, « Labour Movement Organization and Political Intervention », in *European Journal of Political Research*, vol. 22, 1992, p. 143-170 ; A. Cazieux, « Un représentant des entreprises à Bruxelles : le Comité économique et social des Communautés européennes », *Fiscalité européenne*, année 22, n° 2, 1991 ; H. Ferté, S. Roncin, « Quel avenir pour le Comité économique et social européen », in *Revue du Marché commun et de l'Union européenne*, n° 444, janvier 2001, p. 52-59 ; E. Gonzalez Sanchez, « La evolucion institutional de la Union europea : del sistema cuadripartito previsto en los tratados originarios a un sistema institutional tripartito en la realizacion de la unificacion europea », in *Revista de instituciones europeas*, supp. 1994, p. 85-115 ; N. Kohlhase, « Les nouveaux notables » & « Les tâches du CES des Communautés européennes », in *Bulletin des Communautés européennes*, n° 5, septembre 1965 ; J. Lodge, V. Herman, « The Economic and Social Committee in EEC decision making », *International Organization*, vol. 34, n° 2, printemps 1980, p. 265-284 ; D. McLaughlin, « The Work and Aims of the ESC », *Journal of Common Market Studies*, vol. 15, n° 1, septembre 1976 ; J. Poos, « Réussir l'Europe Sociale », in *Studia Diplomatica*, n° 1, 1986, p. 11-21 ; J. Rideau, « Les groupes d'intérêt dans le système institutionnel communautaire », in *Revue des affaires européennes*, n° 3, juillet 1993, p. 49-73 ; D. Sidjanski, J. Condomines, « Le profil du Comité économique et social des Communautés européennes en 1982-1983 », in *Revue d'intégration européenne*, vol. 7, n° 1, 1983 ; S. Smismans, « The European Economic and Social Committee : towards Deliberative Democracy via a Functional Assembly », *EIOP*, n° 12, 2000 ; J.P. Teisseire, « LE CES, organe accessoire ou institution à part entière », *Administration*, n° 117, septembre 1982.

8 Voir aussi la doctrine : A. Allué Buiza, « El Comité Economico y Social Europeo », in E. Alvarez Conde, E. Garrido Mayol (dir.), *Comentarios a la Constitución Europea*, Valence, Tirant lo Blanch, 2004, livre I, p. 1237-1258 ; L. Burgogne-Larsen, « Article I-32-Les organes consultatifs de l'Union », in L. Burgogne-Larsen, A. Levade, F. Picod, *Traité établissant une Constitution pour l'Europe. Commentaire article par article*, t. 1, Bruxelles, Bruylant, 2007, p. 419-435 ; Dupont, « Les organes consultatifs », in M. Dony, E. Bribosia (dir.), *Commentaire de la Constitution de l'Union européenne*, Bruxelles, Université libre de Bruxelles, 2005, p. 169-177 ; J.-M. Favret, « Articles 255 à 262 CE », in P. Leger (dir.), *Commentaire article par article des traités UE et CE*, Baie, Genève, Munich, Helbing et Lichtendahn, 2000 ; J.-P. Jacqué, R. Bieber, M. Haag, J. Mégret, *Le Parlement européen ; le Conseil ; la Commission ; la Cour des Comptes ; le Comité économique et social ; le Comité des régions ; la Banque européenne d'investissement ; le Fond européen d'investissement*, Bruxelles, Université libre de Bruxelles, 2e édition, 2000 ; J.-P. Jacqué, *Droit institutionnel de l'Union européenne*, Paris, Dalloz, 2006 ; I. Lianos, « Les autres institutions et organes consultatifs de

La difficulté sans doute la plus grande relevait d'un clivage politique fondamental, l'objectif du projet, inspiré de l'idée d'une large ouverture du CESE aux acteurs de la société civile, ne faisant pas l'unanimité parmi toutes ses composantes, ni parmi tous les acteurs précités. D'un côté, l'indifférence bienveillante des organisations patronales et la méfiance des organisations syndicales vis-à-vis des organisations des autres secteurs de la vie économique, sociale et civique réunies dans la catégorie des « intérêts divers », sont congénitales à l'histoire du Comité ; de l'autre côté, la méfiance de certaines organisations et plateformes européennes d'organisations non-gouvernementales, soucieuses de leur autonomie et craignant une instrumentalisation politique, voir une monopolisation de la représentation de la société civile par le CESE était manifeste. Pour caricaturer, ma position du point de vue du dirigeant associatif était celle « du chaperon rouge invité par le loup à écrire son histoire dans la maison de sa grand-mère » !

Un double agenda de recherche

L'agenda de recherche convenu avec le Comité scientifique était d'explorer et de retracer dans une perspective diachronique et dynamique

---

l'Union », in V. Constantinesco, Y. Gautier, V. Michel (dir.), *Le Traité établissant une Constitution pour L'Europe. Analyses & commentaires*, Strasbourg, Presses universitaires de Strasbourg, 2005, p. 181-188 ; J.-V. Louis, « Le Comité économique et social », in *Le droit de la CEE. Commentaire Mégret*, Bruxelles, Université, 1re édition 1979 (vol. 9), dernière édition 2000 ; C. Philip, « Articles 193 à 198 », in V. Costantinesco *et al.* (dir.), *Traité instituant la CEE. Commentaire article par article*, Paris, Economica, 1992 ; C. Philip, « Comité économique et social », in *Dictionnaire juridique des Communautés européennes*, Paris, PUE, 1993, p. 183 ; P. Ponzano, « Les institutions de l'Union », in G. Amato, H. Bribosia, B. De Witte (dir.), *Genèse et destinée de la Constitution européenne*, Bruxelles, Bruylant, 2007, p. 440-484 ; A. Rigaux, « Articles 194, 196, 198 », in V. Costantinesco, R. Kovar, D. Simon (dir.), *Traité sur l'Union européenne (signé à Maastricht le 7 février 1992). Commentaire article par article*, Paris, Economica, 1995, p. 665 ; A. Rigaux, « Comité économique et social », in *Répertoire communautaire*, Paris, Dalloz ; J.-L. Sauron, *Comprendre le traité de Lisbonne. Texte intégral des traités. Explication et commentaires*, Paris, Gualino, 2007.

9 Voir P. Corbin, secrétaire général du CES, « Un "outillage démocratique" complexe », in *Le Monde diplomatique*, supplément « Un forum de citoyens organisé : le CES », juillet 1995, p. 27 ; J. Genton, secrétaire général du CES, *La représentation et l'influence des "opérateurs économiques" dans la Communauté européenne*, communication à l'Institut de sociologie, Bruxelles, Université libre de Bruxelles, 1968 ; J. Genton, « En application de l'article 4 des traités de Rome… », in *Le Monde diplomatique*, juillet 1995, p. 25 ; P. Venturini, secrétaire général du CESE, *Un espace social européen à l'horizon 1992. Le programme d'action sociale adopté en 1974*, Bruxelles, Publications officielles des Communautés européennes, collection « Une Europe sans frontières », 1988 ; M. Westlake, directeur au CESE, « The European Economic and Social Committee », *EESC*, novembre 2005.

les moments forts de l'évolution institutionnelle et de la contribution substantielle du CESE à travers les grands temps de l'intégration européenne ; et ce, depuis le geste originel de sa création par les traités de Rome le 25 mars 1957 en tant qu'organe consultatif qui fait partie des fondements des Communautés européennes, jusqu'à la période contemporaine marquée par la signature du traité de Lisbonne le 13 décembre 2007, entré par la suite en vigueur depuis le 1er décembre 2009, transformant l'architecture institutionnelle de l'Union.

Il s'agissait d'explorer les facteurs historiques de cette évolution. Revisiter l'idée originelle d'un 4e pouvoir de la société civile propre au constitutionnalisme social et au fédéralisme européen de l'après-guerre dans lesquels le Comité puise sa vocation et sa raison d'être, la volonté politique des pères fondateurs de l'Europe, ainsi que les limites posées par les négociateurs du traité de Rome. Retracer les luttes institutionnelles du CESE pour la conquête de son autonomie, le renforcement de ses prérogatives consultatives et l'extension du champ de son initiative recouvrant des domaines législatifs accrus. Mettre en lumière sa stratégie qui a forgé très tôt sa physionomie parlementaire, axée dans la période contemporaine sur l'extension de sa représentativité aux multiples composantes de la société civile organisée au-delà des partenaires économiques et sociaux traditionnels, ainsi que les transformations de sa composition et de son organisation interne à cet effet. Restituer les étapes successives de la consolidation, du renforcement progressif de ses pouvoirs, en droit et en fait, dans le système politique européen, sans omettre les limites de ces pouvoirs ; et ce, à travers les réformes successives des traités et l'évolution des pratiques interinstitutionnelles, souvent conflictuelles, attestant de nos jours d'une reconnaissance accrue et synergie croissante dans les faits avec les institutions de l'Union.

Il s'agissait, par ailleurs, de mettre en évidence la finalité idéologique du Comité, sa vision du projet européen, ses valeurs et sa philosophie d'action articulée autour des objectifs de garantie de la paix et d'extension des libertés et droits individuels fondamentaux, notamment des droits sociaux. Démontrer son rôle d'avant-garde et sa fonction d'intégration remplis avec continuité durant un demi-siècle œuvrant en faveur de la construction inédite d'une Europe fédérale et démocratique qui soit dotée d'un équilibre des pouvoirs et d'institutions supranationales, de la Commission européenne et du Parlement européen, que le Comité a fortement soutenues. Illustrer sa contribution substantielle au processus constituant et législatif européen par les exemples les plus marquants de ses initiatives qui ont abouti, telles la Charte des droits sociaux fondamentaux des travailleurs de 1989 ; ou encore l'introduction des dispositions constitutionnelles relatives aussi bien au « dialogue social » depuis l'Acte unique de 1986, qu'« au dialogue civil » depuis le traité de Nice de 2000 qui consacre l'expression « société civile organisée » jusqu'au traité en vigueur. Illustrer son pouvoir normatif dans les politiques de l'Union, y compris extérieures, telle le Partenariat Euro-méditerranéen préfiguré par l'action du Comité.

Derrière cet agenda, le pari et l'intérêt de ce projet était moins de juger de la représentativité ou de l'impact historique du Comité au processus d'intégration européenne, que de faire de cette histoire un point d'entrée pour aborder de manière critique et prospective la question du lien entre la société civile organisée et le système démocratique de l'Union. Apprécier la portée et les limites de la grande transformation en cours que représente la consécration de la démocratie participative à côté de la démocratie représentative en tant que mythe, formule politique et face normative officielle du système politique européen. Mettre en lumière les dynamiques transnationales complexes et de longue durée qui sont à l'œuvre dans la redécouverte, la consécration constitutionnelle et la promotion des normes démocratiques liées à l'impératif social et participatif qui s'appuie sur les acteurs de la société civile organisée et, de ce fait, oriente le processus d'intégration dans une direction particulière. Faire apparaître le cheminement des idées, des représentations, des intérêts, des transactions et des luttes qui forment la trame de cette histoire et qui conduisent au renouveau actuel du statut consultatif et à l'élargissement des pratiques institutionnelles d'information et de consultation à des nouveaux acteurs non étatiques.

Certes aujourd'hui, l'utopie de la démocratie participative, voir directe, émerge dans l'air du temps et la participation de la société civile connaît une renaissance dans les discours et les traités à la fois comme un impératif normatif qui nomme une tâche à accomplir, la démocratisation de la vie politique internationale et européenne, plus encore, la démocratie cosmopolitique et comme un concept analytique d'une nouvelle réalité de l'action collective liée aux transformations de la globalisation et de l'européanisation. L'appel à la participation de la société civile domine le discours politique européen au point d'entrer dans les traités, si bien que, plus aucun acteur institutionnel européen ne met en doute le principe qu'il faille l'associer au processus de prise de décision, façon d'avouer les impasses de légitimité du système politique européen. On redécouvre ainsi la représentation fonctionnelle et les procédures consultatives comme une alternative politique potentielle dans un contexte de crise de l'Europe, des formes traditionnelles de représentation basée sur l'État nation et dominées par les exécutifs nationaux.

Néanmoins la question de fond se pose à savoir, assiste-t-on vraiment à un bouleversement refondateur, un renouveau profond de l'ordre politique européen, une démocratisation du processus de prise de décision politique ? La société civile dispose-t-elle de réels pouvoirs dans le concert institutionnel de l'Union ? Encore faut-il démontrer cette hypothèse empiriquement. Nourrie par l'expérience militante une hypothèse de départ s'imposait : si renouveau il y a des représentations officielles de la démocratie et des normes constitutionnelles européennes, on est bien loin d'un renouveau profond des structures et pratiques du système politique européen. La consultation et la participation de la société civile ne peuvent encore se concevoir que sous une forme extrêmement encadrée par le pouvoir discrétionnaire des institutions intergouvernementales et supranationales qui en ont la tutelle, comme un simple adjuvent voir alibi légitimateur d'un système de représentation fondée sur l'État nation. La défiance à l'égard des acteurs non étatiques est une réalité.

Une histoire iconoclaste

À cet égard l'histoire du Comité est édifiante en ce qu'il est dans l'ordre politique européen, la première et, aujourd'hui encore, l'unique forme institutionnelle, constitutionnellement consacrée de représentation des forces économiques et sociales que l'on reconnaît sous le vocable de société civile, dont il est une expression, sans en être pour autant l'incarnation unique. Il est une figure protéiforme de cette expérimentation dans l'histoire de l'intégration européenne en tant qu'une enceinte de consultation, de représentation et d'information des acteurs de la société civile organisée et en tant qu'un interlocuteur entre ceux-ci et les institutions de l'Union.

Son histoire est iconoclaste, en ce qu'elle révèle les nombreuses ambiguïtés et tensions des rapports entre ces acteurs et *l'establishment* étatique et supranational. Elle permet d'éviter deux écueils. Le premier est celui du « jamais vu » dans la pensée et l'histoire de l'intégration européenne ou encore celui d'une histoire linéaire. Le second est celui de l'artificialisme juridique et politique, envisageant l'organisation du monde social comme étant créée et modifiable à volonté par les institutions. Deux conceptions qui expliquent l'émergence de la société civile européenne comme une donne récente, qui l'attribuent aux vertus d'une construction bienveillante par le haut, ou qui l'inscrivent dans une logique inéluctable, une forme d'évidence gommant l'incertitude et la réversibilité de ce processus.

L'histoire du Comité nous éclaire, en effet, sur les exigences et les prescriptions normatives du constitutionnalisme social européen et celles de la grande idée fédérale au lendemain de la grande guerre, sur l'importance historique des corps fonctionnels et des mouvements sociaux qui s'en inspirent et qui sont aux fondements de l'intégration européenne ainsi que sur l'impact de leurs idées, de leurs mobilisations et luttes pour la reconnaissance et le pouvoir dans le système politique européen ; sur les obstacles enfin qui leurs sont opposés par les États et les institutions européennes dans la logique de compétition qui les oppose.

Consubstantiel à la pensée fédéraliste est le principe d'une coparticipation des forces économiques et sociales et des divers représentants de l'intérêt général à la prise de décision à l'échelle européenne. Instaurer une nouvelle « Autorité politique supranationale » ne saurait se faire sans les contrepoids démocratiques indispensables pour éviter toute dérive autoritaire, assurer l'équilibre des pouvoirs, garantir la liberté et les droits de la personne, ainsi que le progrès social. C'est cette finalité qui justifie une proposition centrale, l'instauration à côté de l'Assemblée parlementaire « d'une autre Assemblée législative » appelée parfois « 4e pouvoir », dans le système politique fédéral. Or, si un Comité est né ainsi en tant qu'« enfant désiré » de la société civile, son acte de naissance le 25 mars 1957 est scellé d'un compromis des pères fondateurs, un « péché originel » qui en conditionne encore l'histoire.

Un « enfant désiré » de la société civile, un compromis des pères fondateurs

Il est significatif de rappeler que les premières expériences de participation des milieux socio-économiques à la définition des politiques nationales ont pris naissance dans les pays d'Europe occidentale sous l'impulsion du Bureau international du travail créé en 1919. Mais c'est surtout entre 1946 et 1960 que les Conseils économiques et sociaux ont reçu leurs lettres de noblesse. C'est alors qu'ils deviennent une composante clef de l'ensemble des régimes politiques des six pays fondateurs des Communautés européennes, à l'exception toutefois de l'Allemagne fédérale. Grandes assemblées économiques et sociales, ils incarnent l'intérêt des « forces productives de la nation ».

Il s'agit d'organes qui exercent une fonction consultative à caractère permanent et général dans la prise de décision à caractère économique et social, étant liés à une exigence constitutionnelle qui s'impose aux pouvoirs publics : celle de promouvoir les conditions favorables au progrès économique et social, ce qui présuppose une interaction entre l'État et la société. En conséquence ces institutions se voient dotées d'un caractère constitutionnel pour accompagner l'intervention de l'État et elles sont généralisées depuis dans les États membres de l'Union, occupant une place centrale dans la tradition constitutionnelle européenne commune. C'est cette prescription sociale qui éclaire la création et la raison d'être du Comité économique et social dans les traités européens qui ne pouvaient pas ignorer cet acquis constitutionnel.

Il convient également de souligner que la création d'un « Conseil économique et social européen », répond à une revendication et à une forte pression exercée par les mouvements d'unité européenne, qui émergent dans le contexte de l'immédiat après-guerre. Elle est centrale dans la campagne du Mouvement européen en faveur d'une forme d'intégration européenne profonde, d'une union européenne politique, économique et sociale. Anticipant d'une décennie sur la signature officielle des traités de Rome, ses propositions institutionnelles ont clairement aidé à tracer le chemin en termes de structure et de champ d'action du CESE.

Pour prendre la mesure de son importance on rappellera que, l'idée d'une « autorité fédérale » « assistée par tous les corps fonctionnels nécessaires (à des) fins économiques et culturelles » prend forme à la naissance même du premier mouvement transnational de l'Union européenne des fédéralistes, présidée par Hendrik Brugmans, lors de son Congrès de Montreux d'août 1947. L'exigence est posée plus clairement dès 1949-1950 au 1er Congrès international de La Haye en 1949 organisé par le Comité conjoint des Mouvements pour l'unité de l'Europe qui donne naissance au Mouvement européen, sous la présidence conjointe de Léon Blum, Winston Churchill, Alcide de Gasperi, et Paul-Henri Spaak. Elle est répétée au 2e Congrès de La Haye, en octobre 1953. Des propositions institutionnelles détaillées et ambitieuses sont formulées à cet égard par la Conférence économique européenne de Westminster en avril 1949 sous la présidence de Sir Harold Butler, ancien directeur de l'Organisation internationale du travail, et la Conférence sociale de Rome en juillet 1950 sous la présidence de Léon Jouhaux, secrétaire général de Force ouvrière.

Au cours des négociations qui précèdent la création de la Communauté économique européenne (CEE) et de la Communauté européenne de l'énergie atomique (CEEA), la question est donc posée d'emblée et soulève des controverses vives, face à l'insistance des organisations professionnelles ouvrières, agricoles, patronales, en particulier, des syndicats néerlandais, belges, italiens et français. D'une part, les États dont le modèle constitutionnel consacre la représentation formelle des groupes d'intérêt dans un corps qui leur soit propre, attachent une grande importance à voir leur modèle transposé au niveau supranational. C'est le cas des Pays-Bas, de la Belgique, de l'Italie, et de la France. Cela ne signifie pas pour autant que les gouvernements soient prêts à accepter la constitution d'un véritable « 4e Pouvoir » fort au niveau supranational, craignant de faire participer les organisations à leurs politiques économiques et sociales. D'autre part, la République fédérale d'Allemagne s'y oppose, motivée par la crainte d'un « corporatisme » à l'image de celui du « Reichswirtschaftsrat » de la République de

Weimar, le souvenir étant très présent de l'imposition unilatérale des intérêts corporatifs organisés triomphants.

En conséquence, les traités de Rome (TCEE et TCEEA) donnent naissance à un Comité économique et social « à caractère consultatif » qui emprunte au modèle étatique le plus petit commun dénominateur à l'image du modèle français plutôt que du modèle néerlandais. Ils ne consacrent pas expressément son statut institutionnel et ne le dotent pas du droit d'initiative, pas plus que le Parlement européen limité lui aussi à un rôle consultatif, loin des pleins pouvoirs prescrits par la pensée fédérale aux deux assemblées. Sa dénomination même, « Comité » et non « Conseil » à connotation plus politique, dénote son caractère subordonné. C'est un « organe » auxiliaire dont la représentativité est à la discrétion des États, le fonctionnement verrouillé et le pouvoir consultatif sévèrement circonscrit et totalement dépendant quant à son action des institutions consultantes, les Commissions et les Conseils des Communautés CEE et CEEA auxquelles il est commun.

L'autre Assemblée : un pouvoir conquis de haute lutte

Si le prestige des forces de la société civile est grand depuis les origines des Communautés européennes, le contraste est criant entre leurs reconnaissance politique incontournable dans les discours des institutions, le statut et les pouvoirs réels qui leurs sont accordés. On ne saurait comprendre l'histoire du Comité en tant qu'Assemblée de la société civile et ses pouvoirs conquis de haute lutte sans saisir ses stratégies pour contourner les restrictions des traités et les pratiques de tutelle qui la réduisent à un rôle formel, sa capacité de s'auto-constituer, d'inventer un art de la délibération et du compromis, qui, loin d'être évident, constitue face au spectre omniprésent de l'impuissance et de la division liées aux différences nationales et catégorielles, un exploit et un défi constant. C'est la culture du consensus qui en constitue la clef.

Très tôt se forge la physionomie moderne du Comité et on observe « une sorte de transformation constitutionnelle » à travers les réformes successives de sa réglementation interne. Néanmoins, cette transformation se base plus sur le pouvoir de l'institution à se doter de ses propres normes que de la manière dont elle est reflétée dans les traités. En ce sens, l'histoire du CESE est similaire à celle du Parlement européen qui a débordé le champ des compétences établi par les traités de la même manière.

Un schéma grossier semble se dessiner selon lequel durant un demi-siècle le Comité a lutté pour arriver à la conquête des pouvoirs consultatifs qui lui étaient prescrits par la pensée fédéraliste dix ans avant le traité de Rome. Les années 1950 et 1960 sont celles des premiers pas et des espérances déçues. Les années 1970 et 1980 sont celles d'une lente montée en puissance marquées par la conquête de son droit d'initiative en 1972, de son autonomie budgétaire et réglementaire et par l'élargissement de son champ consultatif. La consécration de ces pouvoirs dans les traités n'est acquise qu'avec le traité de Maastricht en 1992 et il faut attendre le traité d'Amsterdam en 1997 pour que le Comité puisse être saisi par Parlement européen et le traité de Nice en 2000 pour que sa représentativité soit élargie à d'autres acteurs de la société civile. Le traité constitutionnel européen, socle du traité de Lisbonne, ne fait enfin que consolider cet acquis, alors que les accords interinstitutionnels des dix dernières années permettent de fait une meilleure insertion et participation du Comité dans le processus législatif de l'Union. Ainsi au-delà de sa consultation obligatoire dans les cas prévus par les traités, de plus en plus souvent, le Comité est saisi pour élaborer des avis exploratoires en amont de l'adoption de propositions ou de prises de décisions politiques. Il peut également prendre lui-même l'initiative d'émettre des avis ou d'élaborer des rapports d'information.

Cette autre Assemblée, créée par les pères fondateurs pour porter le consensus des forces économiques et sociales et leur expertise nécessaire à la réalisation du projet européen, a su développer, depuis ses origines, une identité « fonctionnelle et délibérative » et se doter de traits parlementaires forts, analogues à ceux de l'Assemblée parlementaire. Si elle n'est pas un parlement directement élu au suffrage universel et ne dispose que d'un pouvoir consultatif, il n'en demeure pas moins qu'elle est une Assemblée fondée sur un statut représentatif de ses membres, une organisation parlementaire interne, un caractère délibératif, consensuel et transparent. Elle est une Assemblée authentiquement européenne dont l'œuvre historique dans l'intérêt général européen, témoigne d'« une conviction supranationale » et d'une « attitude constructive » vis-à-vis des institutions de l'Union. En tant que telle, elle a su conquérir sa place au sein du concert institutionnel européen dont elle renforce dans une certaine mesure la légitimité.

Cette légitimité, inspirée du modèle de démocratie sociale, participative et délibérative, est recherchée à travers un processus de délibération de plus en plus ouvert et élargi. Acteur de premier plan dans le grand débat sur l'avenir de l'Europe, le Comité a offert, tout au long du processus constituant pour la réforme des traités européens qui a marqué la première décennie du XXIe siècle, une tribune institutionnelle à la participation et à l'expression pluraliste de nombreux acteurs de la société civile dont il est l'allié naturel. Il a introduit leurs voix auprès du Constituant et du législateur européen, comme d'ailleurs dans le cadre de l'élargissement de l'Union et de ses relations avec le reste du monde.

Le profil du CESE s'est modernisé dans l'ambition d'accroître sa représentativité.

En cette « période de grâce », son autorité s'est trouvée ainsi renforcée et la pertinence de sa fonction a été évidente. Le Comité est appelé par les institutions de l'Union à « combler le fossé entre l'Europe et ses citoyens ». Son rôle a trouvé une assise constitutionnelle dans le corps du traité de Lisbonne qui accorde au Comité le privilège d'être l'unique organe institutionnel reconnu par un texte fondamental comme étant représentatif des acteurs de la société civile. L'honneur revient au Comité d'avoir œuvré pour la consécration constitutionnelle de la « démocratie participative », si bien que le Constituant européen impose l'obligation d'un dialogue civil ouvert et régulier avec les associations représentative et la société civile à l'ensemble des institutions et organes de l'Union, et consacre une voie d'action directe citoyenne[10].

L'ironie de l'histoire

Si la boucle est ainsi bouclée, il n'en demeure pas moins que les États gardent toujours la haute main sur la composition du CESE sans consulter les organisations représentatives de la société civile au niveau européen lors de la nomination de ses membres, simple faculté pour le Conseil, et qu'il dépend du bon vouloir du législateur européen de prendre en compte ses avis en l'absence d'une obligation qui s'imposerait par les traités aux institutions de l'Union. Le droit de recours en annulation auprès de la Cour de justice de l'Union européenne concernant des actes législatifs pour l'adoption desquels le traité

[10] Voir version consolidée du TUE, Titre II « Dispositions relatives aux principes démocratiques », Article 11, stipulant que : « 1. Les institutions donnent, par les voies appropriées, aux citoyens et aux associations représentatives la possibilité de faire connaître et d'échanger publiquement leurs opinions dans tous les domaines d'action de l'Union. 2. Les institutions entre tiennent un dialogue ouvert, transparent et régulier avec les associations représentatives et la société civile. 3. En vue d'assurer la cohérence et la transparence des actions de l'Union, la Commission européenne procède à de larges consultations des parties concernées. 4. Des citoyens de l'Union, au nombre d'un million au moins, ressortissants d'un nombre significatif d'États membres, peuvent prendre l'initiative d'inviter la Commission européenne, dans le cadre de ses attributions, à soumettre une proposition appropriée sur des questions pour lesquelles ces citoyens considèrent qu'un acte juridique de l'Union est nécessaire aux fins de l'application des traités. Les procédures et conditions requises pour la présentation d'une telle initiative sont fixées conformément à l'article 24, premier alinéa, du traité sur le fonctionnement de l'Union européenne. » Voir aussi Règlement (UE) n° 211/2011 du Parlement européen et du Conseil du 16 février 2011 relatif à l'initiative citoyenne, permettant aux citoyens européens, dès 2012, de demander à la Commission d'élaborer une proposition législative, à condition qu'au moins un million de personnes, issues d'un nombre suffisant d'États membres, soutiennent l'initiative.

prévoit sa consultation est toujours dénié au Comité en tant que forme de « légitimité active ».

L'ironie de l'histoire est que la conquête d'une reconnaissance constitutionnelle de son rôle en tant que représentant de la société civile organisée contraste dans les faits avec l'absence d'une reconnaissance politique générale à son égard par les acteurs non étatiques européens eux-mêmes, qu'il s'agisse des anciens partenaires sociaux qui s'en sont désaffranchi, ou des nouveaux acteurs civils qui n'y ont pas trouvé leur place. Le Comité a été vite dépassé par les normes et procédures historiques du « dialogue social » que du « dialogue civil » européen à l'édification desquelles il a fortement contribué.

Plus généralement, au-delà du Comité, cette histoire révèle le pouvoir de la société civile organisée au sein de l'ordre politique européen et les entraves institutionnelles qui limitent son emprise. En dépit d'une reconnaissance élargie par les traités depuis les origines de la construction européenne d'entités et catégories fonctionnelles sans cesse différenciées que l'on nomme aujourd'hui société civile, en dépit des droits à l'information, au dialogue ouvert et régulier et à la consultation qui sont aujourd'hui octroyés « aux citoyens », « aux associations représentatives » et « à la société civile » et des procédures multiples qui élèvent leurs capacités d'intervenir sur la scène européenne, deux constats s'imposent :

Primo, aujourd'hui encore il n'existe point de statut général et complet au plan européen ou même universel, pas plus que de définition légale commune de la « société civile » et on ne dispose pas de critères d'identification de cette catégorie juridique ; *secundo*, le propre de la consultation des associations ou organisations non-gouvernementales dans le dialogue civil européen est d'être toujours discrétionnaire et de relever du bon vouloir des institutions consultantes qui en ont la tutelle, alors que les pratiques de consultation restent délibérément fragmentées et incohérentes. Ce modèle est d'ailleurs commun à l'Union européenne et à l'ensemble des organisations intergouvernementales.

En guise de conclusion

Il ne suffit donc pas d'introduire des nouveaux « principes démocratiques » et des normes et procédures de consultation de la société civile pour que les structures politiques s'en trouvent modifiées dans un système représentatif européen où les potentialités d'intervention des corps intermédiaires comme des citoyens ordinaires est limitée et il serait très erroné de confondre information, consultation, décision et pouvoir. Après un demi-siècle d'intégration européenne on est bien en deçà de l'utopie du « 4e pouvoir fédéral ».

L'aporie demeure donc, comment édifier dans les structures de la démocratie représentative bâtie sur la volonté des États et des institutions supranationales, une « démocratie sociale et participative », valeurs inlassablement défendues par le Comité, qui ait une validité objective vis-à-vis de cette volonté et qui soit soustraite à ces vicissitudes ? Aporie plus grande encore en cette période charnière pour l'avenir de l'Europe unie engagée sur la pente glissante d'un cycle historique de crise grave qui met à rude épreuve ses forces vives. L'enjeu n'est autre que la survie même des valeurs universelles, des droits fondamentaux, voire des structures démocratiques qui lui sont essentiels. Dans ce contexte, le propos du premier président du CESE, Roger De Staercke, méritent une attention particulière : « Que ça nous plaise ou non, la vérité que l'on doit garder à l'esprit [...] est que le secteur économique ne peut pas être dissocié du secteur social[11]. »

[11] R. De Staercke, président du Comité économique et social européen, « Europe's Living Standard and Social Policies », 8 juin 1960.

CHAPITRE 11

La Banque européenne d'investissement fait son histoire

Éric BUSSIÈRE

La Banque européenne d'investissement a publié en 2008 un ouvrage à l'occasion de son 50e anniversaire[1]. En cela elle se conformait à un usage fort répandu puisque, par exemple, une institution similaire bien que beaucoup moins importante, la Banque de développement du Conseil de l'Europe avait fait de même en 2006[2]. Cette initiative s'insère dans deux courants complémentaires, d'une part l'histoire des entreprises du secteur financier qui, depuis les années 1980, a donné lieu à de nombreux travaux qu'ils soient d'origine universitaire ou commandités par des établissements, d'autre part l'histoire des Institutions européennes, ces ouvrages ayant pour certains une origine entièrement académique et pour d'autres étant le résultat de l'initiative des institutions concernées. En réalité la plupart de ces réalisations résultent de la rencontre de préoccupations complémentaires. La démarche des institutions est portée par un mouvement qui s'est développé fortement depuis quelque vingt ans et les Institutions européennes s'y sont tout naturellement inscrites, ne serait-ce que par mimétisme ou par souci de visibilité, la décision des uns entraînant celle des autres. Mais les universitaires sont allés d'eux-mêmes à la rencontre des institutions, leur motivation relevant tant de préoccupations éditoriales que de la possibilité d'accès renforcé à des sources parfois jusqu'alors peu accessibles. La démarche relative à la BEI n'a pas échappé à ce type de schéma.

La mise en œuvre d'une telle opération ne pouvait se faire que dans un cadre de travail étroit avec la banque principalement quant à l'accès aux sources. L'accès aux archives était chose nouvelle pour la BEI qui jusqu'alors n'avait répondu que de manière limitée aux demandes qui

---

1 Éric Bussière, Michel Dumoulin, Emilie Willaert (dir.), *La Banque de l'Union européenne, La BEI, 1958-2008*, Luxembourg, OPOCE, 2008. Publié également en allemand et en anglais.

2 Éric Bussière, Emilie Willaert, *La Banque de développement du Conseil de l'Europe (CEB), 1956-2006*, CEB, 2006.

lui étaient adressées. Cette situation relevait essentiellement de considérations d'ordre juridique et de confidentialité liées à la nature de ses opérations. Cette première expérience a donc induit un dialogue entre les services de la Banque et les historiens qui a permis une meilleure appréhension par la Banque des attentes et besoins de ces derniers en matière de sources avec pour conséquence un accès plus large que par le passé. Elle a également abouti au versement d'une partie des archives de la BEI aux Archives historiques de l'Union européenne à Florence. De la même manière une série d'entretiens avec des responsables de la Banque et un séminaire réunissant les auteurs avec une partie des principaux cadres dirigeants de la BEI ont permis de compléter les sources disponibles.

La rédaction de l'ouvrage a été réalisée selon les méthodes en usage dans le champ académique, les auteurs ont gardé la maîtrise et la responsabilité de leurs textes. Ce contexte très favorable est lié pour une large part à la présence à la tête de la Banque d'une personnalité issue du milieu universitaire.

Une telle entreprise revêtait de toute évidence une finalité de communication externe dont le prétexte, 50 années d'existence, était difficilement contestable. Faire connaître l'histoire de la BEI était inscrire celle-ci dans la durée et de ce fait même consolider une légitimité. Inscrite dans les traités son existence n'a jamais été remise en cause depuis son origine. Le développement du volume de ses opérations, notamment depuis les années 1980, a confirmé, s'il en était besoin, son utilité. Mais ses modes opératoires ont fait l'objet de débats depuis ses origines et n'ont pas tout à fait cessé depuis. À l'époque des négociations du traité de Rome, c'est le débat sur la nature même de l'institution, fonds ou banque. Devait-elle accorder ses financements sous forme de contributions non remboursables ou de prêts ces derniers étant par nature remboursables même s'ils ont pour objet le financement d'équipements ou d'actions qui ne pourraient l'être aux conditions du marché. Mais le débat s'est prolongé puis renouvelé depuis les années 1980, époque où une nouvelle fois la question de la place que le marché devait représenter dans les opérations de la BEI était posée, par exemple à l'occasion de la création du Fonds européen d'investissement et de la promotion par la Banque du capital-risque. Comme corollaire de ce débat principal, celui de l'efficacité de ses interventions et de sa capacité à transformer les régions en retard et à leur donner les impulsions nécessaires à un développement autonome. Le cas du Mezzogiorno italien étant symbolique puisque principal champ d'intervention de la banque durant une vingtaine d'années.

Mais c'est aussi le rapport de la BEI aux autres institutions communautaires. Les relations avec la Commission ont pu parfois se tendre, la question posée étant alors l'autonomie de la BEI dans ses choix de financement et leur articulation avec l'action des fonds gérés par la Commission, même si les projets bénéficiaires des prêts de la Banque devaient s'insérer dans des priorités définies au niveau politique et être visés à Bruxelles. La BEI souhaite donc rester maître de l'étude économique et technique de ses opérations et de ses décisions de prêt, insérer ses financements dans des lignes de force réunies en une stratégie d'ensemble pluriannuelle qu'elle aura élaboré en relation avec les priorités définies au niveau de l'Union.

La légitimité est enfin issue de la capacité de la Banque à adapter ses structures à un traité qui comporte à la fois des contraintes, des potentialités. De ce point de vue la BEI a su utiliser le cadre qui lui était offert, parfois en le sollicitant, afin de développer une action que les évolutions économiques et sociales rendaient nécessaire. Ici encore une longue histoire est porteuse de légitimité dans la capacité à négocier les évolutions.

Publier son histoire était donc facteur de légitimation du fait de la durée et de la réussite qu'elle manifeste. Mais « cinquante ans d'existence ne sont pas une garantie de longévité[3] ». La publication d'un ouvrage est ainsi une manière de rendre compte et aussi une façon de plaider pour l'avenir en démontrant sa capacité à conduire sa destinée pour une entité qui est à la fois une institution européenne relevant de grands choix politiques et une institution financière largement soumise aux réalités économiques.

---

[3] Éric Bussière, Michel Dumoulin, Emilie Willaert (dir.), *La Banque de l'Union européenne, La BEI, 1958-2008*. Préface de Philippe Maystadt.

ÉPILOGUE

QUEL AVENIR POUR DES INSTITUTIONS SOIXANTENAIRES ?

CHAPITRE 12

Quelles institutions européennes en 2021 ?

François-Gilles LE THEULE

Ce chapitre a pour intention de proposer un point de vue opérationnel au sein de cet ouvrage. L'intention pourrait paraître paradoxale. Les sujets traités au fil de cet ouvrage portent sur l'histoire des institutions, ses méthodes, sa diversité, ses objectifs. Quel lien avec la situation institutionnelle de l'Union européenne en 2021 ? Il est vrai que tout un débat existe sur la place de la culture générale, et de la connaissance historique en particulier, comme connaissance nécessaire à l'action administrative. Poursuivant l'inventaire critique, il faut constater que, dans bien des milieux, les aspects historiques ne font pas partie des connaissances clefs exigées des acteurs. Elles sont considérées comme source de discrimination notamment au regard des exigences de la diversité sociale. Les aspects historiques, pour certains, ne peuvent pas, ni ne doivent, servir à éclairer l'avenir. D'ailleurs celui-ci n'aurait pas à être prévu parce qu'il ne pourrait pas l'être. Quant à la légitimité prospectiviste, elle serait contestable, car d'essence technocratique et que le politique devrait la dominer.

Ce débat sur le lien entre histoire et prévision est loin d'être théorique. Il comporte des conséquences managériales concrètes. Ainsi, en matière de gestion des ressources humaines, la connaissance historique des institutions européennes ne fait plus partie des qualifications requises pour accéder à la fonction publique européenne. Le recrutement dans les institutions, depuis la réforme de l'Office interinstitutionnel de sélection (EPSO) en 2008, repose sur une évaluation au regard de sept compétences-clefs. Les investigations des jurys sur la connaissance de l'histoire européenne n'y ont plus leur place. Autre exemple célèbre : le travail de prospective réalisé par les équipes de Jacques Delors. La disparition du travail de prospective officielle à la Commission européenne a coïncidé avec la réforme administrative de celle-ci dans les années 2000. Cette réforme a conduit à une certaine prévalence des valeurs de gestion pure par rapport à l'approche plus inspirée de la science politique et administrative en vigueur jusqu'alors.

La perspective de ce chapitre s'inscrit dans une vision différente : elle s'écarte de ce que nous allons appeler l'« approche managériale pure[1] » que nous venons d'évoquer. À notre sens, celle-ci doit être nécessairement complétée par des apports pluridisciplinaires. En effet, la perspective suivie ici est celle du Pôle européen d'administration publique de Strasbourg (PEAP). Elle part du principe que la décision politique et administrative peut utilement se croiser avec les apports de la recherche et de la formation supérieure et professionnelle. Le rapprochement histoire-prospective est donc légitime.

De façon plus technique, nous avons la conviction que la prospective obéit à des règles méthodologiques, et que l'examen prospectif s'enracine dans l'étude historique. La prévision est possible. Elle commence par l'étude historique. Que peut-il se passer ? Telle est la question qui est abordée ici à la lumière de ce qui a été analysé dans les chapitres précédents.

Poursuivons par un point de méthode. La prospective stratégique, en matière institutionnelle comme ailleurs, consiste en l'identification de variables clefs et leur articulation ensuite dans des scénarios[2]. Par exemple, s'il y a trois variables clefs, et qu'elles peuvent prendre chacune 8 formes possibles, alors il y aura 8 x 8 x 8 = 512 scénarios. L'art du prévisionniste est ensuite de probabiliser ces scénarios, et de les regrouper de façon vraisemblable.

Rappelons à ce stade le principe de prudence et de modestie qui s'appliquent à cette démarche. L'action des acteurs a pour objet de faire évoluer la réalité. Il y a donc une forte interdépendance entre la prospective des décideurs et leur action. L'enjeu, c'est l'appropriation des scénarios par le plus grand nombre pour faciliter leur réalisation. Comme outil d'appropriation, la recherche du consensus est privilégiée par les prospectivistes. Un exemple récent dans le domaine européen vient illustrer cette approche. Valéry Giscard d'Estaing a constitué et présidé la Convention européenne comme outil de consensus. Sa perspective personnelle de la construction européenne est totalement prospective, et s'enracine dans une approche historique qu'il rappelle volontiers, la faisant remonter à avant l'Empire romain, au temps des Celtes[3].

Rappelons également que l'histoire est un élément clef de la prospective au travers de deux éléments :

---

1 Voir François-Gilles Le Theule, Julie Lepretre (dir.), *La fonction publique européenne*, 2e édition, Strasbourg, ENA, 2012.

2 Voir Michel Godet, *Manuel de prospective stratégique*, Paris, Dunod, 2007, 2 tomes.

3 Nous faisons référence au cours donné par Valéry Giscard d'Estaing à l'ENA en 2009, dans le cadre du cycle des hautes études européennes qu'il a parrainé cette année-là (non publié).

– les valeurs des institutions héritées de leur histoire (voir Albert Thomas cité par Sylvain Schirmann : « La connaissance des mouvements intellectuels et moraux d'où sont issues les institutions est centrale. Le vrai combat politique pour les institutions, c'est justement l'évolution de ces mouvements intellectuels et moraux. ») ;
– la vision que l'étude historique donne des tendances de fond issues du passé, des incertitudes qui le traversent, et des ruptures qui se sont déjà produites.

Une fois ces préliminaires prudentiels posés, il reste à préciser les variables étudiées pour la prospective du système institutionnel de l'Union européenne. Le choix des variables est souvent confié à des panels d'experts et appuyés par des traitements mathématiques. Pour fixer les idées, et de façon un peu arbitraire, nous proposerons un choix de variables-clefs tiré de notre pratique. Il y en a trois, de notre point de vue de directeur des affaires européennes de l'École nationale d'administration (ENA). Ce sont les matières que travaillons en priorité depuis 15 ans, que nous approfondissons au sein du PEAP, et que l'organigramme du Centre des études européennes de Strasbourg devenu direction des affaires européennes de l'École nationale d'administration reflète. Il s'agit :
– de la gouvernance,
– des carrières,
– des politiques publiques.

La prospective, dans cet exposé, et en ligne avec le propos de cet ouvrage, partira de l'histoire. Nous avons donc pris le parti de qualifier les variables-clefs en trois catégories : les tendances, les risques et les ruptures.

L'analyse des tendances, risques et ruptures (soit pour simplifier 8 combinaisons possibles) dans chacun de ces domaines fera l'objet des trois développements qui suivent. Elle peut donner lieu à 512 scénarios élémentaires. Il faudra donc se limiter, et nous privilégierons en conclusion deux tentatives de scénarios globalisés.

Gouvernance européenne

La gouvernance porte sur les aspects institutionnels à proprement parler de la construction européenne.

Les grandes tendances de l'évolution de la gouvernance européenne nous paraissent synthétisées autour des quatre phénomènes :
– l'élargissement. Depuis 1973, c'est la seule politique de l'Union qui soit conduite « au fil de l'eau »,
– le renforcement institutionnel du Parlement européen,

– la complexification institutionnelle. Prenons l'exemple de la fonction présidentielle au sein de l'Union. Comme le mentionnait Michel Mangenot, on peut parler d'un « mystère » : le passage du « triangle » à la « table » (comme le dit Jerzy Buzek, président du Parlement européen[4] : il y a quatre présidences), voire plus : on parle à présent d'un véritable « système présidentiel[5] ». On relèvera à un autre niveau qu'au-delà des textes, se met en place un véritable dispositif « coutumier », cristallisation de l'histoire.
– l'absence d'appropriation de la citoyenneté européenne, héritière de ce qu'on l'appelait dans les années 1980 le « déficit démocratique ». Celle-ci se heurte, de façon structurelle, à la diversité culturelle et à l'élitisme de la construction européenne. Elle se manifeste notamment dans ce qu'on peut appeler l'« échec » politique du Parlement européen : est-il un véritable Parlement[6] ? N'est-il pas plutôt une efficace mécanique à prendre des décisions ? Remarquons que cette qualification, un peu provocante, du Parlement est totalement compatible avec le renforcement institutionnel évoqué ci-dessus.

Quelles sont les incertitudes que nous pouvons relever en matière de gouvernance ? Un débat de fond n'a jamais été clairement résolu. Il nous paraît partager l'action de l'Union depuis ses origines. Nous évoquons là le conflit entre :
– le renforcement du Conseil (logique intergouvernementale),
– et le renforcement de la Commission (logique communautaire).

Parmi les incertitudes, on relèvera aussi comme l'a souligné François Scheer, le caractère forain du Parlement européen, qui donne une tonalité particulière au fonctionnement de cette institution.

Enfin, au titre des ruptures institutionnelles, nous relèverons l'émergence d'une nouvelle force, la banque centrale européenne, au fonctionnement fédéral. De fait sans doute de sa puissance, cette nouvelle institution a une zone géographique de pleine compétence qui ne coïncide plus avec la totalité du territoire de l'Union européenne.

Carrières européennes

Les carrières nous semblent importantes à considérer de manière prospective car c'est une façon de prendre en considération le jeu des acteurs.

---

4 Lors d'une conférence à l'ENA le 16 janvier 2011.

5 Véronique Charlety, Michel Mangenot (dir.) : *Le système présidentiel de l'Union européenne après Lisbonne*, Strasbourg, ENA, 2012.

6 Voir Nicolas Gerbert : « Le Parlement européen est-il un véritable parlement ? », in *Le mouvement des idées*, n° 1, 3e trimestre 2011.

Nous avons d'abord relevé trois tendances qui nous semblent structurer le déroulement des carrières européennes :
– L'élitisme et l'effet « club ». Ce phénomène est revendiqué par certaines institutions (ainsi la Commission européenne a-t-elle pour politique de recrutement d'attirer les meilleurs talents de l'Union). La forte sélection qui marque l'accès aux carrières européennes institutionnelles s'accompagne souvent de rémunérations très « attractives ». Que ce soit dans les institutions ou dans le secteur privé, les critères de progression de carrière, au travers des concours, des élections ou bien de l'intégration dans les réseaux qui sont gages de succès, sont basés notamment sur le plurilinguisme et le multiculturalisme. Autant de fortes barrières à l'entrée.
– L'importance des relations public/privé. Ainsi la place du lobbying comme outil de participation à la prise de décision publique est plus importante que dans de nombreux États membres.
– La puissance des réseaux informels. L'absence d'échelon déconcentrés ou décentralisés de l'Union explique le caractère utile de la représentation des intérêts publics ou privés à Bruxelles. Cela explique également la tendance de l'Union à générer ses propres réseaux d'acteurs locaux (liés par exemple à la politique de cohésion[7] ou aux diverses politiques territoriales, dont la PAC), et à renforcer à leur égard des structures d'encadrement informelles. Cet aspect est mal connu des acteurs extérieurs.

Nous soulignerons ensuite un conflit implicite qui structure le développement des carrières européennes. Cette tension nous paraît reposer sur deux conceptions du management des affaires publiques, avec un conflit « expertise/mobilité », ou en d'autres termes : « connaissances/compétence », « continental/anglo-saxon », ou encore « histoire/management ». Le changement de méthode de sélection des institutions (concours européens) mentionné plus haut en est le reflet. Il faut donc observer comment vont s'articuler ces deux axes que nous qualifierons ainsi :
– l'approche tirée de la science politique dans toutes ses dimensions,
– l'approche managériale pure.

Enfin, relèvent à notre sens de la rupture dans la gestion des carrières européennes :
– la prédominance de l'anglophonie par rapport au bilinguisme originel, depuis l'élargissement de 1995 ;

[7] Voir François-Gilles Le Theule, « Politiques de cohésion et carrières européennes : quelle gestion des ressources humaines ? », p. 185-197 in Paolo Bailo, Didier Meynier (dir.), *De la solidarité économique et sociale à la cohésion territoriale. Regards croisés 25 ans après le Paquet Delors I et au-delà de 2013*, Strasbourg, ENA, 2012.

– le renouvellement générationnel : par exemple, 33 % de l'encadrement intermédiaire et supérieur de la Commission vont partir à la retraite d'ici 2018, 40 % à la Cour de justice et à la Cour des comptes[8].

Politiques européennes

En tant que produit des institutions européennes, on peut considérer que les politiques européennes sont dans une large mesure leur raison d'être.

La principale tendance en matière de production et de gestion des politiques européennes, nous semble être l'approfondissement technique. On relève en effet souvent la stabilité et l'efficacité des politiques techniques qui sont l'apanage de l'Union : élargissement, politique agricole commune, politique de cohésion, marché intérieur, politique de concurrence et d'aides d'État.

Pour répondre à la mondialisation, l'Union a exploré de nouvelles politiques, qui restent en gestation : politiques de l'immigration, constitution de l'espace de liberté, de sécurité, et de justice.

L'incursion dans la sphère de souveraineté étatique relève enfin de la rupture. Il s'agit de l'exploration européenne de nouvelles politiques « souveraines » : politique budgétaire et fiscale, ou encore politique étrangère autour du nouveau service européen pour l'action extérieure. La création de ce service concrétise une nouvelle différenciation de l'espace institutionnel européen. En effet, la gestion de la politique étrangère, de sécurité et de défense se trouve confiée à une administration placée entre le Conseil et la Commission. D'un point de vue fonctionnel, revenant ainsi aux sources de la méthode de Jean Monnet, l'institution précède la politique.

Deux scénarios typiques

Au total, pour simplifier, nous considérerons que 8 valeurs sont possibles pour la variable « gouvernance » : les tendances ont confirmées ou infirmées (deux valeurs possibles), le Conseil l'emporte ou bien la Commission (deux valeurs), les ruptures se prolongent ou pas (deux valeurs). Soit 2 x 2 x 2 = 8 possibilités. De même 8 valeurs sont possibles pour la variable « carrières européennes » et 8 aussi pour la variable « politiques européennes ».

---

[8] François-Gilles Le Theule, « Carrière et mobilité au sein des institutions européennes », in François-Gilles Le Theule, Julie Lepretre, *op. cit.*, p. 189.

Matrice de construction des 516 scénarios
(sur la base d'une valeur « oui /non » pour chacune des cases).

	Gouvernance	**Carrières**	**Politiques**
Tendances	L'élargissement. Le renforcement institutionnel du Parlement européen. La complexification institutionnelle. L'absence d'appropriation de la citoyenneté européenne.	L'élitisme et l'effet « club ». L'absence de frontière public/privé. La puissance des réseaux informels.	L'approfondissement technique.
Incertitudes	Le renforcement du Conseil (logique intergouvernementale) ou le renforcement de la Commission (logique communautaire).	L'approche tirée de la science politique dans toutes ses dimensions ou l'approche managériale pure.	De nouvelles politiques en gestation.
Ruptures	L'émergence de nouvelles institutions au fonctionnement fédéral.	La prédominance de l'anglophonie et le renouvellement générationnel.	L'incursion dans la souveraineté.

Ce qui fait pour les trois variables, 8 x 8 x 8 = 512 scénarios (voir tableau). Il y a plusieurs scénarios extrêmes, depuis la fédéralisation jusqu'au chaos. Néanmoins, pour la clarté de l'exposé, nous proposons d'isoler deux scénarios simples qui sont obtenus en privilégiant l'homogénéité d'évolution des variables : soit poursuite exclusive du tendanciel, soit prédominance des ruptures. Gardons toutefois présent à l'esprit que le scénario le plus probable, c'est en général le scénario qui regroupe tous les scénarios exclus.

Le scénario tendanciel : une Europe-concept élargie

– Poursuite de l'élargissement.

– Renforcement politique du Parlement européen.

– Interrogations maintenues sur la citoyenneté européenne.

– Concentration sur des politiques économiques de long terme.

Ce scénario suppose de gérer des risques : régler le financement de l'Union ; compenser le déficit démocratique par une relégitimation de l'encadrement européen ; faire évoluer la politique distributive de l'Union pour se fidéliser des réseaux.

Le scénario de la rupture : une euro-zone fédérale réduite

C'est, nous semble-t-il, le pari de Jacques Delors et de Valéry Giscard d'Estaing.

– Fédéralisation de la zone euro.

– Rajeunissement des cadres et monolinguisme.

– Concentration sur une politique financière, macro-économique et budgétaire qui n'est pas dans la « génétique européenne ».

Ce scénario supposerait de gérer des risques « culturels » forts.

L'Union européenne affronte des défis aigus, confrontée à une crise des ressources publiques et du système financier comme elle n'en a jamais connu. Recourir à l'étude historique pour trouver des solutions à ces défis nous semble utile, pour tirer les leçons du passé, éviter le renouvellement des erreurs, connaître les limites du possible et repousser les frontières de l'innovation. Nous plaidons ainsi pour la prise en compte méthodique d'une approche historique dans les travaux stratégiques.

CHAPITRE 13

Que reste-t-il en 2011 des institutions du traité de Paris de 1951 ?

Jean-Louis QUERMONNE

Apparemment peu de choses ont subsisté. La Haute Autorité, abaissée au rang de Commission, s'est vue déposséder par le traité de Rome de l'essentiel de son pouvoir de décision, mué en simple pouvoir de proposition. À l'inverse, dans le champ des compétences octroyées à la Communauté puis à l'Union européenne, le Conseil spécial des ministres s'est vu attribuer, tantôt à l'unanimité, tantôt à la majorité qualifiée, la capacité de décider. Et, en matière législative, l'Assemblée parlementaire désormais élue au suffrage universel sous le nom de Parlement, a reçu de traité en traité la capacité tantôt d'approuver ou de désapprouver, tantôt de codécider avec le Conseil des ministres les mesures émanant de la Commission. Seule la Cour de Justice a conservé ses prérogatives initiales, encore qu'elle semble avoir perdu aujourd'hui l'audace qui fut la sienne au cours de ses premières années d'existence.

Appelée à réguler, dans le cadre d'un marché commun, l'ensemble de l'économie des États membres, il eut été difficile, après l'échec de la Communauté européenne de défense, que la Communauté économique européenne soit dotée d'une instance supranationale telle que la Haute Autorité ; ce qui aurait dessaisi de l'essentiel de leurs prérogatives les gouvernements nationaux. D'où le nouvel équilibre établi par les auteurs du traité de Rome entre supranationalité et intergouvernementalité, lequel a généré la méthode communautaire. De fait, sous la présidence de Walter Hallstein puis celle de Jacques Delors, elle a fait preuve de son efficacité. Qu'aujourd'hui, avec la montée en puissance du Conseil européen érigé par le traité de Lisbonne en institution et le retour en force de la pratique intergouvernementale, l'Union européenne tende à reléguer la Commission dans la gestion des affaires courantes n'empêche pas qu'elle soit devenue par la grâce du traité de Lisbonne la procédure législative ordinaire. Mais c'est un fait que, face à la crise économique et financière qui sévit depuis 2008, c'est la rencontre périodique des membres des gouvernements des États, tantôt au niveau de l'Union, tantôt dans le cadre plus restreint de la zone Euro, qui semble devoir l'emporter. Ce qui paraît reléguer en deuxième position le recours à la supranationalité. Sauf au profit d'une institution spécifique à l'Eurozone, qui rappelle le degré d'intégration dont a pu jouir naguère la Haute Autorité de la CECA, à savoir la Banque centrale européenne. N'est-ce pas son président, Jean-Claude Trichet, qui au cours des derniers mois est apparu comme le principal porte-parole de l'intérêt général européen ?

Comme on vient de le rappeler, ce n'est pas le traité de Paris qui a inventé la méthode communautaire. C'est, en effet, sur la base du traité de Rome que les juristes en ont théorisé la formule. En revanche, c'est bien le traité de Paris qui, pour éviter le choix difficile entre l'intergouvernementalité, dont le Conseil de l'Europe venait d'expérimenter l'insuffisance, et le saut dans le fédéralisme que l'échec de la CED rendait prématuré, a inventé la supranationalité. Or après avoir été pratiquée à l'état pur par la Haute Autorité, celle-ci combinée avec l'intergouvernementalité, a inspiré quelques années plus tard le traité de Rome. D'où la méthode communautaire. Renforcée par l'Acte unique européen puis de traité en traité, elle a été la colonne vertébrale du grand marché, dictant le statut et les pouvoirs de trois institutions : la Commission européenne, le Parlement de l'Union et le Conseil des ministres, l'ensemble étant arbitré par la Cour de Justice, dont la jurisprudence a établi l'applicabilité directe et immédiate ainsi que la primauté à l'égard du droit national du droit européen. Ainsi, la dose de supranationalité qui subsiste aujourd'hui dans le traité de Lisbonne demeure-t-elle l'héritière de son invention par Jean Monnet et ses collaborateurs, au premier rang desquels le professeur Paul Reuter. La procédure législative ordinaire, établie par le dernier traité en date, en est la plus récente expression. En outre, autorisé par le traité de Lisbonne, le recours éventuel à des mesures qualifiées de « passerelles » permettrait, si les gouvernements le voulaient, d'en étendre le champ d'application, y compris pour assurer une meilleure régulation de l'espace de liberté, de sécurité et de justice. Il en serait de même de la mise en œuvre de coopérations renforcées ou d'une coopération structurée en matière de défense. Mais l'accord conclu récemment entre la France et le Royaume-Uni se garde bien d'engager ses signataires dans cette voie. Et les dispositions propres à la zone Euro prises pour faire face à la crise économique et financière, telles que le Fonds européen de stabilité, n'y concourent pas davantage.

Face à cette crise, les remèdes proposés de part et d'autres, quand ils ne s'inscrivent pas dans la pratique intergouvernementale, font cependant ressurgir l'appel au fédéralisme, du moins économique et financier, qui était longtemps demeuré un tabou. Ce qui n'a pas empêché le couple franco-allemand, en sollicitant le président Van Rompuy pour présider l'Eurogroupe, ou même pour exercer la fonction de ministre des finances européen, a manifesté une fois de plus sa défiance envers les instances supranationales, en particulier les membres de la Commission. Au point de susciter, au sein du Parlement européen, une vive réaction du président Barroso.

Faut-il conclure qu'entre la persistance de cette pratique intergouvernementale et le retour en grâce idéologique du fédéralisme la méthode communautaire est devenue obsolète ? On ne saurait l'affirmer. Mais pour qu'elle redevienne d'actualité, il faudrait qu'elle se débarrasse du préjugé défavorable qui persiste à l'identifier au gouvernement des experts, voire à la technocratie. Ce qui avait déjà porté préjudice en son temps à la Haute Autorité de la CECA. Par conséquent, pour rénover la méthode communautaire aujourd'hui il conviendrait de renforcer sa légitimité démocratique. Ce qui serait possible sans modifier profondément le texte des traités. Il faudrait lui permettre de puiser directement sa légitimité aux deux sources que tend à conjuguer l'article 10 du traité sur l'Union européenne, à savoir « les citoyens qui sont directement représentés, au niveau de l'Union, par le Parlement européen » et les gouvernements des États « eux-mêmes démocratiquement responsables, soit devant leurs parlements nationaux, soit devant leurs citoyens ». Une telle démarche conduirait d'une part, en cumulant l'investiture du Parlement et du Conseil européen, à fusionner les fonctions de président permanent de ce dernier avec la présidence de la Commission ; cela permettrait à son titulaire d'exercer sur la scène internationale un véritable leadership européen ; d'autre part à étendre le statut actuellement réservé au Haut Représentant pour la PESC à l'ensemble des vice-présidents de la Commission, l'un d'eux devenant par là même « ministre des finances » de l'Eurogroupe. Cette dernière mesure permettrait la formation au sein de la Commission d'un « cabinet » qui lui restituerait sa collégialité, sans qu'il soit besoin de réduire formellement le nombre de ses membres. Du même coup disparaîtrait la présidence semestrielle des formations du Conseil des ministres au profit d'un État membre, celles-ci devant être désormais assurées, comme c'est déjà le cas du conseil affaires étrangères, par le vice-président compétent de la Commission.

Ce renouveau de la méthode communautaire, outre le fait qu'il renforcerait singulièrement sa légitimité démocratique, aurait aussi l'avantage de simplifier le fonctionnement des institutions et de leur accorder la transparence que réclament aujourd'hui les citoyens. Et il répondrait enfin, sans équivoque, à la question posée naguère par le secrétaire d'État américain : l'Europe quel numéro de téléphone ? Plutôt que de rêver à des États-Unis d'Europe impliquant le recours à un État fédéral, cette évolution redonnerait à l'équilibre entre la supranationalité et l'intergouvernementalité une pertinence et une efficience qu'il n'aurait jamais dû perdre. En outre, elle s'inscrirait dans le « temps long[1] » du processus singulier qui, loin de succomber au mimétisme américain, a réussi à doter la construction européenne d'un mode de gouvernement inédit[2], que Jacques Delors a cru pouvoir identifier sous le nom de « Fédération d'États-nations »[3].

Contrairement à ce qui a été avancé lors de la célébration du cinquantenaire du traité de Rome, ce n'est donc pas celui-ci mais le traité de Paris signé le 18 avril 1951 qui a posé la première pierre de l'intégration européenne. Il était légitime qu'à la faveur de son 60e anniversaire ce legs lui soit reconnu. En inventant dans un domaine stratégique : celui de l'énergie, un premier équilibre entre la supranationalité et l'intergouvernementalité générateur de paix, il a ouvert la voie à une démarche qui aura permis cinq ans plus tard, en réajustant cet équilibre, d'étendre à l'ensemble de l'économie européenne la méthode communautaire. Et, malgré le maintien de l'exigence d'unanimité des États membres dans beaucoup de domaines régaliens, cette singularité s'est prorogée de traité en traité. Reste aujourd'hui devant nous, dans le respect de la continuité, la tâche qui consiste à lui conférer la plénitude de légitimité démocratique qui seule pourra permettre sa pérennité et son extension à l'ensemble du continent.

> Les hommes passent, déclarait déjà Jean Monnet devant l'Assemblée parlementaire de la CECA le 11 septembre 1952, d'autres nous remplaceront. Ce que nous pourrons leur laisser, ce ne sera pas notre expérience personnelle qui disparaîtra avec nous ; ce que nous pouvons leur laisser, ce sont les institutions. La vie des institutions est plus longue que celle des hommes et les institutions peuvent ainsi, si elles sont bien construites, accumuler et transmettre la sagesse des générations successives[4].

---

1 Jean-Louis Quermonne, *L'Union européenne dans le temps long*, préface de Jacques Delors, Paris, Presses de Sciences Po, 2010.

2 Véronique Charléty, Michel Mangenot (dir.), *Le système présidentiel de l'Union européenne après Lisbonne*, Strasbourg, ENA, 2012.

3 Gaëtane Ricard-Nihoul, *Pour une Fédération européenne d'États-nations*, Bruxelles, Larcier, coll. « Europe(s) », préface de Jacques Delors, 2012.

4 Jean Monnet, *Les États-Unis d'Europe ont commencé*, Paris, Robert Laffont, 1955, p. 14.

ANNEXES

ANNEXE 1.
Publications du Groupe de liaison des historiens auprès de la Commission des Communautés européennes

ANNEXE 2.
Publications historiques de l'OPOCE répertoriées dans le cadre de cette étude. Fabrice Larat

ANNEXE 3.1.
Présentation de l'article de Pierre Gerbet. « La genèse du plan Schuman. Des origines à la déclaration du 9 mai 1950 ». Michel Mangenot

ANNEXE 3.2.
Reproduction de l'article de Pierre Gerbet. « La genèse du plan Schuman. Des origines à la déclaration du 9 mai 1950 », *Revue française de science politique*, 6e année, n° 3, 1956, p. 525-553

ANNEXE 1

Publications du Groupe de liaison des historiens auprès de la Commission des Communautés européennes

Raymond Poidevin (dir.), *Histoire des débuts de la construction européenne, mars 1948-mai 1950*, Bruxelles, Bruylant, 1986.

Klaus Schwabe (dir.), *Die Anfänge des Schuman-Plans, 1950/51*, Baden-Baden, Nomos, 1988.

Enrico Serra (dir.), *Il rilancio dell'Europa e i Trattati di Roma*, Milan, Guiffré, 1989.

Gilbert Trausch (dir.), *Die Europäische Integration vom Schuman-Plan bis zu den Verträgen von Rom*, Baden-Baden, Nomos, 1993.

Michel Dumoulin (dir.), *Plans de temps de guerre pour l'Europe d'après-guerre, 1940-1947*, Bruxelles, Bruylant, 1995.

Gilbert Trausch (dir.), *Le rôle et la place des petits pays en Europe au XXe siècle*, Baden-Baden, Nomos, 2005.

Anne Deigthon, Alan Milward (dir.), *Widening, Deepening and Acceleration: the European Economic Community, 1957-1963*, Baden-Baden, Nomos, 1999.

Wilfried Loth (dir.), *Crises and compromises: the European Project, 1963-1969*, Baden-Baden, Nomos, 2001.

Antonio Varsori (dir.), *Inside the European Community. Actos and Policies in the European Integration from the Rome Treaties to the Creation of the "Snake" (1958-1972)*, Baden-Baden, Nomos, 2005.

Marie-Thérèse Bitsch, Gérard Bossuat (dir.), *L'Europe unie et l'Afrique. De l'idée d'Eurafrique à la convention de Lomé I*, Bruxelles, Bruylant, 2005.

Jan van der Harst (dir.), *Beyond the Customs Union: the European Union's Quest for Deepening, Widening and Completion, 1969-1975*, Bruxelles, Bruylant, 2007.

Wilfried Loth (dir.), *Experiencing Europe. 50 years of European construction 1957-2007*, Baden-Baden, Nomos, 2009. Version française : *L'expérience européenne. 50 ans de construction de l'Europe, 1957-2007*, Bruxelles, Bruylant, 2010.

Anjo G. Harryvan, Jan van der Harst, Max Kohnstamm. *A European's life and work*, Baden-Baden, Nomos, 2011.

ANNEXE 2

Publications historiques de l'OPOCE répertoriées dans le cadre de cette étude

Fabrice LARAT

1. Publications interservices

1.1) Jean Monnet : un grand dessein pour l'Europe

Service(s) auteur(s) : Office des publications officielles des communautés européennes, 1988, 51 p., Luxembourg. Par Pascal Fontaine.

1.2) Déclaration à l'occasion du cinquantième anniversaire de la signature des traités de Rome

Service(s) auteur(s) : Union européenne, 2007.

1.3) Douze leçons sur l'Europe

Service(s) auteur(s) : Pascal Fontaine, Commission européenne, Direction générale de la communication, Luxembourg, Office des publications officielles des Communautés européennes, 2010, 80 p. (1re édition en 1992 sous le titre *Dix leçons sur l'Europe*).

2. Publications de la Commission

2.1) La relance européenne. De la Conférence de Messine aux traités de Rome

Service(s) auteur(s) : Commission européenne, 1985, 82 p. (catalogue de l'exposition élaborée par les archives de la Commission des communautés européennes).

2.2) Combat pour l'Europe. La construction de la Communauté européenne de 1958 à 1968

Service(s) auteur(s) : Commission européenne, 1985, 308 p.

Auteur : Hans von der Groeben. Avant-propos de M. Pierre Pflimlin. L'édition originale de cet ouvrage a été publiée en 1982 par Nomos Verlagsgesellschaft, Baden-Baden, sous le titre *Aufbaujahre der Europäischen Gemeinschaft. Das Ringen um den Gemeinsamen Markt und die Politische Union (1958-1966).*

2.3) L'unification européenne. Création et développement

Service(s) auteur(s) : Commission européenne, 1986 (nouvelle édition en 1987), 82 p.

2.4) Options européennes 1945-1985

Service(s) auteur(s) : Commission européenne, 1986, 186 p.

Auteur : Jacques van Helmont, avant-propos de Jean-François Deniau.

2.4) Élargissements de la Communauté européenne (1973/1981/1986)

Service(s) auteur(s) : Commission européenne, Direction générale de l'éducation et de la culture, 1987, 178 p.

2.5) Un avenir à construire ensemble. Actes de la séance commémorative organisée par la Commission européenne à l'occasion du 40e anniversaire de la déclaration du 9 mai 1950, Bruxelles le 8 mai 1990

Service(s) auteur(s) : Commission européenne, 1991, 55 p.

Avec des interventions de : Jacques Delors, Bernard Clappier, Georges Berthoin, Pierre Uri, Dirk Spierenburg, Karl Heinz Narjes, Max Kohnstamm, Albert Coppé, Franco Bobba, Enrique Barón Crespo, Gerard Collins, Ole Due.

2.6) L'unification européenne. Création et développement de l'Union européenne

Service(s) auteur(s) : Direction générale de la communication, Commission européenne, 1995 (4e édition), 80 p.

Manuscrit rédigé par Klaus-Dieter Borchardt et terminé le 15 janvier 1995.

2.7) L'Europe de A à Z. Guide de l'intégration européenne

Service(s) auteur(s) : Commission européenne, secrétariat général, Direction générale de la communication, 1996, 288 p.

Auteurs : Werner Weidenfeld et Wolfgang Wessels ; publié en coopération avec l'Institut für Europäische Politik (première publication en langue allemande à l'IEP en 1991. Depuis, 11e édition).

2.8) Actes du colloque des Chaires Jean Monnet sur la Conférence intergouvernementale de 1996, Bruxelles, les 6 et 7 mai 1996

Service(s) auteur(s) : Commission européenne, secrétariat général, Direction générale de la communication, 1996, 311 p.

2.9) Quatrième conférence ECSA-world. L'Union européenne et l'euro : Aspects économiques, institutionnels et internationaux, Bruxelles, 17 et 18 septembre 1998

Service(s) auteur(s) : Commission européenne, Direction générale de l'éducation et de la culture, 2000, 306 p.

2.10) Une idée neuve pour l'Europe. La déclaration Schuman 1950-2000

Service(s) auteur(s) : Commission européenne, Direction générale de l'éducation et de la culture, 2000 (1re édition en 1990), 43 p. Par Pascal Fontaine.

2.11) Relire et compléter la déclaration du 9 mai 1950

Séance académique organisée à l'occasion du 50e anniversaire de la déclaration du 9 mai 1950. Bruxelles 8-9 mai 2000.

Service(s) auteur(s) : Commission européenne, Luxembourg, Office des publications officielles des communautés européennes, 2001, 178 p.

2.12) Les cinquante années de l'Europe du charbon et de l'acier 1952-2002

Service(s) auteur(s) : Commission européenne, 2004, 128 p.

2.13) La Commission européenne, 1958-1972. Histoire et mémoires d'une institution

Service(s) auteur(s) : Commission européenne, 2006 (édition de luxe de l'ouvrage paru en 2007 à l'OPOCE), 642 p.

Sous la direction de Michel Dumoulin, en collaboration avec Marie-Thérèse Bitsch, Gérard Bossuat, Éric Bussière, Julie Cailleau, Yves Conrad, Anaïs Legendre, Matthieu Lethé, Wilfried Loth, Jan van der Harst, Arthe Van Laer et Antonio Varsori.

Ouvrage réalisé à l'initiative de la Commission européenne avec la participation et les témoignages d'anciens fonctionnaires européens.

2.14) L'Europe des réalisations dans un monde en mutation. La vision des leaders politique et académiques

Service(s) auteur(s) : Commission européenne, Direction générale de l'éducation et de la culture, 261 p., 2009.

Martin Holland, Jan Jarab, Maria Jepsen, Dora Kostakopoulou,Manuel Medina Ortega, Philomena Murray, Antonio Papisca, Odile Quintin, Ferdinando Riccardi, Vivien A. Schmidt, Kristen Silverberg, Iris Vittini, Paul J.J. Welfens.

2.15) Histoire de la traduction à la Commission européenne

Service(s) auteur(s) : Direction générale de la traduction, Commission européenne, 2008, 79 p.

2.16) La traduction à la Commission : 1958-2010

Service(s) auteur(s) : Direction générale de la traduction, Commission européenne, février 2009, 159 p. Publication en ligne : http ://ec.europa.eu/dgs/translation/publications/studies/translation_european_commission_fr.pdf

3) Publications du Parlement européen

3.1) Bataille pour l'Union. Altiero Spinelli 1979-1986.

Service(s) auteur(s) : Parlement européen, 23 mai 1987, 58 p.

3.2) Le chemin vers les élections directes du Parlement européen

Service(s) auteur(s) : Direction générale de la présidence, unité Centre archivistique et documentaire (CARDOC), Luxembourg, 2009, 99 p.

Document établi à l'occasion du 30e anniversaire des premières élections directes du Parlement européen (juin 1979).

Auteur de l'étude et responsable de la recherche documentaire : Franco Piodi. Responsable de la recherche iconographique et des relations avec les Services de l'édition et de la distribution : Margret Schelling. Coordinateur de l'ouvrage : Donato Antona.

3.3) 50 ans d'histoire du groupe du PPE-DE (1953-2003)

Service(s) auteur(s) : Groupe PPE-DE – Groupe du parti populaire européen, Parlement européen, Bruxelles, Parlement européen – Service recherche-documentation-publications, 2003, 207 p.

3.4) Notre démocratie – Our democracy – Unsere Demokratie

Service(s) auteur(s) : Parlement européen, 2004, 105 p.

3.5) La construction d'un parlement. 50 ans d'histoire du Parlement européen : 1958-2008

Service(s) auteur(s) : Parlement européen, Institut universitaire européen de Florence, 2008, 303 p. Collection « 50e anniversaire du Parlement européen ».

3.6) Le Parlement européen au cœur du combat pour les valeurs européennes

Service(s) auteur(s) : Parlement européen, Luxembourg, OPOCE, 2008, 88 p.

3.7) 50 ans d'histoire du Parlement européen

Service(s) auteur(s) : Parlement européen, 2010, 170 p.

3.8) Vers un parlement unique. L'influence de l'assemblée commune de la CECA sur les traités de Rome

Service(s) auteur(s) : Parlement européen, Luxembourg, 2007, 231 p.

Direction générale de la présidence du PE, Unité « Centre archivistique et documentaire » (CARDOC). Série « Cinquantième anniversaire des traités de Rome ».

3.9) Le Parlement européen et les travaux de la Convention européenne

Service(s) auteur(s) : Parlement européen, Luxembourg, 2007, 159 p.

Direction générale de la présidence du PE, Unité « Centre archivistique et documentaire », *Les cahiers du CARDOC*, n° 1, septembre 2007. Auteur de l'étude : Franco Piodi. Coordonnateur de l'ouvrage : Donato Antona.

3.10) Le Parlement européen il y a 50 ans

Service(s) auteur(s) : Parlement européen, Luxembourg, 2008, 138 p.

Direction générale de la présidence du PE, Unité « Centre archivistique et documentaire », *Les cahiers du CARDOC*, n° 2, mars 2008. Auteur de l'étude : Franco Piodi. Coordonnateur de l'ouvrage : Donato Antona.

3.11) Les commissions de l'assemblée commune

Service(s) auteur(s) : Parlement européen, Luxembourg, 2008, 136 p.

Direction générale de la présidence du PE, Unité « Centre archivistique et documentaire », *Les cahiers du CARDOC*, n° 3, septembre 2008. Auteur de l'étude : Franco Piodi. Coordonnateur de l'ouvrage : Donato Antona.

3.12) Les citoyens s'adressent au Parlement européen : les pétitions 1958-1979

Service(s) auteur(s) : Parlement européen, Luxembourg, 2009, 58 p.

Direction générale de la présidence du PE, Unité « Centre archivistique et documentaire », *Les cahiers du CARDOC*, n° 4, juin 2009. Auteur de l'étude : Franco Piodi. Coordonnateur de l'ouvrage : Donato Antona.

3.13) Le Parlement européen et l'unification de l'Allemagne

Service(s) auteur(s) : Parlement européen, Luxembourg, 2009, 119 p.

Direction générale de la présidence du PE, Unité « Centre archivistique et documentaire », *Les cahiers du CARDOC*, n° 5, novembre 2009. Auteur de l'étude : Franco Piodi. Coordonnateur de l'ouvrage : Donato Antona.

3.14) De la déclaration Schumann à la naissance de la CECA : le rôle de Jean Monnet

Service(s) auteur(s) : Parlement européen, 2010, 231 p.

Direction générale de la présidence du PE, Unité « Centre archivistique et documentaire », *Les cahiers du CARDOC*, n° 6, mai 2010. Auteur de l'étude : Franco Piodi. Coordonnateur de l'ouvrage : Donato Antona.

4) Publications du Conseil

4.1) Allocutions et déclarations faites à l'occasion de la signature de l'Acte unique européen

Service(s) auteur(s) : Conseil de l'Union européenne, 1986, 30 p.

4.2) Europe, donner corps à une idée

Service(s) auteur(s) : Conseil de l'Union européenne, secrétariat général du Conseil, 2009, 303 p.

Introduction par Jean-Paul Jacqué. Coédition Bruylant.

5) Publications de la Cour de justice

5.1) Actes du colloque pour le cinquantième anniversaire des traités de Rome

Service(s) auteur(s) : Cour de justice de l'Union européenne, 2007, 126 p.

6) Comité des régions

6.1) Principales dates de l'histoire du Comité des régions

Service(s) auteur(s) : Comité des régions de l'Union européenne, 2006 (nouvelle édition en 2009, 36 p.), 32 p.

6.2) Les collectivités locales et régionales au cœur de l'Europe. Le Comité des régions célèbre le 50e anniversaire des traités de Rome

Service(s) auteur(s) : Comité des régions de l'Union européenne, 2007, 59 p.

7) Publications de la Banque européenne d'investissement

7.1) La banque de l'Union européenne. La BEI, 1958-2008

Service(s) auteur(s) : Banque européenne d'investissement, 2008, 384 p.

7.2) Cinquante ans d'activité de la Banque européenne d'investissement. Grande histoire et petits souvenirs

Service(s) auteur(s) : Banque européenne d'investissement, 2009, 160 p.

8) Publication du Comité économique et social européen

8.1) Le Comité économique et social européen : 50 ans de démocratie participative (1958-2008)

Service(s) auteur(s) : CESE, 2008, 183 p. Sous la direction de Catherine Sophie Dimitroulias.

9) Publication d'EUROSTAT

9.1) Mémoires d'Eurostat. Cinquante ans au service de l'Europe

Service(s) auteur(s) : Office des publications officielles des Communautés européennes, Luxembourg, 2003, 219 p. Texte d'Alberto De Michelis et Alain Chatraine.

ANNEXE 3.1

Présentation de l'article de Pierre Gerbet

« La genèse du plan Schuman. Des origines à la déclaration du 9 mai 1950 »

Michel MANGENOT[1]

Le lecteur trouve reproduit ici un texte pionnier de 1956 de Pierre Gerbet. Nous remercions la *Revue française de science politique* et les Presses de Sciences Po de nous avoir autorisés à le reproduire. Plusieurs raisons expliquent ce choix. Tout d'abord, il s'agit de rendre hommage à une figure de l'histoire francophone de la construction européenne décédé en 2009[2]. Ensuite, celui-ci illustre un parcours au croisement de l'histoire et de la science politique. Agrégé d'histoire, maître-assistant à l'IEP de Paris à partir de 1966, docteur ès lettres et sciences humaines en 1977, Pierre Gerbet, n'est pas un « pur » historien comme il se définissait lui-même[3]. Il devint Professeur des Universités en science politique en 1981 à Poitiers puis, à la veille de la retraite en 1985, à Sciences Po Paris. Enfin, cet article illustre bien une forme de publication en matière d'historiographie des institutions communautaires qui relève de la « commande » non formalisée car largement dictée par des relations personnelles. Il apparaît directement lié à des enjeux situés à la croisée des logiques institutionnelles et académiques.

Car en 1956, Pierre Gerbet est depuis sept ans déjà secrétaire général de *L'Année politique* codirigée par Jean-Baptiste Duroselle[4] qui lui demande cette étude de la genèse du plan Schuman[5]. Étant donné les

1 Je remercie Fabrice Larat pour ses conseils avisés.

2 Une seconde figure de l'histoire de la construction européenne est décédée en 2010. Il s'agit d'Alan Milward.

3 Entretien avec Anne Dulphy et Christine Manigand, *Histoire@Politique*, 3 mai 2007 mis en ligne le 20 octobre 2007. On peut se reporter également aux interventions d'Elisabeth du Réau, de Christine Manigand et de Gérard Bossuat à l'hommage qui lui a été rendu le 14 mai 2010 à la Maison de l'Europe de Paris.

4 Avec Edouard Bonnefous et André Siegfried.

5 Le numéro de la RFSP est ainsi précédé d'un article de Jean-Baptiste Duroselle consacré à « l'élaboration de la politique étrangère française ».

proximités entre Jean-Baptiste Duroselle et Jean Monnet, on peut se demander alors si ce n'est pas Jean Monnet qui a « commandé » directement cette étude. En tout cas, cette mise sur agenda historique, par la rédaction d'un article dans une revue scientifique, est guidée par la conscience d'un groupe, d'un réseau proche de Monnet, de devoir s'arrêter sur cet évènement. Pierre Gerbet s'en fait l'interprète. Voici comment, en 2007, il revient sur ce travail :

> Jean-Baptiste Duroselle, me proposa de faire une étude de cas sur le plan Schuman, ce qui impliquait de travailler sur un événement à chaud et non pas dans une optique traditionnelle d'historien (avec le recul et les apports des archives), ce qui était plus proche de la démarche des sciences politiques. Ce travail sur le plan Schuman s'avéra passionnant car, à l'exception de rares documents publiés, il n'y avait que quelques personnes en mesure de témoigner sur la genèse d'une décision préparée sous le sceau du secret. Il fallait retrouver ceux qui en avaient été à l'origine et obtenir des témoignages. J'ai eu la chance de rencontrer le professeur Reuter qui m'éclaira beaucoup, Bernard Clappier, le directeur de cabinet de Robert Schuman, qui resta toutefois très réservé. J'ai pu contacter également des collaborateurs de Monnet, Etienne Hirsch et Pierre Uri. Ces entretiens m'ont permis de donner un article sur le plan Schuman à la Revue française de sciences politiques en 1956. (P. 2-3.)

Juste avant, dans ce même témoignage, Pierre Gerbet, explique qu'il avait rencontré en 1949 « Jean Monnet au Plan de modernisation et d'équipement ». Il affirme même dans ce témoignage que Monnet lui proposa d'être son collaborateur mais en 1965[6]. De ce point de vue, Pierre Gerbert n'est pas un intellectuel organique de la construction européenne à la différence d'un Henri Brugmans, Alexandre Marc ou Pascal Fontaine par exemple. Il peut être qualifié d'universitaire engagé et en tout cas « Euro-bienveillant » car il restera toujours attaché à l'autonomie universitaire à l'image de cette seconde génération de spécialistes de l'Europe.

Pierre Gerbet pratique ici une forme d'histoire sur le vif, d'histoire immédiate ou « en train de se faire » (pour ne pas dire « du temps présent » car il s'agit d'un courant plus structuré), sans pour autant y avoir participé comme cela a été le cas pour la première séance de l'Assemblée consultative du Conseil de l'Europe à Strasbourg en août 1949 qu'il a « couvert » pour *L'Année politique* « dans le lot des

---

[6] « Il a même voulu me prendre comme collaborateur ! C'est par l'intermédiaire de Pascal Fontaine qu'il m'a demandé de participer à son bureau de l'avenue Foch pour le Comité d'action pour les États-Unis d'Europe. Nous étions en 1965, son influence n'était plus déterminante, ce n'était plus la grande période créatrice. Mais le personnage était fascinant. Toutefois, je préférais continuer ma carrière universitaire qui me garantissait l'indépendance » (p. 8-9).

journalistes » dit-il. Pendant ces années, il participe en effet de par ses fonctions à de nombres d'événements des relations internationales ou de la politique européenne jusqu'en 1958, date à laquelle il entre comme chargé de recherche au CERI (qui signifiait encore Centre d'études de relations internationales depuis sa création en 1952)[7].

Dans l'historiographie consacrée à la construction européenne, cet article constitue ainsi un exemple assez unique d'analyse d'un événement cinq ans après celui-ci alors que l'histoire est encore en cours, contribuant ainsi à renforcer son caractère exceptionnel. Il ne s'agit pas d'écrire l'histoire d'une institution (la Haute Autorité) qui n'a que quatre ans[8] et qui, en septembre 1956, apparaît d'ailleurs dépassée historiquement avec la négociation du traité de Rome. À ce moment d'incertitude concernant l'avenir de la très jeune construction européenne, il s'agit d'attester du caractère historique du plan Schuman en le présentant en quelque sorte comme l'incarnation d'un phénomène irréversible. Pour cela, le choix de la genèse (et pas seulement de la courte analyse d'une décision diplomatique) en terme d'approche suivie permet de montrer qu'il s'agit d'un événement fondateur en le reliant à des « forces profondes » (pour reprendre Renouvin). En cela, l'analyse prend la forme d'une histoire victorieuse ou du récit héroïque d'un succès qui repose sur le caractère visionnaire de cette décision. Comme le souligne la dernière phrase de l'article, ce succès reste encore de « politique étrangère ». En cela, l'auteur reste bien dans la tradition de l'école française de relations internationales du successeur de Pierre Renouvin, Jean-Baptiste Duroselle. Gerbet ne s'inscrit pas (encore) dans le cadre d'un nouvel objet de recherche que constituerait la Communauté européenne. Il apparaît ici très proche de son collègue juriste (et partenaire de cours à Sciences Po), Paul Reuter[9], qui tout en ayant contribué à fonder le droit communautaire est resté internationaliste.

Mais, en attestant le caractère novateur du plan Schuman et en mettant celui-ci en exergue sans évoquer le traité de Paris, ce choix de Pierre Gerbet donne ses lettres de noblesse historiques à cet événement et contribue par un article académique à l'émergence du mythe. Tout mythe commence en effet par un récit des origines. Ce choix conforte la paternité du 9 mai 1950 au détriment de celle du 18 avril 1951.

---

7 Codirigé par le même Jean-Baptiste Duroselle et Jean Meyriat.

8 Comme ce fut le cas pour Albert Thomas qui commanda une histoire du BIT dix ans seulement après sa création, voir chapitre 1, de Sylvain Schirmann.

9 Pierre Gerbet fonda à Sciences Po en 1964 le cours « de politique d'unification européenne » en complément du cours de droit de Paul Reuter. Ils conserveront leur séminaire commun jusqu'en 1990.

ANNEXE 3.2

Reproduction de l'article de Pierre Gerbet

« La genèse du plan Schuman. Des origines à la déclaration du 9 mai 1950 », *Revue française de science politique*, 6e année, n° 3, 1956, p. 525-553

Reproduction à l'identique du texte original y compris ses références.

Le plan Schuman est probablement la décision de politique étrangère la plus originale qui ait été prise par la France depuis la guerre. Ce sont des Français qui ont pris l'initiative et élaboré le texte, qui — en dépit des résistances privées et de l'abstention anglaise — ont réussi à mettre le traité sur pied, à le faire adopter et à créer les organismes de la Communauté Européenne du Charbon et de l'Acier, le tout de façon très rapide, de la déclaration du 9 mai 1950 à l'installation de la Haute Autorité, le 10 août 1952. Cette décision est d'autant plus intéressante à étudier du point de vue de la politique extérieure française qu'il s'agit là d'un plan où les considérations de politique étrangère l'ont emporté de loin sur les aspects techniques d'une proposition qui, tout en se fixant pour but la solution de problèmes urgents, recelait d'immenses possibilités de développement et prenait une allure révolutionnaire par ses méthodes comme par son esprit.

Par contre, l'étude du plan Schuman n'est sans doute pas la meilleure façon de se rendre compte de la manière dont sont prises en France les décisions de politique étrangère. Le plan Schuman constitue en effet le cas particulier d'une décision préparée en marge des milieux diplomatiques par quelques hommes qui font fait adopter par le gouvernement, ont mené ensuite les négociations avec les partenaires européens et les conversations avec les représentants des intérêts privés et ont finalement fait triompher leur point de vue. Les méthodes inhabituelles qui ont présidé à son élaboration expliquent peut-être que le plan Schuman ait été, parmi les décisions importantes de politique extérieure prises par la France depuis longtemps, la seule à présenter les caractères d'un acte libre, décidé hors de la pression des événements ou de l'influence étrangère, d'un acte de prévoyance capable de modifier dans l'avenir les données de la politique internationale.

Dans l'histoire du plan Schuman, une période apparaît comme déterminante : c'est celle de la genèse de l'idée avant le 9 mai 1950 ; l'essentiel du projet du pool charbon-acier exposé ce jour-là dans la déclaration française se retrouvera dans le traité instituant la C.E.C.A. il s'agit donc ici d'examiner comment est apparue cette idée-force, à quels courants de pensée elle se rattache, quels sont les hommes qui ont su lui donner son expression convaincante et la traduire dans un projet précis, comment elle a été adoptée par le gouvernement français[1].

Ce qui caractérise cette période de genèse, c'est le fait que l'idée d'une action concertée dans le domaine du charbon et de l'acier était dans l'air depuis longtemps, mais qu'elle ne se serait sans doute jamais concrétisée sans l'action décisive de quelques hommes, au premier rang desquels il faut placer MM. Jean Monnet et Robert Schuman. À partir d'idées souvent exprimées sur la nécessité d'organiser dans un cadre européen les industries de base (et en particulier celles du charbon et de l'acier), de donner une assise concrète à l'effort d'unification européenne, d'opérer la réconciliation franco-allemande, de rechercher la détente internationale par l'interposition entre les deux blocs d'une Europe organisée, une petite équipe a su réaliser une synthèse audacieuse et bâtir une proposition précise qui apparaissait comme une solution commune aux différents problèmes se posant alors à la France dans le domaine de la politique extérieure.

Les différents projets d'organisation européenne des industries de base

L'idée de « marché commun » était en effet souvent exprimée. Depuis la guerre, les mouvements européens avaient insisté sur la nécessité de créer en Europe un grand espace économique capable de rivaliser avec ceux d'U.R.S.S. et des États-Unis.

Mais, jusqu'alors, les réalisations étaient plutôt décevantes. L'Organisation Européenne de Coopération Économique, créée en 1948, n'avait que des attributions de coordination et n'avait pu empêcher le

[1] Est-il nécessaire de préciser que cette étude ne doit être considérée que comme une simple esquisse, appelant des précisions et des mises au point ? Puisse-t-elle les susciter au plus tôt. Ainsi pourrait se trouver établi un historique du plan Schuman qui va faire l'objet d'un important ouvrage en cours de préparation, appuyé sur des enquêtes personnelles et sur des dépouillements de documents effectués en France et dans les autres pays du pool, ouvrage qui traitera non seulement de la genèse du plan Schuman évoquée ici, mais qui étudiera aussi la négociation et les ratifications du traité.

relèvement économique des pays européens de se faire dans des cadres purement nationaux.

La création d'un gouvernement européen aurait pu permettre d'aborder efficacement le problème économique, mais l'institution du Conseil de l'Europe, le 5 mai 1949, montrait assez que les gouvernements n'étaient pas disposés à laisser amputer leurs prérogatives. L'Assemblée de Strasbourg, paralysée par le droit de veto exercé au Comité des Ministres, allait voir son rôle réduit à celui d'un « forum », elle allait devenir une tribune utile pour l'exposé de nombreux projets européens, mais resterait incapable d'en assurer la réalisation.

D'où l'apparition d'une conception nouvelle de l'organisation européenne. Puisqu'il était impossible de réaliser l'Europe d'un seul coup, en commençant par la création d'un gouvernement européen, on pourrait essayer de dépasser progressivement les souverainetés nationales en amorçant une coopération sur des points limités pour atteindre des objectifs précis[2].

La conférence de Westminster, réunie par le Mouvement Européen, s'était déjà saisie du problème. Le 25 avril 1949, la Commission des Industries de base avait adopté, sur rapport de M. André Philip, une motion proposant un plan de coordination des industries de base européennes. Dans les quatre secteurs, charbon, acier, électricité, moyens de transport, seraient créés des organismes de coopération comprenant :

1. une « institution publique européenne » chargée de définir la politique générale de l'industrie en question (investissements, volume de production, prix) ;

2. un « corps consultatif », composé de représentants des employeurs, des salariés et de l'intérêt public, chargé de conseiller l'institution publique européenne ;

3. des « ententes industrielles » unissant les chefs d'entreprises publiques ou privées, auxquels incomberait l'exécution des directives générales de l'institution européenne.

L'idée de la coopération européenne dans le domaine des industries de base était donc exprimée mais on était encore très loin du plan Schuman puisque « l'institution publique européenne » se bornait à élaborer des directives générales que les ententes industrielles, dévelop-

[2] Sur l'ensemble des problèmes européens, voir A. PHILIP, *L'Europe unie et sa place dans l'économie internationale* (Presses Universitaires, 1953), et Edouard BONNEFOUS, *L'Europe en face de son destin* (Presses Universitaires, 1952).

pées à cette intention, seraient priées d'exécuter. Au fond, les organisations patronales y auraient joué un rôle déterminant[3].

Au cours de sa première session d'août 1949, l'Assemblée consultative du Conseil de l'Europe se préoccupa du problème. Plusieurs délégués intervinrent à ce sujet. M. Edouard Bonnefous, président de la Commission des Affaires étrangères de l'Assemblée nationale française, déclara le 23 août devant l'Assemblée européenne : « Les différents pays devraient, malgré leur répugnance, consentir à mettre en commun leurs ressources naturelles avec une administration internationale commune… Il faut choisir une industrie fondamentale pour faire éclater sur un point capital les frontières nationales et les souverainetés étatiques. Tout conseille de choisir l'industrie du charbon ». Un autre délégué français, M. André Philip, soutint ce point de vue et affirma que cette internationalisation devrait s'appliquer non seulement au charbon, mais à l'acier. Le lendemain, M. Lee, délégué travailliste britannique, citait une brochure de son compatriote conservateur M. Boothby, dans laquelle celui-ci avait écrit : « II n'y a qu'une solution au problème des industries lourdes de l'Europe occidentale, c'est d'internationaliser l'ensemble » et avait préconisé « l'intégration des industries du charbon, du fer et de l'acier de la Ruhr, de la Grande-Bretagne, de la Belgique, du Luxembourg et de la Lorraine sous la direction suprême d'une autorité supranationale ».

Mais la plupart des délégués de Strasbourg n'étaient pas disposés à aller si loin. La recommandation adoptée le 5 septembre 1949 par l'Assemblée consultative se bornait à préconiser « la suppression des entraves apportées aux mouvements des hommes, des devises et des marchandises, la coordination des investissements des industries de base et de l'agriculture, l'harmonisation progressive des législations nationales dans le domaine social et fiscal ».

L'idée d'action concertée fut cependant reprise sous une autre forme par la Commission économique de l'Assemblée présidée par M. Paul Reynaud. Se basant sur une suggestion de M. Jacques Camille Paris, secrétaire général du Conseil de l'Europe, la Commission adoptait le 9 décembre 1949 une motion demandant la création de « Compagnies européennes », sociétés commerciales publiques ou privées, travaillant clans plusieurs États membres, exemptées des droits de douane et des Impositions multiples et qui seraient empêchées de devenir des cartels nuisibles grâce au contrôle d'un « Office des Compagnies européennes » créé sous l'autorité du Conseil de l'Europe.

---

[3] M. Ricard, vice-président de la Ligue économique de Coopération européenne et l'un des dirigeants de la Chambre syndicale de la Sidérurgie, faisait partie de la délégation française qui a approuvé cette proposition à l'unanimité.

Le problème européen de l'acier

Alors que l'opinion éclairée commençait à se familiariser avec l'idée d'une organisation européenne des industries de basé, c'est pour l'acier que cette organisation était apparue indispensable dès 1949[4].

Une crise de surproduction de l'acier semblait alors imminente en raison de l'expansion du potentiel sidérurgique des différents pays européens. La demande se ralentissait, les prix baissaient et les producteurs d'acier songeaient à reconstituer un cartel analogue à l'Entente internationale de l'Acier de 1926 afin de limiter la concurrence. Les maîtres de forges allemands, français et anglais, commençaient à prendre des contacts et on remarquait en particulier l'activité du docteur Walter Schwede, des Vereinigte Stahlwerke. M. André Philip qui dès le 23 août 1949 avait dans son discours prononcé devant l'Assemblée de Strasbourg attiré l'attention sur le danger d'un nouveau cartel, constatera un peu plus tard : « Un grand nombre de sidérurgistes de différentes nationalités ont pris l'habitude de se rencontrer et de prendre le thé ensemble. Quand je vois des patrons d'une même industrie prendre trop souvent le thé ensemble, j'avoue que je commence à être inquiet : ce n'est pas encore un cartel ; ce sont tout de même déjà des contacts, des négociations préparatoires »[5].

La Commission Économique pour l'Europe publiait en décembre 1949 un rapport intitulé *Évolution et perspectives de la sidérurgie européenne dans le cadre du marché mondial de l'acier*. Elle signale le danger de surproduction en raison de la reconstitution des industries nationales sans coordination sur le plan européen. Elle constatait que les ententes de producteurs qui s'étaient déjà constituées dans le passé ne pouvaient avoir comme effet que « d'adapter, par la méthode négative de la réduction, la production au fléchissement de la demande » afin de protéger le niveau des prix. Le rapport préconisait au contraire d'autres solutions : mesures visant à accroître la consommation d'acier, coordination des programmes d'investissements de l'industrie de l'acier, collaboration des pays européens pour s'assurer un bon approvisionnement en matières premières, développement de la productivité. Il suggérait que les problèmes de Fader soient discutés conjointement par les producteurs, les consommateurs et les gouvernements.

Ce cri d'alarme de la Commission de Genève indiquait le domaine où il était indispensable d'aboutir rapidement à une coopération euro-

---

4 Voir p. 318 et suivantes de H. RIEBEN, Des ententes de maîtres de forges au plan Schuman, 1954, et Paul REUTER, La Communauté européenne du charbon et de l'acier, 1953.

5 Discours à l'Assemblée nationale, 26 juillet 1950 ; J.O., 90 A.N., p. 5.940.

péenne sous peine de crise grave. Surtout il faisait ressortir la vanité des systèmes d'auto-régulation du marché et la nécessité de mettre au point une politique de l'acier en évitant la renaissance d'un cartel.

La sous-commission de l'industrie de la Commission économique de l'Assemblée consultative de Strasbourg en tira la leçon dans une résolution du 13 décembre 1949. Elle faisait remarquer que l'équilibre économique de la sidérurgie européenne ne saurait être atteint ni par une liberté anarchique d'action nationale qui conduirait rapidement à la crise, ni par une cartellisation qui relèverait les prix de revient, mais par une harmonisation de la production et des investissements dans l'industrie de l'acier. Cette harmonisation devrait être l'œuvre d'une « autorité publique de l'acier », composée des délégués des gouvernements, qui recevrait le pouvoir de définir la politique générale de l'industrie, en particulier pour tout ce qui concerne les investissements, le volume de production et les prix. Cette autorité serait responsable devant les différents gouvernement est devant la Commission économique de l'Assemblée européenne. Elle disposerait d'un corps consultatif composé de représentants des producteurs (employeurs et salariés), des industries consommatrices et de l'intérêt public.

La Commission économique présidée par M. Paul Reynaud reprit l'étude de sa sous-commission et adopta le 19 décembre, en même temps que la motion demandant l'institution de « compagnies européennes », une recommandation proposant la création d'une « organisation publique de l'acier » comprenant des experts des gouvernements et d'un « corps consultatif ». Mais le rôle de cette organisation devait se borner « à étudier et faire connaître » ce que devait être la politique générale de l'industrie sidérurgique en ce qui concerne particulièrement les investissements, le volume de production et les prix, sans disposer d'aucun moyen pour appliquer ses conclusions (ce qui revenait à laisser le champ libre aux professionnels). En revanche, la Commission économique proposait l'adoption d'un système semblable pour chacune des principales industries de base : charbon, pétrole, électricité, moyens de transport…

Il apparaît donc qu'au défaut de 1950 les milieux informés avaient une vue assez nette de la nécessité de réaliser une coopé ration européenne effective dans le secteur des industries de base. Mais ces idées se trouvaient exprimées au sein d'un organisme sans pouvoirs : le Conseil de l'Europe. Sans nier le rôle important joué par l'Assemblée de Strasbourg dans la préparation des esprits, on peut dire que jamais le plan Schuman n'aurait abouti par ce canal : il aurait été immédiatement stoppé au Comité des Ministres, en admettant même que l'Assemblée l'ait approuvé à la majorité des 2/3, ce qui n'était pas sûr[6]. L'Assemblée se rendait bien compte en effet de la difficulté de présenter un projet comportant un abandon de souveraineté nationale et elle était loin d'être unanime à ce sujet : d'où la suppression par la Commission économique de Strasbourg du terme « autorité publique de l'acier », prévu dans le texte de la sous-commission de l'industrie, et son remplacement par celui d'« organisation publique de l'acier ».

Pour qu'un projet d'autorité supra-nationale dans un secteur limité ait une chance de voir le jour, il apparaissait donc nécessaire qu'il fût proposé par un gouvernement et accepté par les autres gouvernements.

Le problème des rapports franco-allemands

Les projets d'autorités européennes pour les industries de base avaient l'ambition de s'appliquer au plus grand nombre possible de pays européens. Ils se plaçaient au point de vue de l'organisation du continent européen sans s'attacher particulièrement à résoudre le problème des rapports entre deux pays voisins. C'était d'ailleurs le moment où les accords bilatéraux (Bénélux, Francita) semblaient voués à l'échec et où l'on considérait que les problèmes de coopération entre voisins ne pouvaient être résolus que dans un cadre plus vaste.

Or, un problème se posait au début de 1950 avec une acuité croissante, c'était celui des rapports franco-allemands.

L'intensification de la guerre froide, qui conduisait les Anglo-Américains à relever économiquement et politiquement l'Allemagne de l'Ouest, plaçait la France dans une situation difficile. Elle ne pouvait plus compter, comme elle l'espérait après la Libération, sur une mise en tutelle prolongée de l'Allemagne et sur une limitation de son potentiel industriel. À la Conférence de Londres (23 février-1er juin 1948), le gouvernement français avait dû renoncer au détachement politique de la Ruhr ainsi qu'à l'internationalisation de ses industries ; il avait dû se contenter d'un organisme de contrôle, l'Autorité internationale de la Ruhr[7]. Les accords de Washington (8 avril 1949) avaient redonné à l'Allemagne de l'Ouest une existence politique : des élections avaient eu

6 Il n'est pas inutile de rappeler que plusieurs plans ont été, plus tard, proposés à l'Assemblée consultative : projet de pool des transports de M. Bonnefous, projet de pool agricole de M. Charpentier. Ces projets, calqués sur le plan Schuman et prévoyant des Hautes Autorités, n'ont pas abouti. Le premier n'a pas été adopté par l'Assemblée consultative, le second a été approuvé par l'Assemblée en décembre 1951, mais a été stoppé par le Comité des ministres.

7 Sur tous ces problèmes, voir J.-B. DUROSELLE, *Histoire diplomatique de 1919 à nos jours* (Dalloz),- ainsi que *L'Année politique* 1949 et 1950 (Presses universitaires).

lieu le 14 août, le 12 septembre le professeur Heuss avait été élu président, le 15 septembre le Dr Adenauer devenait chancelier.

L'existence d'un nouveau gouvernement allemand devait conduire à des difficultés avec la France en ce qui concerne la Sarre. Le gouvernement français avait réalisé dès 1947 le rattachement économique de la Sarre à la France, puis avait fait procéder à des élections le 5 octobre 1947 ; 91,5 % des suffrages s'étaient prononcés pour l'autonomie. Le charbon de la Sarre avait été progressivement retiré du pool allemand et attribué à l'économie française à partir du 1er avril 1949. Mais la négociation des conventions franco-sarroises en 1949 provoqua une vive tension avec le nouveau gouvernement allemand. Ces conventions, destinées à préciser le statut d'autonomie politique et de rattachement économique à la France, furent signées le 3 mars 1950. Malgré leur caractère provisoire (elles n'étaient valables que jusqu'au traité de paix), elles provoquèrent de vigoureuses réactions du gouvernement fédéral. Ces difficultés franco-allemandes eurent leur répercussion au Conseil de l'Europe. Dès août 1949, M. Churchill avait proposé d'inviter l'Allemagne aux travaux de Strasbourg et le gouvernement français avait proposé de son côté, le 4 novembre 1949, la candidature de la Sarre. Le 31 mars 1950, le Comité des Ministres invitait séparément l'Allemagne et la Sarre, à titre de membres associés, reconnaissant ainsi l'autonomie sarroise.

Le problème des rapports franco-allemands se posait également sur le plan le plus général : celui de l'intégration à l'Occident, Le nouveau gouvernement de Bonn allait il regarder à l'Ouest ou à l'Est ? Si le chancelier Adenauer affirmait sa conviction européenne et occidentale, il lui était difficile d'écarter l'éventualité d'une réunification et le courant neutraliste se renforçait chez les socialistes et chez les protestants. Les Alliés avaient-ils relevé l'Allemagne occidentale pour la voir se tourner vers l'Est et ruiner les plans de défense atlantique ? La nécessité de lier solidement la République fédérale à l'Europe occidentale apparaissait clairement, surtout aux yeux des Américains. M. Dean Acheson, secrétaire d'État, adressait à Paris, en avril 1950, une note invitant la France à préciser sa position sur l'intégration de l'Allemagne à l'Europe. Car c'est évidemment à la France que l'intégration de l'Allemagne posait les plus graves problèmes.

Un dernier motif de tension, et le plus inquiétant pour la France, venait enfin d'apparaître : la question du réarmement allemand commençait à se poser. Un esprit de revanche se manifestait dans certains milieux allemands et le chancelier Adenauer avait dû se séparer de son conseiller militaire, le général von Schwerin. Il avait, le 8 décembre 1949, affirmé son refus d'envisager l'éventualité d'un réarmement allemand et M. Robert Schuman lui avait fait écho le

18 décembre. Mais le chancelier avait demandé, le 17 janvier 1950, une garantie de sécurité aux Occidentaux. Les Anglo-Américains, soucieux d'organiser une éventuelle défense de l'Europe, se montraient désireux que l'Allemagne y participât. Si le gouvernement travailliste ne reprit pas à son compte l'idée de M. W. Churchill qui proposait le 16 mars 1950 devant la Chambre des communes la création d'un contingent allemand au sein d'une armée européenne, le gouvernement américain se montra beaucoup plus décidé. En avril 1950, au Congrès comme au Département d'État, on posait ouvertement la question de l'utilisation des ressources militaires de l'Allemagne occidentale et de l'entrée de celle-ci dans le Pacte Atlantique. Enfin le 7 mai à New York, le général Lucius Clay, ancien commandant en chef en Allemagne, n'hésitera pas à préconiser publiquement le réarmement allemand.

Au début de 1950, le problème des relations franco-allemandes apparaissait donc comme urgent à résoudre pour le gouvernement français. M, Robert Schuman, ministre des affaires étrangères, qui s'était rendu à Bonn le 13 janvier 1950, avait pu sur place se rendre compte des dl facultés : il avait reçu un accueil très froid et son voyage s'était soldé par un échec. Les rapports franco-allemands se trouvaient bloqués. Il était devenu impossible de maintenir l'Allemagne dans une position d'infériorité, il deviendrait inévitablement de plus en plus difficile de contrôler la Ruhr, il faudrait lutter pour empêcher l'Allemagne de reprendre la Sarre. Toutes ces contestations créaient un état de tension entre les deux pays qui rendrait difficile la création d'une Europe unie, indispensable cependant pour empêcher l'Allemagne de se tourner vers l'Est. Il fallait donc penser à une autre solution ; celle de la mise en commun. Le contrôle de puissance à puissance serait remplacé par la jouissance commune et l'administration collective.

Les propositions de mise en commun franco-allemande

L'idée de coopération industrielle entre la France et l'Allemagne était déjà ancienne. Dès le lendemain de la Première Guerre mondiale, M. Paul Reynaud avait préconisé une association franco-allemande. Le Comité économique paneuropéen qui réunissait sous la présidence de Louis Loucheur d'importantes personnalités industrielles françaises et allemandes, avait envisagé l'organisation de cartels européens entre industries française et allemande de la même branche de production, cartels placés sous le contrôle de la Société des Nations. En 1931 c'est Hugo Stinnes qui lance l'idée de « combinat charbon-acier », le retour à la France des mines de fer et des installations sidérurgiques de Lorraine ayant rendu indispensables les échanges minerai coke entre les deux pays.

Ces projets furent évoqués à nouveau après la Seconde Guerre mondiale aussi bien en Allemagne et en Grande-Bretagne qu'en France, mais s'élargirent sensiblement. En 1948 on trouvait exprimée dans l'*Economist* comme dans le *Handelsblatt* de Düsseldorf, l'idée d'un contrôle international sur les aciéries de la Ruhr, de la Lorraine, du Luxembourg et de Belgique. En décembre 1948, M. Eden préconisait l'établissement d'une collaboration entre la Ruhr et les industries françaises, belges et luxembourgeoises.

En France, l'idée se faisait jour d'une véritable coopération franco-allemande portant avant tout sur le charbon et l'acier. C'est en effet en termes de charbon et d'acier que les Français, depuis trente ans, évaluaient la puissance industrielle et le potentiel militaire de l'Allemagne. La Ruhr restait à leurs yeux l'arsenal de la Wehrmacht, le fief des grands magnats de l'industrie et de la finance. C'est en retirant à l'Allemagne, par contrôle ou coopération, l'usage exclusif du charbon et de l'acier de la Ruhr que l'on espérait l'empêcher de dominer le continent. En novembre 1948, M. André Philip envisageait une administration commune Ruhr - Sarre - Lorraine. Une « Lotharingie à base industrielle » comme le préconisait M, Jacques Gascuel[8], constituerait le noyau d'une Europe unie.

Mais certaines réactions se manifestèrent contre une solution qui apparaissait à certains comme une trahison[9]. La presse ne traitait guère des questions de coopération économique, le problème des rapports franco-allemands n'était envisagé que sous l'angle politique et, mis à part le petit groupe des « Européens », l'opinion ne semblait pas préparée à envisager une fusion des économies[10].

Du côté allemand, l'idée était également examinée, mais avec beaucoup plus d'intérêt et pour des raisons inverses. Pour l'Allemagne, une mise en commun des industries lui permettrait de sortir d'une position d'infériorité due à sa défaite. Dès le 1er janvier 1949, M. Karl Arnold, ministre-président de la Rhénanie du Nord et de Westphalie, suggérait : « Au lieu d'un contrôle unilatéral de la Ruhr, ne pourrait-on pas constituer une association de droit international à base coopérative ? Dans cette association, l'Allemagne ferait entrer la Ruhr, la France son minerai de Lorraine ; la France, l'Allemagne, la Sarre, le Luxembourg, la Belgique leurs industries lourdes. »

---

8 *Perspectives* du 24 septembre 1949.

9 Intervention indignée de M. Louis Marin à l'Assemblée nationale à propos de l'article de *Perspectives*.

10 Voir à ce sujet l'étude dactylographiée de J.E. GROSCLAUDE,- « La Presse française et la C.E.C.A. », Institut d'études politiques de Paris.

En fait, l'acte du 28 avril 1949 créant l'Autorité internationale de la Ruhr prévoyait déjà (articles 18 et 19) que cet organisme pourrait contrôler les investissements dans les industries du charbon du coke et de l'acier en Allemagne, probablement en tenant compte de la situation générale de l'industrie lourde européenne. Elle aurait pu ainsi amorcer une coopération entre pays européens en freinant les investissements allemands en cas de surproduction générale. Mais l'efficacité des moyens d'action à la disposition de l'Autorité était d'autant plus douteuse que cet organisme consacrait le principe d'inégalité : l'Allemagne était bien associée aux puissances occidentales an sein de l'Autorité, mais elle était seule à en subir les contrôles.

C'est en Allemagne que les projets d'association vont être, pour la première fois, évoqués sur le plan gouvernemental.

Le chancelier Adenauer allait, au début de 1950, multiplier les propositions de « fusion » franco-allemande. Ce fut d'abord la suggestion d'internationaliser la production sarroise qu'il fit le 19 janvier 1950 à M. Mac Cloy, haut commissaire américain à Bonn. Puis le 9 mars, il déclarait à M. Kingsbury Smith, directeur d'une agence de presse américaine, qu'il demandait l'union complète de la France et de l'Allemagne. Les deux pays uniraient leurs économies, leurs parlements et confondraient leur nationalité. Ainsi serait constitué l'embryon d'une Europe unie. Cette mise en commun était présentée par le chancelier comme le moyen de régler immédiatement la question de la Sarre. Le gouvernement français estima le 22 mars qu'il ne pouvait prendre en considération une proposition qui ne lui avait pas été faite de façon officielle et qu'un dialogue franco-allemand en dehors du cadre général de l'Europe lui paraissait peu souhaitable. Aussi, le 23 mars, le chancelier se bornait-il à suggérer, toujours devant M. Smith, l'unification des économies, en attendant mieux. Mais le gouvernement français ne réagit pas davantage. M. Schuman, ministre des affaires étrangères, déclarait le 26 mars qu'il fallait se méfier des initiatives spectaculaires comme des gestes de mauvaise humeur.

Le chancelier réitéra ses propositions le 2 avril en évoquant dans une interview à *United Press*, une union anglo-franco-allemande avec parlement commun. Mais il précisait bien le 18 avril que l'égalité des droits serait la condition de l'entrée de l'Allemagne dans une fédération européenne et il demandait la révision des accords de Petersberg et la levée des contrôles alliés[11].

---

[11] Déjà en 1923, lors de l'occupation de la Ruhr par la France, le docteur Adenauer, alors maire de Cologne, avait été partisan d'une union des industries lourdes franco-allemandes (voir l'ouvrage de Paul WEYMAR, Konrad Adenauer, Pion 1956, p. 224 et 260).

Les initiatives du chancelier Adenauer furent considérées sur tout comme des gestes de bonne volonté destinés à rassurer l'opinion américaine en lui montrant que ce n'étaient pas les Allemands qui étaient hostiles au rapprochement avec la France et qu'ils ne demandaient qu'à créer ce vaste ensemble économique européen, gage de prospérité et de paix.

L'opinion française ne fut guère sensible à ces déclarations spectaculaires dans lesquelles beaucoup voyaient une manœuvre du gouvernement allemand pour sortir d'une situation d'infériorité. Les réactions les plus favorables furent peut-être celles du général de Gaulle qui accueillit avec enthousiasme, le 16 mars 1950, dans une conférence de presse, la proposition Adenauer : « Si l'on ne se contraignait pas à voir les choses froidement — disait-il — on serait presque ébloui par la perspective de ce que pourraient donner ensemble la valeur allemande et la valeur française, celle-ci prolongée par l'Afrique... En somme ce serait reprendre sur des bases modernes, économiques, sociales, stratégiques, culturelles, l'entreprise de Charlemagne... Il y a trente ans que je suis avec intérêt et considération les actes et les propos de Conrad Adenauer. J'ai perçu dans ce que dit ce « bon Allemand » une espèce d'écho de l'appel de l'Europe. De l'avenir des relations franco-allemandes dépend le sort de l'Europe ».

Si le gouvernement français ne donna pas suite aux projets du chancelier Adenauer, il se trouvait placé cependant dans l'obligation morale de ne pas rester en arrière et de proposer des solutions concrètes.

La situation de la diplomatie française au début de 1950

Un certain nombre de problèmes, qui exigeaient des solutions rapides et hardies, se posaient ainsi au début de 1950 aux responsables de la politique étrangère française : nécessité de trouver une nouvelle formule permettant de contrôler l'industrie lourde d'une Allemagne qui venait de recouvrer sa personnalité politique, nécessité de transposer sur un plan plus général la question de la Sarre afin de lui faire perdre son caractère irritant pour l'Allemagne, nécessité de trouver un terrain solide de coopération franco-allemande, nécessité de « débloquer » l'effort de construction européenne paralysé à l'O.E.C.E. et à Strasbourg et d'intégrer l'Allemagne au monde occidental, nécessité de prévenir une crise possible de l'économie européenne par une action collective dans le domaine des industries de base, nécessité de faire quelque chose à l'usage des Américains pour ne pas qu'ils interrompent leur aide à une Europe qu'ils voulaient voir s'organiser au point de vue économique, nécessité enfin d'atténuer une tension internationale dangereuse à tous égards et qui présentait pour la France l'inconvénient supplémentaire de rendre difficilement évitable le réarmement allemand.

À tous ces problèmes des solutions avaient été proposées, mais qui revêtaient la plupart du temps un caractère partiel et qui. En tout cas, n'avaient aucune chance d'aboutir à des réalisations concrètes. L'originalité du plan Schuman a été de constituer un essai de solution pour tous ces problèmes à la fois : contrôle du charbon et de l'acier allemands, réconciliation franco-allemande, poursuite de la construction européenne, développement de la prospérité économique de l'Europe, initiative pacifique sur le plan international. C'est parce que l'idée était « dans l'air » que le plan Schuman a été accueilli avec tant de faveur et tant d'espoir. C'est parce que le plan Schuman se présentait comme une solution unique à plusieurs problèmes convergents qu'il est apparu comme la solution nécessaire. C'est parce qu'il participait de plusieurs suggestions émises séparément que sa paternité a été depuis lors revendiquée de tant de côtés différents.

Les idées de M. Jean Monnet

Aussi nécessaire fût-elle, l'idée de pool charbon-acier ne se serait probablement pas précisée et n'aurait pas été réalisée sans l'action d'un homme à la forte personnalité. « La part prépondérante qu'a eue dès les premières heures et qu'a gardée plus tard M. Jean Monnet dans la conception de ce plan et dans l'élaboration des textes » a été affirmée par M. Robert Schuman lui-même[12].

Rien ne semblait pourtant désigner M. Monnet pour être à l'origine d'une initiative de politique étrangère aussi importante. Il n'était pas membre du gouvernement, ni de l'Assemblée nationale, il n'appartenait pas au Quai d'Orsay. En sa qualité de commissaire général au Plan de modernisation et d'équipement, il bénéficiait depuis la Libération d'une stabilité et d'une influence supérieures à celles de n'importe quel homme politique, mais il semblait cantonné aux questions économiques françaises.

L'irruption de M. Monnet sur la scène de la politique étrangère a surpris et certains ont voulu l'expliquer par le souci qu'il avait d'achever sur le plan européen l'œuvre de réorganisation économique menée à bien dans le cadre français[13]. En réalité cette intention n'a pas été déterminante.

Pour autant qu'on puisse le savoir avant que le principal intéressé n'ait fait sur ce sujet les révélations nécessaires, il semble bien que l'une des préoccupations essentielles de M. Monnet ait été un souci de poli-

---

12 Discours prononcé devant l'Assemblée nationale le 6 décembre 1951.

13 « Ce plan a donc originellement une base économique ; il est le prolongement d'un "plan" français interne ». Raymond RACINE, *Vers une Europe nouvelle par le plan Schuman* (La Baconnière, 1955, p. 37).

tique internationale. Inquiet de la tension crois sante qui se manifestait entre l'Ouest et l'Est au début de 1950, il sentait venir la guerre et craignait même que les Américains ne se lancent dans une action atomique préventive. M. Monnet estimait que la cristallisation du monde en deux blocs hostiles était très dangereuse. Il faut, à son avis, toujours éviter que les choses ne se « nouent », car on est alors la proie de la fatalité, les hommes ne pouvant plus imprimer leur action aux forces en présence. C'est pourquoi, dans les situations sans issue, il faut « dénouer » en frappant un grand coup, en trouvant autre chose, en renouvelant les données mêmes du problème par une initiative hardie[14].

Cette solution, M. Monnet la voyait dans l'organisation d'une Europe unie qui serait solidement constituée et qui pourrait, par là même, modifier une situation diplomatique cristallisée dans l'opposition Est-Ouest. Il estimait que la guerre froide était née de la compétition des deux Grands en Europe, parce que l'Europe divisée était un enjeu. Faire l'unité de l'Europe c'était faire disparaître la cause du conflit. Il s'agissait donc pour lui d'une initiative de portée internationale qui se proposait avant tout la détente et l'instauration de la paix mondiale grâce au rôle effectif joué par une Europe organisée. L'intention de M. Monnet, affirmée dans les conversations qu'il a pu avoir à partir de mars 1950 avec M. Jacques Gascuel, apparaît parfaitement dans le texte même de la déclaration du 9 mai 1950. « La paix mondiale ne saurait être sauvegardée sans des efforts créateurs à la mesure des dangers qui la menacent. La contribution qu'une Europe organisée et vivante peut apporter à la civilisation est indispensable au maintien des relations pacifiques… ».[15] Dans l'introduction à cette déclaration, préparée pour M. Robert Schuman, on retrouve la même idée : « Pour que la paix puisse vraiment courir ses chances, il faut d'abord qu'il y ait une Europe ». Le caractère pacifique de cette Europe sera souligné dans la Déclaration française qui prévoiera [*sic*] la présence auprès de la Haute Autorité d'un observateur de l'O.N.U., qui serait chargé de faire un rapport semestriel sur la sauvegarde de ses fins pacifiques. Enfin ce ne serait pas une Europe fermée, mais une Europe qui pourrait servir de trait d'union entre les deux blocs[16].

---

[14] M. Monnet déclarera le 21 juin 1950 à l'ouverture des travaux de la Conférence de Paris sur le pool : « On peut certes laisser les choses en l'état. Mais si nous ne faisons rien, le destin se chargera de régler contre nous nos difficultés actuelles ».

[15] M. Gascuel préconisait de son côté une Europe « neutre » entre les deux blocs ; il ne semble pas que M. Monnet soit allé aussi loin.

[16] La vente de l'acier européen à tous les pays y compris l'URSS sera même envisagée par M. Robert Schuman lors des réponses faites aux journalistes après la lecture de sa Déclaration.

Comment faire cette Europe ? En dégageant des intérêts communs. Pour M. Monnet, la mise en commun doit permettre de faire disparaître les antagonismes en les rendant sans objet et, en même temps, de réaliser des progrès économiques. À plusieurs reprises dans sa carrière, M. Monnet a fait de la mise en commun le remède à une situation difficile : pool des ressources franco-britanniques pendant la Première Guerre mondiale et en 1939, projet de nationalité commune franco-britannique en 1940, organisation de la production de guerre anglo-américaine pendant le second conflit mondial. Il estime que l'élargissement des marchés peut seul créer le changement auquel s'opposent les intérêts privés dans le cadre national et entraîner le développement de la production et l'élévation du niveau de vie. Les propositions d'unification économique formulées par le chancelier Adenauer l'avaient vivement frappé.

Mais ce marché commun, il ne faut pas compter sur les gouvernements pour l'établir. Toute sa vie, particulièrement comme secrétaire général de la S.D.N. ou comme expert, M. Monnet avait rencontré dans l'accomplissement de ses missions les résistances particularistes des gouvernements et il n'avait réussi à construire que lorsque les gouvernements abandonnaient une part de leur souveraineté. D'où l'idée d'une autorité supra-nationale. Puisque la coopération internationale ne peut donner de résultats, il faut des saisir les gouvernements au profit d'une instance supérieure et créer des institutions nouvelles[17]. Ce dépassement du cadre national paraît d'ailleurs fort naturel à M. Monnet qui a fait une carrière internationale et ne voit pas les problèmes sous le même angle que la plupart de ses compatriotes.

Quant à la création d'institutions, M. Monnet y tenait essentiellement. Il a la conviction — paradoxale chez un homme dont le rôle personnel a été si important — que les hommes ne sont rien et les institutions tout. « Ce sont les institutions qui commandent les relations entre les hommes, ce sont elles qui sont le véritable support de la civilisation.[18] »

---

[17] Cette volonté de développer les institutions apparaîtra bien par la suite. Le 10 août 1952, à Luxembourg, lors de la mise en place de la Haute Autorité, M. Monnet déclarera : « Les institutions nouvelles pourront être modifiées et améliorées à l'expérience. Ce qui ne sera pas remis en question, c'est que ce sont des institutions supranationales et bien, disons le mot, fédérales... » Elles ne sont que l'amorce de nouvelles transformations : « Nous avons à la fois des responsabilités immédiates et celles de préparer des transformations si importantes qu'aucun temps ne doit être perdu pour les mettre en œuvre. La construction de l'Europe ne tolère plus de retard ».

[18] Citation d'Amiel dans le livre de Jean MONNET, *Les États-Unis d'Europe ont commencé* (1955), p. 45.

Mais la création d'institutions supra-nationales se révélait impossible sur le plan politique, ainsi qu'en témoignait l'échec du Conseil de l'Europe. D'où la nécessité de se limiter au plan technique, une mise en commun économique paraissant souhaitable à l'opinion et les susceptibilités nationales étant moins vives dans ce domaine.

Quel secteur de l'économie choisir ? Techniquement, il ne s'imposait pas de commencer par l'acier et le charbon. L'intérêt d'un grand marché du charbon était très relatif étant donné la nécessité de protéger pour des raisons sociales les charbonnages contre les variations de la demande. Pour l'établissement d'un marché commun de l'acier, on ne pouvait pas invoquer la complémentarité franco-allemande, puisque si la France restait tributaire du coke de la Ruhr, l'Allemagne n'achetait plus de minerai lorrain. D'ailleurs l'Accord international de la Ruhr assurait l'approvisionnement en coke de la sidérurgie française, la pénurie de charbon avait cessé en Europe et la production d'acier se développait. Enfin la mise en commun de vieilles industries comme les houillères et la sidérurgie risquait de conduire à de nombreuses difficultés de réadaptation. Il eût été sans doute plus simple de s'attaquer d'abord à des industries en voie de création et qui n'apparaissaient économiquement viables que dans un cadre européen, comme l'industrie atomique et l'industrie aéronautique. On aurait pu construire du neuf sans être gêné par les situations acquises.

M. Monnet a cependant choisi le charbon et l'acier. Pour deux raisons semble-t-il. D'abord parce que le charbon et l'acier possédaient aux yeux des masses et particulièrement des Français une valeur psychologique certaine. Les difficultés franco-allemandes ont souvent revêtu l'aspect d'une lutte pour le charbon (occupation de la Ruhr en 1923, gestion des mines de la Sarre après chacune des deux guerres mondiales). Quant à l'acier, il évoque à la fois les « marchands de canons » et la puissance militaire allemande. Internationaliser l'acier doit donc apparaître comme un gage de paix entre les nations[19]. D'autre part mettre en commun le charbon et l'acier, commencer par l'organisation des industries de base — idée qui était exprimée couramment à cette époque — présentait pour M. Monnet l'immense avantage de donner au pool des possibilités considérables d'élargissement. Il lui paraissait en effet impossible de s'en tenir à la mise en commun des seuls charbon et acier ; il faudrait fatalement aller plus loin, mettre en commun les sources d'énergie et les matières premières d'une part, les produits fabriqués d'autre part. Le charbon et l'acier constitueraient donc le point d'attaque de l'effort de construction européenne, point d'attaque choisi

19 En réalité les accords entre producteurs (par exemple l'Entente internationale de l'Acier fondée en 1926} n'avaient pas empêché des conflits armés, les oppositions politiques l'emportant toujours sur les solidarités économiques.

en fonction de considérations plus politiques qu'économiques. Il n'y a pas eu en effet d'études spéciales faites au plan sur la situation européenne du charbon et de l'acier, ce qui montre bien que la mise en commun du charbon et de l'acier ne constituait pas aux yeux de M. Monnet un but en soi, mais un moyen de parvenir à la constitution d'une Europe économiquement, puis politiquement organisée.

Tels sont les éléments qui se sont peu à peu précises dans l'esprit de M. Monnet à partir du début de 1950, à l'occasion de ses conversations avec MM. Jacques Gascuel, Paul Reuter et avec ses collaborateurs du plan, MM. Hirsch et Uri, éléments dont la synthèse s'est opérée très rapidement au courant d'avril 1950. La mise au point du projet fut alors réalisée en secret avec le concours de M. Paul Reuter, professeur à la Faculté de Droit d'Aix, qui joua un rôle important dans la rédaction de ce qui devait être la déclaration du 9 mai, en en précisant les aspects institutionnels.

Il fallait résoudre un problème difficile, il s'agissait d'établir une Autorité européenne alors qu'il n'existait ni peuple européen, ni parlement européen. Il s'agissait aussi de créer une Autorité supra-nationale dans certains domaines, de se limiter en surface, mais d'obtenir un résultat décisif en profondeur. On ne pouvait s'appuyer sur aucun précédent juridique, il fallait innover. D'où l'idée d'une Haute Autorité formée de personnalités indépendantes auxquelles les États délégueraient une partie de leurs pouvoirs, aréopage dénationalisé de caractère apolitique et technocratique destiné à prendre des décisions « européennes » en attendant qu'il y ait des Européens, « formule nouvelle, — selon M. Reuter — paradoxale par l'opposition qu'elle fait apparaître entre l'étroitesse de son domaine physique d'application et la profondeur de l'intégration, de la fusion qu'elle consacre »[20].

Ainsi se trouvait précisée la notion d'une Haute Autorité qui serait indispensable pour assurer le bon fonctionnement d'un marché commun établi à partir de conditions nationales différentes, pour éviter les à-coups provoqués par l'ouverture des frontières et pour réaliser sans catastrophes la fusion des économies ; Haute Autorité qui constituerait également l'embryon d'un pouvoir politique européen et la première pierre d'une organisation fédérale.

---

20 Paul REUTER, « La conception du pouvoir politique dans le Plan Schuman ». *Revue française de science politique*, juillet-septembre 1951. M. Reuter fait partie du Comité central permanent de l'opium, organisme international composé de personnalités indépendantes et non de représentants des États ; il s'est peut-être, inspiré de cet exemple pour définir le recrutement de la Haute Autorité.

L'adoption du projet par M. Schuman

Le problème, pour M. Monnet, fut alors de faire adopter son projet par le gouvernement français. Les ministres avaient nettement conscience de la nécessité de « faire quelque chose » pour empêcher l'aggravation de la tension entre l'Est et l'Ouest et pour résoudre les problèmes européens. M. Bidault, président du Conseil, avait proposé le 16 avril la création d'un « Haut Conseil de l'Atlantique pour la paix » destiné à mieux coordonner l'action des États-Unis et de leurs alliés sur les plans économique et militaire. Mais cette suggestion ne fut pas prise en considération par les Américains qui craignaient de voir ainsi freiner leur liberté d'action.

M. Bidault, mis au courant par M. Monnet au début de mai de son projet de Communauté, ne réagit pas. Sans doute lui était-il difficile, à quelques jours d'intervalle, de lancer une seconde pro position assez différente de la première. D'autre part M. Bidault se plaçait dans le cadre atlantique beaucoup plus que sur le plan européen. Néanmoins, il avait le souci de la détente internationale et déclarera le 7 mai à Dunkerque qu'il y a des « accords possibles » avec l'Est.

C'est du côté de M. Robert Schuman, ministre des Affaires étrangères, que M. Monnet trouva audience. Les deux hommes se connaissaient depuis longtemps : M. Monnet, commissaire général au plan, avait collaboré avec M. Schuman, ministre des Finances. Comme ministre des Affaires étrangères, M. Schuman était bien disposé à étudier les suggestions de M. Monnet. Il souhaitait une solution au problème des relations franco-allemandes et, autant que possible, une solution européenne. Déjà le 26 mars devant le comité central du M.R.P. il avait affirmé qu'il recherchait avant tout la réalisation d'une communauté européenne et le règlement des relations franco-allemandes. « À la fin de 1949, nous pensions bien à l'Europe — devait-il déclarer plus tard[21] — nous étions préoccupés de faire quelque chose de nouveau. Cependant, nous nous trouvions devant des problèmes concrets qui nous paraissaient cantonnés entre des limites assez étroites ». Ces problèmes étaient : la constitution d'un nouveau gouvernement allemand, les difficultés sur la Sarre, la déception provoquée par le Conseil de l'Europe, le problème du contrôle de la Ruhr. Il fallait donc « une solution qui puisse produire ses effets dans des domaines différents ; solution dans l'ordre politique allemand en ce qui concerne la Ruhr, solution économique plus générale par rapport à l'Allemagne occidentale ». Or, la solution du pool charbon-acier à base franco-allemande permettait d'atteindre tous ces objectifs.

[21] Dans une conférence à l'Académie diplomatique prononcée le 24 mars 1955, publiée dans *Le Monde diplomatique* d'avril 1955.

C'était la possibilité de lier le sort de l'Allemagne à celui de l'Occident, de l'« arracher aux sortilèges de l'Est » et même, en fusionnant la République fédérale à l'Europe, de rendre plus difficile la résurrection des forces nationalistes et totalitaires allemandes. Au fond, M. Schuman espérait nouer assez de liens entre l'Allemagne et la France pour créer une solidarité indissoluble et modifier même le comportement allemand. C'était reprendre, mais avec des moyens beaucoup plus hardis, l'entreprise qu'Aristide Briand avait tentée en vain[22].

Enfin M. Schuman a sans doute été séduit par le caractère même de la Haute Autorité projetée : une petite équipe d'hommes char gés de réaliser une œuvre européenne dans l'intérêt de tous. M, Schuman, ami, comme le chancelier Adenauer, de M, Franck Buchman, apôtre du Réarmement moral, estime en effet que « mettre au service des États des équipes d'hommes entraînés, des apôtres de la réconciliation et des artisans d'un inonde renouvelé, telle sera, telle est déjà au bout de quinze années ravagées par la guerre, l'amorce d'une vaste transformation sociale »[23].

Le ministre des Affaires étrangères donna son accord à M. Monnet assez peu de temps, semble-t-il, avant le 9 mai 1950. En effet, faisant écho le 26 mars à la suggestion Adenauer de fusion des économies, M. Schuman avait déclaré devant le Comité central du M.R.P. qu'il fallait étudier en détail les propositions d'unification économique, la disparité des prix de production exigeant de ne pas aller trop vite. Le 4 mai encore, le ministre envoyait au secrétaire général du Conseil de l'Europe une lettre soulignant l'intérêt porté par le gouvernement français au projet de « Compagnies européennes » et demandant que ce projet fût examiné au plus tôt par l'Assemblée. M. Schuman avait-il alors l'intention de lancer le plan qui allait porter son nom ?

Assuré d'avoir convaincu le ministre des Affaires étrangères, M. Monnet chercha à aboutir vite. Il voulait, pour produire un effet sur le plan international, que la proposition fût lancée avant la réunion à Londres, le 10 mai, de la conférence à Trois, puis à Douze qui devait définir la politique atlantique face à l'U.R.S.S. et prendre d'importantes décisions au sujet de l'Allemagne. Estimant que le secret et la surprise étaient indispensables pour obtenir l'effet psychologique nécessaire, M. Monnet ne mit dans la confidence que quelques ministres seulement, parmi lesquels M. René Mayer, garde des Sceaux, qui lui donna son appui et attira son attention sur l'intérêt d'évoquer, dans le projet, la

22 En Allemagne orientale, les Russes entendaient également modifier la mentalité allemande, mais en changeant fondamentalement les structures économiques, sociales et politiques.

23 Préface de M. Robert Schuman au livre de Franck BUCHMAN, *Refaire le monde*.

possibilité de la mise en valeur de l'Afrique par une Europe unie. La ténacité et la force de conviction de M. Monnet lui permirent d'emporter l'adhésion de ses interlocuteurs, auprès desquels il jouissait d'ailleurs d'une autorité personnelle exceptionnelle.

Les administrations ne furent pas consultées, ni le Quai d'Orsay, ni le Ministère de la Production industrielle, ni celui de la Défense nationale. Les dirigeants des charbonnages et de la sidérurgie ne le furent pas davantage. Le Parlement ne fut pas prévenu. M. Monnet tenait essentiellement à ne pas compromettre le lancement de l'idée par les inévitables indiscrétions, discussions et marchandages qui se seraient produits s'il avait fallu consulter les « milieux intéressés ». Il ne voulait pas laisser amoindrir à l'avance le caractère supranational de la Haute Autorité, Il ne voulait pas non plus éveiller les méfiances allemandes en ayant l'air de se mettre d'accord préalablement avec les sidérurgistes français.

Les pays étrangers ne furent pas mis au courant. Rien ne fut dit aux Britanniques. Aucune consultation officielle n'eut lieu avec les Américains. M. Schuman en parla très vaguement à M. Acheson le 8 mai, lors du passage de celui-ci à Paris, mais il ne semble pas que le secrétaire d'État se soit rendu compte de l'importance du projet.

Les Allemands étaient-ils prévenus ? Il ne semble pas que M. Schuman ait évoqué l'éventualité d'une communauté lors de son voyage à Bonn en janvier 1950. Il n'avait pas accueilli avec enthousiasme les projets de M. Adenauer de fusion franco-allemand lancés en mars 1950. Cependant estimait-il sans doute que ces projets mêmes avaient créé l'atmosphère nécessaire. « Cette Déclaration, — devait-il écrire plus tard, en évoquant l'initiative française — n'aurait pas eu lieu si le gouvernement français n'avait pas eu la certitude d'un accord de principe déjà acquis entre lui-même et le gouvernement fédéral avant toute négociation »[24].

L'existence d'une tendance favorable à la mise en commun aussi bien en Allemagne qu'en Amérique a parfois laissé croire à une origine germano-américaine du plan Schuman. M. Mac Cloy, haut-commissaire des États-Unis à Bonn, convaincu de la nécessité de faire quelque chose pour empêcher les Allemands de se tourner vers la Russie, aurait sug-

---

[24] Préface de M. Robert Schuman à l'ouvrage de M. Paul REUTER, *La Communauté Européenne du Charbon et de l'Acier*, p. 4.
Une lettre personnelle de M. Schuman fut apportée spécialement à Bonn le 9 mai au matin pour faire connaître au chancelier Adenauer le projet que les ministres français allaient discuter. Le chancelier déclara le soir dans une conférence de presse que sa surprise avait été totale : « La décision française a été prise sans aucune négociation préalable » (in Paul WEYMAR, *Konrad Adenauer*, Plon, 1956).

géré à M. Monnet — auquel il était lié d'amitié — de réaliser l'idée déjà émise dans l'entourage du chancelier Adenauer[25].

Mais ce n'est pas parce que certains milieux étrangers étaient favorables au pool que celui-ci doit être considéré comme ayant été imposé de l'extérieur au gouvernement français. L'analyse de la situation diplomatique montre au contraire que le plan Schuman représentait pour la France une solution hardie à de nombreuses difficultés et lui offrait une nouvelle liberté d'action. L'idée de pool charbon-acier n'apparaissait-elle pas plutôt comme le moyen de donner à une Europe organisée la possibilité de se passer de l'aide américaine et de jouer son propre rôle ? De fait certaines inquiétudes se manifesteront en Amérique sur l'éventuel « neutralisme » d'une Europe « Troisième Force » quand sera connu le projet français.

La déclaration du 9 mai 1950

Il restait pour M. Monnet à préparer le lancement de la proposition française. La déclaration proprement dite étant déjà mise sur pied, il réunit rue de Martignac à partir du 4 mai MM. Clappier, directeur de cabinet de M. Schuman, Jacques Gascuel, directeur de Perspectives, Hirsch et Uri, ses collaborateurs du Commissariat général au plan. On discuta de la façon dont la déclaration serait présentée. M. Gascuel rédigea un « chapeau » introductif, M. Uri prépara deux notes destinées

---

[25] Voir l'intervention de M. Gilbert de Chambrun, au cours du débat à l'Assemblée nationale (26 juillet 1950). Pour le député progressiste, l'origine germano-américaine du plan Schuman ne fait aucun doute : « L'idée d'un combinat, d'un marché unique franco-allemand a donc pour origine, à la fois, l'entourage du chancelier Adenauer d'une part et ensuite un certain nombre de hauts-fonctionnaires américains intéressés dans les questions de l'Allemagne occidentale ». M. Arnold, président du Conseil fédéral d'Allemagne, aurait convaincu M. Mac Cloy, haut commissaire américain, lui-même lié à la banque Dillon Reed and Co. qui déjà pendant l'entre-deux-guerres avait financé le relèvement de la Ruhr. Ce qui fait dire à M. de Chambrun : « Le pool franco-allemand du charbon et de l'acier porte, portera probablement devant l'Histoire votre nom, Monsieur le Ministre des Affaires étrangères, mais tout le monde sait que vous n'en êtes pas l'inventeur : vous portez sur les bras les enfants des autres, vous êtes le père du plan Schuman seulement en vertu de la présomption… » (J.O., Débats, A.N. 91 de 1950, p. 5-981).
Voir aussi M. Bernard LAVERGNE : « L'idée du pool charbon-acier est d'origine germanique, remontant pour le moins en 1931 à M. Hugo Stinnes, le grand magnat de la Ruhr… l'idée ayant émigré aux États-Unis, c'est là que M. Monnet la recueillit voici deux ou trois ans. L'ambition de M. Monnet ayant été stimulée par de puissantes voix américaines, M. Monnet suggéra l'idée à M. Robert Schuman » (*Le Plan Schuman*, 1951, p. 11). Ce qui n'avait pas empêché M. Lavergne d'écrire : « La décision des ministres, tout à fait dans la ligne de notre génie rationaliste et unificateur, est de celles qui peuvent le plus faire honneur au nom français, ainsi qu'améliorer peu à peu la situation morale et matérielle de notre vieux continent » (*L'Année politique et économique*, 1950, p. 395).

à réfuter les deux objections majeures que l'on s'attendait à voir diriger contre le pool : la constitution d'un arsenal américain, la formation d'un cartel.

Le lundi 8 au soir, tous les papiers préparatoires furent brûlés. Le mardi 9 au matin, l'introduction de la Déclaration fut dictée sous sa forme définitive vers 9 heures, et à 10 heures M. Clappier alla la porter à M. Schuman qui devait intervenir au Conseil des Ministres. Ce fut alors un moment d'émotion pour M. Monnet et sa petite équipe. Le ministre des Affaires étrangères allait-il parler ? Allait-il être approuvé par le Conseil ? Ce fut l'attente fébrile auprès du téléphone. M. Monnet appela l'Élysée et éprouva un moment de découragement croyant que les ministres partaient sans avoir eu le temps d'aborder le sujet. Puis l'espoir revint lorsqu'il apprit que le gouvernement reprenait ses délibérations.

Effectivement, M. Robert Schuman avait exposé le projet et emporté l'adhésion du Conseil, grâce à la lecture d'une courte note. Mais comment la séance s'était-elle déroulée ? Le compte rendu des conseils des ministres, établi par le secrétaire général du gouvernement, demeurant secret, on en est réduit aux hypothèses. Quelques ministres seulement ayant été prévenus au préalable, l'effet de surprise a dû être complet. Et les ministres se sont-ils bien rendu compte de l'immense portée du projet qui leur était proposé ? Ont-ils compris qu'il ne s'agissait pas là d'une simple hypothèse à étudier avec d'autres pays par la voie diplomatique et que le gouvernement français s'engagerait solennellement ? Une discussion a-t-elle eu lieu ? Autant de points qui exigeraient des éclaircissements. Mais, étant donné l'impossibilité pour la plupart des ministres d'étudier sérieusement le texte avant sa publication (ce qui aurait d'ailleurs risqué de compromettre à la fois la cohésion du projet et l'effet de surprise escompté), on doit supposer que l'ensemble du gouvernement a fait confiance au ministre des Affaires étrangères.

L'après-midi, à 16 heures, au Quai d'Orsay, M. Robert Schuman rendait publique au cours d'une conférence de presse la pro position française. M. Schuman commença par ces quelques phrases introductives :

> II n'est plus question de vaines paroles, mais d'un acte hardi, d'un acte constructif. La France a agi et les conséquences de son action peuvent être immenses. Nous espérons qu'elles le seront. Elle a agi essentiellement pour la paix. Pour que la paix puisse vraiment courir sa chance, il faut, d'abord, qu'il y ait une Europe. Cinq ans presque jour pour jour après la capitulation sans condition de l'Allemagne, la France accomplît le premier acte décisif de la construction européenne et y associe l'Allemagne. Les conditions européennes doivent s'en trouver entièrement transformées. Cette transformation rendra possibles d'autres actions communes impossibles jusqu'à ce

jour. L'Europe naîtra de tout cela, une Europe solidement unie et fortement charpentée. Une Europe où le niveau de vie s'élèvera grâce au groupement des productions et à l'extension des marchés qui provoqueront l'abaissement des prix. Une Europe où la Ruhr, la Sarre et les bassins français travailleront de concert et feront profiter de leur travail pacifique, suivi par des observateurs des Nations-Unies, tous les Européens sans distinction, qu'ils soient de l'Est ou de l'Ouest, et tous les territoires, notamment l'Afrique, qui attendent du vieux continent leur développement et leur prospérité.

Puis M. Robert Schuman lut le texte de la déclaration :

La paix mondiale ne saurait être sauvegardée sans des efforts créateurs à la mesure des dangers qui la menacent.

La contribution qu'une Europe organisée et vivante peut apporter à la civilisation est indispensable au maintien des relations pacifiques. En se faisant depuis plus de vingt ans le champion d'une Europe unie, la France a toujours eu pour objet essentiel de servir la paix.

L'Europe n'a pas été faite, nous avons eu la guerre. L'Europe ne se fera pas d'un coup, ni dans une construction d'ensemble : elle se fera par des réalisations concrètes créant d'abord une solidarité de fait. Le rassemblement des nations européennes exige que l'opposition séculaire de la France et de l'Allemagne soit éliminée. L'action entreprise doit toucher au premier chef la France et l'Allemagne.

Dans ce but, le gouvernement français propose immédiatement l'action sur un point limité, mais décisif.

Le gouvernement français propose de placer l'ensemble de la production franco-allemande de charbon et d'acier sous une Haute Autorité commune, dans une organisation ouverte à la participation des autres pays d'Europe.

La solidarité de production qui sera ainsi nouée manifestera que toute guerre entre la France et l'Allemagne devient non seulement impensable mais matériellement impossible. L'établissement de cette unité puissante de production, ouverte à tous les pays qui voudront y participer, aboutissant à fournir à tous les pays qu'elle rassemblera, les éléments fondamentaux de la production industrielle aux mêmes conditions, jettera les fondements réels de leur unification économique. Cette production sera offerte à l'ensemble du monde, sans distinction ni exclusion, pour contribuer au relèvement du niveau de vie et au progrès des œuvres de paix. L'Europe pourra, avec des moyens accrus, poursuivre la réalisation de l'une de ses tâches essentielles, le développement du continent africain.

Ainsi sera réalisée simplement et rapidement la fusion d'intérêts indispensable à l'établissement d'une communauté économique et introduit le ferment d'une communauté plus large et plus profonde entre les pays longtemps opposés par des divisions sanglantes.

Par la mise en commun de la production de base, l'institution d'une Haute Autorité nouvelle, dont les décisions lieront la France, l'Allemagne et les pays qui y adhéreront, cette proposition réalise les premières assises concrètes d'une fédération européenne indispensable à la préservation de la paix.

Pour poursuivre la réalisation des objectifs ainsi définis, le gouvernement français est prêt à ouvrir des négociations sur les bases suivantes.

La mission impartie à la Haute Autorité commune sera d'assurer dans les délais les plus rapides : la modernisation de la production et l'amélioration de sa qualité, la fourniture à des conditions identiques du charbon et de l'acier sur le marché français et sur le marché allemand, ainsi que sur ceux des pays adhérents, le développement de l'exportation commune vers les autres pays, l'égalisation dans le progrès des conditions de vie de la main d'œuvre de ces industries.

Pour atteindre ces objectifs à partir des conditions très disparates dans lesquelles sont placées actuellement les productions des pays adhérents, à titre transitoire, certaines dispositions devront être mises en œuvre, comportant l'application d'un plan de production et d'investissements, l'institution de mécanismes de péréquation des prix, la création d'un fonds de reconversion facilitant l'application d'un plan de production et d'investissement, l'institution de mécanismes de péréquation des prix, la création d'un fonds de reconversion facilitant la rationalisation de la production. La circulation du charbon et de l'acier entre les pays adhérents sera immédiatement affranchie de tout droit de douane et ne pourra être affectée par des tarifs de transport différentiels. Progressivement se dégageront les conditions assurant spontanément la répartition la plus rationnelle de la production au niveau de productivité le plus élevé.

À l'opposé d'un cartel international tendant à la répartition et à l'exploitation des marchés internationaux par des pratiques restrictives et le maintien de profits élevés, l'organisation pro jetée assurera la fusion des marchés et l'extension de la production. Les principes et les engagements essentiels ci-dessus définis feront l'objet d'un traité signé entre les États et soumis à la ratification des Parlements. Les négociations indispensables pour préciser les mesures d'application seront poursuivies avec l'assistance d'un arbitre désigné d'un commun accord, celui-ci aura la charge de veiller à ce qui les accords soient conformes aux principes, et, cas d'opposition irréductible, fixera la solution qui sera adoptée.

La Haute Autorité commune chargée du fonctionnement de tout le régime sera composée de personnalités indépendantes désignées sur une base paritaire par les gouvernements ; un président sera choisi d'un commun accord par les gouvernements, ses décisions seront exécutoires en France, en Allemagne et dans les autres pays adhérents. Des dispositions appropriées assureront les voies de recours nécessaires contre les décisions de la Haute Autorité. Un représentant des Nations-Unies auprès de cette autorité sera chargé de faire deux fois par an un rapport public à l'O.N.U. rendant compte du fonctionnement de l'organisme nouveau, notamment en ce qui concerne la sauvegarde de ses fins pacifiques.

L'institution de la Haute Autorité ne préjuge en rien du régime de propriété des entreprises. Dans l'exercice de sa mission, la Haute Autorité commune tiendra compte des pouvoirs conférés à l'Autorité internationale de la Ruhr et des obligations de toute nature imposées à l'Allemagne, tant que celles-ci subsisteront.

Dès ce moment, le geste était fait, l'initiative de politique étrangère était prise, le gouvernement français était engagé.

La déclaration de M. Schuman provoqua une émotion considérable en France et à l'étranger. La surprise avait joué, l'effet psychologique était atteint. On avait l'impression qu'il était possible de faire quelque chose de nouveau en politique internationale, de prendre les problèmes d'une façon différente. La France semblait capable de ressaisir l'initiative diplomatique.

Du Plan Schuman à la C.E.C.A.

Telle est, très imparfaitement retracée, la genèse du plan Schuman. Bien des points restent encore obscurs : ils seront davantage éclairas lorsque les acteurs principaux voudront bien faire les révélations nécessaires et lorsque les archives seront accessibles.

Ce que l'on peut dès à présent constater, c'est l'importance capitale de la période de genèse du projet, des origines au 9 mai 1950, car toute l'évolution ultérieure jusqu'à la ratification du traité a été marquée par les conditions très particulières qui avaient présidé au lancement de l'idée.

L'initiative française a réussi parce qu'elle a été l'œuvre d'un petit nombre d'hommes : M. Monnet et ses amis, qui ont mis le projet sur pied, M. Schuman qui n'a pas hésité à en prendre toute la responsabilité et à le faire avaliser par le gouvernement. C'est parce que le plan Schuman a été préparé dans des conditions particulières de célérité et de secret qu'il a fait l'effet d'une bombe et qu'il a atteint son objectif psychologique. S'il avait fallu au préalable mettre au courant de façon détaillée le gouvernement, le Quai d'Orsay, le Parlement, les organisations professionnelles, il est probable qu'aucune proposition n'aurait jamais été faite.

C'est également parce que la négociation sera menée par M. Monnet et son équipe que le traité sera élaboré rapidement et que, malgré la complexité des problèmes à résoudre, le texte définitif restera fidèle à la déclaration initiale. Mais c'est aussi la façon dont le projet avait été lancé qui provoquera les plus sérieuses résistances, lors des négociations et de la ratification, de la part de ceux qui n'avaient pas été consultés au préalable.

Le rôle de M. Jean Monnet et de son équipe a été prépondérant. À partir d'opinions souvent exprimées sur la nécessité d'un marché commun, M. Monnet a su bâtir un projet à la fois précis dans l'immédiat, pour le charbon et l'acier, et riche de développements futurs sur le plan européen, lui donner son caractère d'efficacité grâce à une Haute Autorité supra nationale ; bref, en faire une idée-force. Il a su aussi convaincre le ministre des affaires étrangères, séduire l'opinion par effet de surprise, faire aboutir les négociations. Le pool charbon-acier ne s'explique véritablement, dans sa genèse comme dans ses caractéristiques, que par la psychologie et la volonté de M. Monnet.

Œuvre personnelle, le pool charbon-acier n'est cependant pas une forme aberrante de la politique extérieure française. Il est beaucoup moins détaché du contexte diplomatique qu'on ne l'a dit parfois.

Le Quai d'Orsay n'a sans doute pas joué de rôle dans la conception du plan et n'a pas mené la négociation du traité, mais l'idée de pool allait exactement dans le sens de la politique française : elle constituait une solution à des problèmes qui se posaient depuis quelques années à la France sur le plan mondial, sur le plan européen, sur le plan allemand. C'est pourquoi M. Robert Schuman n'a pas hésité à donner sa caution au projet de M. Monnet, en a pris courageusement l'entière responsabilité dans sept gouvernements successifs et a contribué de façon décisive à faire ratifier le traité par le Parlement.

Le plan Schuman apparaît ainsi comme une véritable décision de politique étrangère, au sens le plus élevé du terme.

Notices biographiques

Michel Mangenot, maître de conférences de science politique à l'Université de Strasbourg (Groupe de sociologie politique européenne), chargé de mission de la présidence de l'Université pour le Pôle européen d'administration publique (PEAP).

Sylvain Schirmann, professeur d'histoire contemporaine à l'Université de Strasbourg (FARE), Chaire Jean Monnet, directeur de l'Institut d'études politiques de Strasbourg.

Marie-Thérèse Bitsch, professeur émérite d'histoire contemporaine à l'université de Strasbourg, Chaire Jean Monnet *ad personam*, membre de 2000 à 2009 du Groupe de liaison des professeurs d'histoire contemporaine auprès de la Commission européenne.

Gérard Bossuat, professeur émérite d'histoire contemporaine à l'Université de Cergy-Pontoise**,** Chaire Jean Monnet *ad personam*, CICC (Cergy-Pontoise) et UMR IRICE (Paris-1, Paris 4, CNRS), membre depuis 2000 du Groupe de liaison des professeurs d'histoire contemporaine auprès de la Commission européenne.

Éric Bussière, professeur d'histoire contemporaine à l'Université Paris IV, Chaire Jean Monnet.

Joceline Collonval, archiviste, Service des archives historiques de la Commission européenne.

Cesira D'Aniello, directeur de la direction Transparence, Direction générale F, secrétariat général du Conseil de l'Union européenne.

Florence Descamps, maître de conférences en histoire à l'École pratique des hautes études (« Archives orales et histoire des organisations »), ancien secrétaire scientifique du Comité pour l'histoire économique et financière de la France (1987 à 1994).

Catherine Sophie Dimitroulias, politologue-juriste, rattachée au Laboratoire d'Anthropologie des Institutions et organisations sociales (LAIOS/CNRS), Vice-présidente de la Conférence des Organisations internationales non-gouvernementales, 4e pilier du Conseil de l'Europe.

Michel Dumoulin, professeur émérite d'histoire contemporaine à l'Université catholique de Louvain (Centre d'histoire de l'Europe contemporaine), Chaire Jean Monnet, membre depuis 1982 du Groupe de liaison des professeurs d'histoire contemporaine auprès de la Commission européenne.

Fabrice Larat, docteur en histoire, directeur du Centre d'expertise et de recherche administrative, École nationale d'administration.

Jacqueline Lastenouse, directeur honoraire, Commission européenne (Information universitaire). Membre du Comité de suivi et du Comité des anciens du projet d'histoire de la Commission européenne (Histcom).

François-Gilles Le Theule, directeur des Affaires européennes de l'ENA, chargé de cours à l'Institut d'études politiques de Strasbourg.

Wilfried Loth, professeur à l'Université Duisburg-Essen, Chaire Jean Monnet, président du Groupe de liaison des professeurs d'histoire contemporaine auprès de la Commission européenne.

Yves Mény (au titre de son introduction à l'ouvrage *La construction d'un Parlement*), professeur émérite de science politique, ancien président de l'Institut universitaire européen de Florence.

Jean-Louis Quermonne, professeur émérite des Universités aux Instituts d'études politiques de Paris et de Grenoble et au Collège d'Europe de Bruges, président honoraire de l'Association française de science politique.

François Scheer, ambassadeur de France, directeur de cabinet de Simone Veil, présidente du Parlement européen de 1979 à 1981.

Jean Weber, président du Pôle européen d'administration publique, Inspecteur général des Finances honoraire, ancien directeur général au ministère des Finances.